制度创新与西部统筹城乡发展研究

张志勇　司春霞◎著

人民日报学术文库

人民日报出版社

图书在版编目（CIP）数据

制度创新与西部统筹城乡发展研究 / 张志勇，司春
霞著 . —北京：人民日报出版社，2016. 12
ISBN 978 - 7 - 5115 - 4411 - 7

Ⅰ. ①制… Ⅱ. ①张…②司… Ⅲ. ①城乡建设—研
究—中国 Ⅳ. ①F299. 2

中国版本图书馆 CIP 数据核字（2016）第 317405 号

书　　名：制度创新与西部统筹城乡发展研究
著　　者：张志勇　司春霞

出 版 人：董　伟
责任编辑：曹　腾　高　亮
封面设计：中联学林

出版发行：人民日报出版社
社　　址：北京金台西路 2 号
邮政编码：100733
发行热线：（010）65369509　65369527　65369846　65363528
邮购热线：（010）65369530　65363527
编辑热线：（010）65369523
网　　址：www. peopledailypress. com
经　　销：新华书店
印　　刷：北京欣睿虹彩印刷有限公司

开　　本：710mm×1000mm　1/16
字　　数：261 千字
印　　张：15. 5
印　　次：2017 年 1 月第 1 版　　2017 年 1 月第 1 次印刷

书　　号：ISBN 978 - 7 - 5115 - 4411 - 7
定　　价：68. 00 元

国家社会科学基金重点项目（12XZX022）

项目主持人：张永谦

作者简介

张志勇 男，1976年11月出生，中共重庆市委党校、重庆行政学院哲学教研部副教授，哲学博士，主要从事马克思主义理论、社会发展理论的教学与研究工作。主持国家社科基金项目1项，省部级项目2项，主研省部级以上项目7项。出版个人专著《人学视域下的制度研究》1部，合著1部，参编著作10余部，获得省部级三等奖1项。在《毛泽东邓小平理论研究》、《江汉论坛》等刊物发表学术论文70余篇，数篇文章被《人大复印资料》、《党政干部参考》转载。

司春霞 女，1979年11月出生，河南鄢陵人，法学硕士，重庆三峡学院公共管理学院讲师。主要从事法学理论研究。

目 录
CONTENTS

01

| 理论基础 |

  矛盾的普遍性或共性是指矛盾存在于一切事物中，存在于一切事物发展过程的始终，不同事物的矛盾又是具体的，特殊的，即矛盾有其特殊性或个性。矛盾的共性是无条件的、绝对的，矛盾的个性是有条件的、相对的。任何现实存在的事物都是共性和个性的有机统一，共性寓于个性之中，没有离开个性的共性，也没有离开共性的个性。矛盾的共性和个性相统一的关系，既是客观事物固有的辩证法，也是科学的认识方法。城乡关系从混沌一体到分离对立再到一体化的融合过程，具有事物的共性，是发展不平衡规律的外在体现。形成城乡差别的原因随不同国家或地区的发展实际表现出不同的个性。借鉴国内外相关理论和经验，是为了找到共性，探寻规律，同时也可比较中外个性差别，为西部地区统筹城乡发展提供致思进路。

  统筹城乡发展是世界难题。自近代以来，随着科技革命的发展，现代化、工业化、城镇化迎来发展的高潮，城市自身的生产能力开始增强，摆脱了早期对农村的依赖，从居住的防御功能转换为人口聚集、经济发达的政治、经济、文化中心，城乡关系开始以城市为主导，城乡发展失衡、二元结构特征凸显。

这种由于生产方式变迁带来的城乡发展失衡现象引起了国内外学者的高度关注，如何消除城乡发展差距、实现城乡一体化发展成为专家学者和决策者高度关注的一个重大问题。国内外专家学者的研究，形成了统筹城乡发展的基本分析框架，许多具有创建性、科学性的理论观点以及实践经验具有一定的普遍性与可借鉴性，梳理国内外专家学者的理论观点，总结国内外统筹城乡发展的实践经验，对于深化和推进中国西部地区的统筹城乡发展，具有重要意义。

第一章

文献研究综述

一、问题的提出

任何事物的产生与发展，必然有其存在的原因，事物发展的根本原因在于事物自身的内在矛盾性。发展，往往来自对时代的回应，源于对矛盾的解决。城乡关系与生产方式变更相联系，由混沌一体到城乡分离再到城乡融合的辩证否定之否定的过程，是人类社会发展史上的必然性和规律性现象。城乡二元结构的矛盾，实质上是发展不平衡的矛盾。任何事物的发展都是一个由量变到质变、由局部到全面、由不平衡到平衡的过程。承认城乡发展从矛盾、对立、差距到一体化发展、协调发展、融合发展的客观性，并不是否定人的主观意识在城乡关系中的主体性与能动性。相反，承认城乡关系存在的客观性与必然性，是为了更好地发挥人的主体性与能动性，实现城乡的高度融合与发展。

统筹城乡发展，解决"三农"难题，是目前我国经济社会发展面临的重大问题。经过改革开放30多年的发展，中国城乡发生了翻天覆地的变化，取得了举世瞩目的成就，在保持社会稳定的同时，实现了经济保持年均9%以上的速度增长，成为全球第二大经济实体，对世界经济的贡献率达到20%。中国在经济发展、社会进步、国泰民安方面所创造的"中国奇迹"，抒写的"中国故事"，探索出的"中国道路"，凝聚中国力量的"中国梦"，都将中国的发展带入了一个新的历史阶段。中国的社会转型是在一个压缩了时空的背景下进行，所面临的风险、困难与挑战前所未有，地缘政治危机、国内贫富差距拉大、经济转型、民生等诸多矛盾和问题，产生的叠加效应更加明显。中国的社会转型能否跨越"刘易斯拐点"、"中等国家收入陷阱"，其关键在于能否实现经济社会转型升级，而经济社会转型升级的重点和核心是"三农问题"。"三农问题"成为制约当代中国发展进步的根本问题，也是发展不平衡和社会主要矛盾的关键问题。统筹城乡发展不仅是全面建成小康社会、实现社会现代化的根本要求，也是实现"两个百年"奋斗目标和民族伟大复兴"中国梦"的必然要求。

"三农问题"受到党和政府的高度重视，随着中国特色社会主义建设的深入推进，党和政府提出了"统筹城乡发展"战略，并不断深化这个战略。党的十六大把统筹城乡经济社会发展作为全面建设小康社会的重要任务，十六届三中全会提出"五个统筹"的思想，十六届四中全会提出以工促农、以城带乡发展战略，党的十七大提出"建立以工促农、以城带乡长效机制"，十八大强调"三农"问题的重要性，将城乡一体化作为解决"三农"问题的根本途径。党的十八届三中全会就健全城乡一体化体制，全面深化城乡制度改革进行整体部署。2004 年至 2014 年党和政府连续十一年发布中央一号文件，突出强调"三农"问题在新时期新阶段的"重中之重"的地位。可见，统筹城乡发展，已经成为中国特色社会主义的重要任务。

全面建成小康社会以及实现民族伟大复兴中国梦的难点和重点是"三农"问题，而"三农"问题的重点和关键在于西部农村地区的发展。西部地区的统筹城乡发展既存在着全国的共性问题，又有自身的特殊性。中国西部地区土地面积 687 万平方公里，占全国总面积的 71.6%，包括贵州、重庆、四川、西藏、云南、陕西、青海、广西、宁夏、新疆、内蒙古、甘肃 12 个省（市、区），常住人口约 36629.59 万人，占全国总人口的 26.91%。党和政府高度重视西部地区经济社会发展，部署了一系列重大战略决策，从西部大开发、重庆直辖、青藏铁路到重庆两江新区、兰州新区、贵安新区、成都天府新区设立为国家级新区等重大决策，为西部地区发挥后发优势，实现跨越式发展提供发展动力。改革开放特别是西部大开发以来，西部地区经济社会高速发展，近年来经济增速位于全国前列。2013 年，西部 12 省市地区生产总值 126045.92 亿元，平均增速 10.95%，高于全国 3.25 个百分点，人均年收入 35407.97 元，平均增速为 10.88%，高于全国 3.58 个百分点。[①] 但是，由于历史基础、地理位置、气候等多种原因，西部地区在经济总量、城乡发展、人均可支配收入、基本公共服务等多项现代化指标中仍然低于东部和中部地区，城乡发展差距高于全国平均水

---

① 数据来源：根据国家和西部 11 省市 2013 年国民经济和社会发展统计公报（西藏是 2012 年数据）。

平，"三农"问题更加突出。2007年，国务院批准重庆成都为"全国统筹城乡综合配套改革试验区"，开始探索解决西部的"三农"问题。重庆和成都作为实验区以来，在许多方面进行了重大制度创新，但是，西部地区的统筹城乡发展实践也暴露出了一些问题。总结西部地区统筹城乡的经验，反思存在的问题，对于破解统筹城乡发展瓶颈，推动西部统筹城乡发展，具有重要意义。当前，对西部统筹城乡发展问题的研究不够，且研究视角多数局限于区域经济学、城市经济学、社会学领域，缺乏对西部统筹城乡发展的整体观照和哲理思考，统筹城乡发展的理论预设不明，哲学论证薄弱，致使西部地区统筹城乡改革与发展缺乏系统的理论框架的支撑。当然，无论是东部还是西部的统筹城乡发展，关键在于制度改革与创新，制度创新成为破解统筹城乡发展的关键。鉴于以上原因，笔者从发展哲学的视角，立足西部地区独特的城乡发展实践，以制度创新与西部统筹城乡为主题申报国家社会科学规划中的青年项目，后被成功立项为国家社科规划西部项目。

二、国外研究文献综述

城乡发展的不平衡是自工业革命以来现代化建设进程中的规律性现象。国外专家学者和政府决策层很早就开始关注这个问题，把城乡关系作为研究的重要对象，探讨了早期工业化国家在经济发展过程中普遍面临的城乡关系，形成了研究城乡关系的基本理论分析框架。

（一）国外统筹城乡发展的相关理论

近代以来，伴随着工业化与城镇化迅猛发展，早期资本主义国家的城乡发展失衡现象加剧，人们在肯定现代化、城镇化的同时，开始反思如何实现城乡一体化。对城乡关系较早关注的主要是一些社会学者、经济学家、城市经济学者，他们从不同的研究领域出发，考察发达国家和发展中国家在不同发展阶段的城乡发展与规划问题，提出了不同的统筹城乡发展理论，奠定了解决城乡发展失衡的基本分析框架。

1. 社会学和城市学的城乡关系理论

自近代工业革命以来，科学技术的广泛运用，提高了劳动效率，把人从繁重的体力劳动中解放出来，加速了工业化和城镇化进程，进而引起了一系列社会问题，引发了广泛关注。西方的专家学者和政府决策层面对社会发展广泛出现的城市问题，从经济、人口、政治、地理、技术、生态等不同的角度，探索统筹城乡发展问题。

（1）空想社会主义的城乡发展思想

最早对城乡差别现象予以关注的是 15 世纪的空想社会主义者，构成了最早的也是最原始的空想社会主义城乡发展思想。莫尔 1516 年完成的《乌托邦》一书揭示出资本原始积累的罪恶，认为私有制是一切罪恶的根源，私有制也是城乡发展失衡与社会分配不公的根源。摩尔详细描绘了城乡和谐发展的社会主义乌托邦理想图景：消灭私有制，财产共有；每个人都应参加劳动，实现按需分配。他那"突破幻想的外壳而显露出来的天才的思想萌芽和天才思想"，成为历史上最早提出城乡发展平等的空想社会主义者。

19 世纪，空想社会主义者圣西门、傅立叶、欧文等继承和发展了莫尔的乌托邦思想，提出了统筹城乡发展的一系列理论设想。圣西门在《论实业制度》中提出社会公平与农村发展的社会平等观。傅立叶的"和谐社会"及其基层组织"法郎吉"，描述了城乡经济社会发展高度融合的思想。在傅立叶的和谐社会中，取消了工人和农民、城市和农村、工业和农业之间的对立与差别。罗伯特·欧文将城乡一体化理论付诸实践，创办的"新和谐"公社消灭了工农之间、城乡之间、脑体之间的差别和对立。空想社会主义者所设计的理想社会虽然缺乏实现的现实基础，但是，他们对于城乡发展失衡的关注以及提出统筹城乡发展的理论与实践，具有重要意义。

（2）田园城市理论

工业革命以后，西方城市高速发展与乡村贫困的反差越来越大，城乡之间的矛盾与冲突凸显，许多社会学家和城市理论学家试图找到一种方案解决严重的城乡分离，其中以埃比尼泽·霍华德为代表的"田园城市理论"最具有影响力。霍华德 1898 年发表《明日，一条通向真正改革的和平道路》提出了理想的城市建设应该兼有城市和乡村共同的优点，即"田园城市"。霍华德设想的田园城市，包括城市和农村两个部分，城市是由农业用地所包围，城市居民可以常常就近得到新鲜农产品的供应，城市居民可以很容易地接近乡村自然空间。

田园城市理论的又一代表佛力丘，改变了早期田园城市理论重视城市而忽视农村的现象，他坚持农村发展的重要性，主张城市与农村应在规划的指导下协调发展。佛力丘在 1896 年出版的《未来城市》一书中，揭示出产业革命以来的人口向城市聚集，从而导致了一系列的城市问题。他认为，没有城市，现代生活是难以想象的。但是，大城市的缺乏规划、不健康扩张以及城市建设目标的缺失，是应该加以制止的。新一代城市必须能够同农村相结合，这样的城市才最符合人的本性和健康生活的需要。因而，唯有农村才是全体国民活力与健康的源泉。

德国人施密特进一步发展了田园城市理论，提出"产业生活城市"思想。施密特立足于"让人取代工厂"的基本理念，他认为，工厂和产业设置不仅要考虑经济方面的需要，更要考虑与住宅区的关系，应该注意建设具有良好环境条件的纯住宅区，并将其与工业生产空间严加区分。城市区域的1/4左右应该是绿地和休闲区，因此，应该重视农村和小城镇的道路建设。施密特提出，在城市的规划建设中应当留有足够的空间和土地，为市民从事带有休闲性质的农业劳动提供方便。施密特的"工业生活城市"理论从系统论视角，确立了自然、生活和产业在城市规划中的重要地位，将三者作为人的完整的生活环境，努力实现产业、生活与自然的和谐统一，使城市成为一个完整的生活空间，适合人类居住。

（3）沙里宁的有机疏散理论

有机疏散理论是关于城市发展及其布局结构的理论，这一理论是为了缓解由于城市过分集中所产生的弊病而提出的。沙里宁在《论城市——它的发展、衰败和未来》一书中认为，城市和自然界的所有生物一样是有机集合体。因此，城市建设的原理可以遵循自然界生物的演化规律，把大城市从当前的拥挤的整块区域，分解成若干个集中单元，并且这些单元组织"在功能上是相互关联的活动集中点"，将最初密集的城区分割成单个的集镇，把这些集镇用防护绿化带隔离开来。沙里宁详细探讨了城市居民的参与和教育、发展思路、经济社会状况、土地分配问题、立法问题、布局设计等方面的内容，并提出了城市有机疏散的两种方法，即"对日常活动进行功能性的集中"和"对集中点进行有机的分散"的方式，这是使原先密集的城市进行疏散所必需的和健康的两种最主要的组织方式。二战结束后，西方的许多城市根据沙里宁的"有机疏散"理论调整城市发展战略，从而形成了健康的城市发展模式，最引人注目的是大伦敦计划和大巴黎计划。

（4）赖特的广亩城市理论

赖特的广亩城市理论是基于本土文化的热爱和对大城市的不满，进一步发展了城市有机分散理论。该理论认为，现代城市无法应对现代生活的需要，不能代表和象征现代人类的愿望，倡导取消大城市，建立一个新的半农田式的社区即广亩城市。赖特1935年发表的《广亩城市：一个新的社区规划》系统总结了他所主张的城市分散主义理论，他认为大城市将会死亡，越来越多的人将会走向农村，家庭与家庭之间留有足够的距离，以减少接触保持家庭内部的稳定。如果说园林城市是既想保持经济活动和城市的社会秩序，而且还结合自然优雅的农村环境，所以它是一个折中的解决方案。那么，广亩城市则完全抛弃传统城市的所有结构特点，强调真正地融入自然环境中，实际上是一个"没有城市的城市。"这一理论反映了人们对于前工业化时代人与自然环境相对和谐状态的怀念，以及对现代城市环境的不满，成为了欧美中产阶级郊区化运动的主要依据。

（5）芒福德的城乡发展观

城市和农村到底哪个重要，是城市经济学关注的一个重要问题。美国著名城市地理学家芒福德指出，城市和农村都是大自然的产物，二者不能分开，同等重要。这是因为，城市和农村地区是自然不可分割的整体，城市和农村的有机结合形成完整的生态系统。因此，城市规划要充分考虑农村与区域的支持，通过分散权力，建立新的城市中心，形成一个包括城市和农村和谐发展的区域统一体，《城市发展史》和《城市文化》集中体现了芒福德的这一思想。

2. 发展经济学的统筹城乡理论

在统筹城乡发展的理论研究中，发展经济学无疑具有举足轻重的地位，研究成果主要体现在二元结构理论上。二元结构理论是在第二次世界大战后对发展中国家一种经济现象的描述，"二元"一词主要是指发展中国家经济体系或国际间的经济性和社会性的分化。最初是由荷兰经济学家伯克20世纪60年代提出的，比较著名的二元结构理论有本杰明·希金斯在1968年出版的《经济发展》提出的技术二元结构理论，爱德华·肖和罗纳德·麦金农于1973年在《经济发展中的金融深化》和《经济发展中的货币与资本》中提出的金融市场的二元结构理论，海拉·明特1985年提出的组织二元结构，冈纳·缪尔达尔提出的地理二元结构理论等二元结构理论。在这些二元结构理论中，美国著名经济学家阿瑟·刘易斯的二元经济结构理论影响最大。

（1）刘易斯的二元经济论

伯克在开创"二元结构"研究之后，刘易斯教授进行了更深入的研究，1954年他在《劳动无限供给条件下的经济发展》中提出了发展中国家经济二元结构的理论模型。这种理论首先假定无限的劳动力供给，并且"不认为这种假设应该被应用在世界各个领域"。刘易斯认为，发展中国家一般存在着两种性质不同的结构或部门：一个是仅能满足谋生，维持最低的生活标准，土著方法的生产部门，主要是指传统农业；一个是运用现代的方法进行生产，劳动生产率和工资更高的现代工业部门。刘易斯认为，现代工业部门具有比传统农业部门更大的优势，现代工业部门能够持续不断地吸引越来越多的剩余劳动力脱离农业部门，其动因根源于两个部门收入的巨大差异。工业部门的快速资本积累，造成产出和就业的增长，是经济发展的核心与工业化成功的关键。只要经济中存在剩余劳动力，工业部门的增长和就业扩张过程就不会停止，一直持续到农村剩余劳动力被吸收完为止。一旦经济中的剩余劳动力消失，劳动力及其他生产要素，成为稀缺的生产要素，现代经济增长和劳动力需求的增加，将推动工资上涨，劳动力的供给短缺，劳动力无限供给的存在条件就会在这个点上消失，这个点被称为"刘易斯拐点"。过了刘易斯拐点之后，农村和城市之间的生活水平、工资、基础设施等之间的差异消失，进入了城乡一体化的发展阶段。

（2）费景汉——拉尼斯的二元经济结构模型

刘易斯的二元结构模型产生以后，成为发展经济学的一个重要领域。但是，刘易斯二元结构模型的一个重大缺陷就是单方面重视工业部门的扩张，忽视了农业自身劳动力的变化以及农业和工业部门的相互依赖。美国耶鲁大学经济学家费景汉和拉尼斯，从60年代初开始，先后联名发表了《经济发展的一种理论》、《劳动剩余经济的发展：理论和政策》、《开放二元经济的发展和增长的一种模式：台湾与南朝鲜的实例》等重要著作，修正了刘易斯二元结构理论的缺陷，进一步发展了二元经济结构模型。

费景汉和拉尼斯模型把农业的技术进步和发展，作为整个经济发展的基础，把农业劳动生产率的提高与农业剩余的产生，作为剩余劳动力从传统农业部门向现代部门成功配置的前提。费景汉和拉尼斯把剩余劳动界定为"伪装性失业"，包括两个部分，即边际生产率等于零的剩余劳动力，以及边际生产率大于零小于不变制度工资的那部分劳动力。农业部门的隐性失业消失是二元经济转变完成的标志，这一过程分三个阶段：第一阶段，农业剩余产品的产生。费景汉和拉尼斯模型认为，剩余劳动力从农业部门的转移，社会上农产品的总量和现有农业劳动力消费的农产品之间将会产生农业剩余。在这个阶段，劳动的边际产品等于零，平均农业剩余等于农业系统的实际工资。第二阶段，农产品短缺。农业生产率的提高促使劳动力的边际产品为正数，劳动力的持续转移，将导致农业总产量下降。虽然总的农业剩余随着劳动力的转移仍在增加，但平均农业剩余已开始下降。在此阶段，劳动的边际产品大于零、小于制度的实际工资，农业部已经无法满足工业劳动力的新配置，依据农业部门的实际工资水平提供农产品，出现了农产品的短缺。第三阶段，二元经济结构的消失。劳动力供给的减少和农产品短缺，原来决定实际工资的制度将被放弃，农业工人的工资，由市场的竞争原则所决定，并开始随着劳动的边际产品增加而上升。隐蔽性失业消失，劳动力变为稀缺的生产要素，农业部门已经"市场化"，二元经济结构的转型完成，城市和农村之间、工业和农业之间的差异将会消失。

乔根森对刘易斯—费景汉—拉尼斯模型的假设提出置疑，他认为，农村劳动者的零边际劳动生产率是不存在，为了使经济可持续发展，避免陷入低水平均衡陷阱，工业部门有必要积累资本，先决条件是农业剩余。劳动力的转移不是以劳动力剩余为前提，而是以农业剩余为前提，农业劳动力向工业部门转移的速度不仅取决于农业剩余的增长速度，还取决于工业部门的技术进步状况。人口增长是由经济增长所决定，其增长速度不会超过经济增长速度。因此，农业发展与技术进步是最终完成二元经济结构的关键。

（3）缪尔达尔的地理二元结构理论

瑞典经济学家纲纳·缪尔达尔1957年在《经济理论与不发达地区》一书中提出了"扩散效应"和"回波效应"概念，用来说明国际间和地区间地理上二元经济发展的不平衡问题。所谓"扩散效应"是指一国（地区）的某一地区由于某种原因而创办了许多工业，逐渐形成一个经济中心。这个中心形成和发展过程中，扩散和辐射周边地区，从而促进周边地区的经济增长，周边地区的经济增长反过来进一步促进中心地区经济的发展，从而形成一个上升的循环积累过程。"回波效应"是指一个区域经济中心的形成和发展，由于各种原因导致其他区域经济的衰落。例如，人才、资本、技术从落后地区被吸收到经济中心地区，所以，发达地区的经济更发达，欠发达地区的经济越来越落后，这将导致下降的循环积累的过程。"扩散效应"和"回波效应"使国与国之间、地区之间、城乡之间的经济发展、人均收入、工资和利润存在巨大差距，然后引起"累积性因果循环"，会导致城市发展得更快，农村地区发展得更慢，使城乡差异出现"马太效应"，最终形成空间组织结构上所谓的"中心—外围"结构，形成了区域二元经济结构。

缪尔达尔认为，要想改变这种地理上的二元经济结构，避免"累积性因果循环"，防止区域发展出现的两极分化，就必须发挥政府作用，政府通过采取不平衡发展战略，优先支持那些基础好、经济增长势头强的地区率先发展起来，通过"扩散效应"带动其他地区发展起来。同时，要防止"回波效应"和"累积性因果循环"发生，政府应该采取各种政策刺激落后地区发展，从而达到城乡之间、区域之间的协调发展。

（4）城乡发展的核心—边缘理论

核心—边缘理论也称为中心—外围理论，是 1966 年由弗里德曼在其著作《区域发展政策》一书中正式提出的。1969 年弗里德曼在《极化发展理论》中，又进一步将"核心—边缘"归纳为一种普遍适用的主要用于解释区际或城乡之间非均衡发展过程的理论模式。弗里德曼认为，所有空间的经济系统都可以分解为不同性质的核心区域和周边区域，这是由空间发展的不平衡性决定的。一般来讲，核心区域经常是指城市或城市群区域，核心区域的科技水平高、经济发达、人口聚居。边缘区域是指国内经济相对落后的资源前沿地区与过渡地区。结构的核心和边缘为基本元素，核心是社会区域组织的一个次级系统，可以产生和吸引大量的创新。边缘区是另一个次级系统，与核心区是相互依存的，其发展方向主要取决于核心区，核心和边缘地区形成一个完整的系统空间。这一理论试图解释一个区域从无关的孤立发展、不平衡发展，变成相互联系均衡发展的区域系统。

根据核心—边缘理论，区域经济增长的过程中，核心和边缘之间的地位是不平等，核心处于统治地位，边缘的发展很大程度上取决于核心发展。区域经济增长一般会伴随空间经济结构的转换，这一过程一般经过三个阶段：第一阶段是工业化前，农业经济区域为核心区；第二阶段是工业化时期，制造业和加工业发达的地区成为核心，农业地区成为边缘区；第三阶段是工业化成熟阶段，核心—边缘区控制与依赖关系被强化，核心区域快速发展导致次一级核心区域形成；核心区域对边缘区域扩散作用加强，整个区域成为功能上相互依赖的城镇体系，从而达到空间相对均衡阶段，这一阶段就是城乡之间、工农之间的差别、对立消失，城乡进入空间经济一体化发展时期。

（5）舒尔茨的农业经济理论

改造传统农业的新经济增长理论由美国经济学家西奥多·舒尔茨提出，他在《经济增长与农业》一书中，高度重视农村和农业发展对于实现现代化的重要作用。他认为，在工业化的过程中，农业是一个重要的经济部门，农业对经济发展的贡献与工业一样是巨大的，可以成为经济增长的驱动力。重视工业、抑制农业的政策将导致国民经济的不平衡，阻碍了现代化的实现，尤其是欠发达国家更要重视农业的地位。"在欠发达国家中间，把农业看做是经济活动的一种低级形式，已十分流行；在经济、政治和社会歧视的共同压力之下，农业已成为这些国家经济计划中的薄弱环节。他们的错误在于没有认识到在给农业以平等经济待遇的条件下其潜在的经济贡献。我的任务是阐明农业中的机会，也就是它对经济增长的潜在贡献。"①

舒尔茨在《改造传统农业》中将农业分为传统农业、过渡农业、现代农业三种类型，并详细分析了传统农业的三个基本特征。他认为，传统农业本质上是一种生产很长一段时间没有改变，基本维持简单再生产的小农经济。舒尔茨用"收入流价格理论"解释传统农业不能实现经济增长的根源。舒尔茨认为，传统农业对于经济增长贡献有限，发展现代农业是农业现代化的必由之路，因为，唯有现代化的农业才能促进经济发展，要想实现农业的现代化，就必须对传统农业进行改造，改造的途径有三条：（1）引进现代生产要素方面的供给和需求。改造传统农业的关键因素在于新的生产要素要有供应商和需求者，供应商开发新的生产要素，并提供给农民，农民是否愿意接受新的生产要素，关键是要看是否有利可图。一旦农民接受这些元素，就要学习如何使用，以便充分发挥其作用，这就必然要求农民掌握新的知识和技能。（2）制度和技术的保障作用。舒尔茨认为，传统农业的现代转型首先取决于制度的变革，这是由于制度的强制性能保证现代元素成功地完成对传统农业的改造。相对于制度而言，技术是另一个不容忽视的关键因素。这是由于，农业生产力的来源主要有两部分，一部分是土地、劳动力和资本，另一部分是技术变革，技术变革可以改变其他的生产要素在农业生产中的最优投资比例。（3）人力资本投资。舒尔茨反复强调人力资本是农业增长的主要来源，而有能力的人是现代经济实现腾飞的关键。如果我们忽视了人们的技能和知识的提高，忽略了使人更有能力的信心，那么经济增长的事业就令人乏味又得不到报酬。舒尔茨特别强调人力资源对经济增长的作用，学校教育对于人力资本投资起重要作用。舒尔茨这一重要思想启示我们，西部地区的农村发展要重视人力资源和教育投入对于经济社会发展

---

① ［美］西奥多·舒尔茨. 经济增长与农业［M］. 北京：北京经济学院出版社，1991：3.

的重要性。

3. 空间理论下的城乡统筹

空间理论侧重于从地理因素和空间要素上提出和解决统筹城乡发展问题，主要分析了城市与农村的相互关系及转变趋势，这种分析方法深化了对统筹城乡发展问题的研究。麦基的"Desakota"理论、岸根卓郎的"城乡融合设计"模式等揭示出不同城乡关系的空间形态理论。

（1）麦基的"Desakota"理论

20世纪中叶，现代化和城市化发展迅速，城市不断扩张的同时，出现了一批城市和农村地区之间的结合区，这些结合区既非城市又非农村，但又呈现出城市和农村的"Desakota"空间形态的特点。加拿大的著名学者麦基1987年在研究亚洲发展中国家的城市化问题时，发现一个分布在大城市之间的交通走廊区，与城市相互作用，劳动密集型产业、服务业和其他非农产业的快速增长的城乡结合带地区，这个地区实现居民的职业活动和生活方式的变化。麦基用"Desakota"来概括了这种特殊空间模式的区域产生过程，"Desakota"指的是城乡一体化，描述的是在同一时间同一地区兼具城市和农村双重性质的区域，使得城市和农村在这一区域的概念变得模糊。

麦基概括了"Desakota"区域的特征：一是人口聚集，城乡关系密切。在"Desakota"区域，高密度人口长期居住一起，传统农业生产方式受到季节性影响，农闲季节大量剩余劳动力寻找非农就业岗位，城乡居民在空间上具有一致性。二是"Desakota"区域是由原中心城市工业向外扩散到农村和非农产业形成，不同于西方人口迁居。三是在"Desakota"区域内，农业、副业、工业、住宅及其他土地利用方式交错布局，混杂特征明显。四是交通的便利使得"Desakota"区域的人员和货物具有很强的流动性与迁移性。五是女性越来越多的参与到非农产业活动中。六是现行的城市与农村的行政管理系统不适应"Desakota"区域，出现管理的"灰色区域"。依据这些特征，麦基把亚洲的"Desakota"区域分为三种类型：第一类型，一般意义上的城市化过程，人口流入城市和非农产业形成的"Desakota"，韩国和日本最具代表性。第二种类型，由于交通便利的网络在大城市形成的"Desakota"区域，印度加尔各答、泰国中部平原以及中国的台北、高雄、沪宁杭地区。第三种类型，中心城市的周边区域，该地区人口稠密，主要是传统农业，如印度、中国和孟加拉国的部分地区。

麦基的"Desakota"理论，打破了传统意义上的城市和农村地区之间的空间格局，指出城市化进程的多维方式，通过农村地区逐渐形成"Desakota"区域，在非农业人口和非农业经济活动集中在"Desakota"的基础上，推动区域的城市化进程，这一理论对于实现发展中国家的城乡一体化具有重要意义。

（2）岸根卓郎的"城乡融合"社会系统

20世纪80年代中期，日本学者岸根卓郎依据日本城乡地域和工农业面临的发展失衡问题，提出城市和乡村融合的社会系统。岸根卓郎从系统论角度，比较了城市社会系统和农村社会系统的差异，依据城乡社会系统各自的特点，设计出了理想的城乡融合社会系统。岸根卓郎在《迈向21世纪的国土规划——城乡融合系统设计》一书中认为，21世纪的国土规划目标应体现一种新型的、集中了城市和乡村优点的设计思想。一方面，悠闲宽松舒适的农村环境，作为一个国家的共有财产和城市居民享受；另一方面，城市具有的繁荣朝气活力等全面的文化环境，同样作为国家的共同财产，也与农民共同享受。岸根卓郎提出的"新的国土规划"是将城市和农村地区作为一个整体纳入社会系统和自然系统来研究，从地理空间和时间上，对国土资源进行优化配置和利用，使自然系统、空间、人工系统综合组成的三维"立体规划"实现城乡融合。

纵观以上研究成果，国外专家学者把城乡关系作为重要研究对象，揭示出工业化、城镇化、现代化进程中，城乡之间、工农之间的二元结构的内在本质，探讨了二元结构对经济增长和社会发展的影响，特别地探讨了发展中国家在经济发展过程中普遍面临的城乡关系、工农关系。国外的理论研究，形成了城乡关系与城乡发展的基本理论分析框架，无论对于发达国家或发展中国家推动统筹城乡发展，缩小城乡发展差距，解决"城市病"与"三农问题"都具有重要的意义。然而，这些研究多数是基于发达国家的城市和农村发展关系的条件下建立的，一般都主张把农村和城市分开研究，这些研究大部分都存在重视城市和工业、轻视农村和农业的倾向，对于大多数以农业为主的发展中国家来说，存在针对性不足的缺点。同时，这些理论研究集中在经济学、城市经济学和社会学领域，一般是从城市发展的角度，以城市问题为中心来看待城乡关系，并没有跳出城市从一个更宽广的视野进行研究，使得城乡关系的整体性研究不足。在经济发展和统筹城乡发展的实践中，过于重视城市的带动、辐射和扩散的作用，城乡关系变成单向度的城市对农村、工业对农业的作用，强调农村对城市、农业对工业的依赖、附属，忽视农业、农村发展对工业和城市的反作用，城乡统筹变成单一的工业化、城市化、现代化。最后，各个国家具体国情不同，不同国家经济社会发展实际千差万别，城乡关系形成机理、表现形式、解决的模式路径也具有很大的差异性，试图把发达国家出现的城乡关系及其对策出路套用在发展中国家，针对性操作性不强。总之，统筹城乡发展要立足本国或本地区实际，借鉴国外研究经验，创立适合本国或本地区自己的城乡发展理论，是解决统筹城乡发展的唯一出路。

三、国内研究文献综述

我国是一个农业大国，城乡关系问题受到专家学者的高度关注，学界以中国农村的现状以及工业化进程为背景，提出了许多具有建设性的建议。如中国著名学者梁漱溟1937年提出，以文化和教育为思想武器，改变中国的现状只能走乡村建设的道路的思想。费孝通1939年出版的《中国农民生活》（又译名《江村经济》）一书，揭示出中国乡村经济动力、问题以及村庄的时代变迁。我国著名的发展经济学家张培刚在1949年出版的英文版《农业与工业化》一书，以中国的工业化为核心，探讨了农业国家如何实现工业化的道路。新中国成立后，党和政府高度重视农村、农业和农民问题。毛泽东提出的城乡关系理论在计划经济时代产生了重要影响。在改革开放的过程中，中国的学者围绕城乡二元结构，系统分析了城市和农村地区之间的矛盾特殊性、进化演变过程、制度的原因及其后果，并提出解决这一矛盾的基本思路。党的十六大提出了统筹城乡发展，推动了这一研究的深化。国内学者以研究问题为中心，围绕城乡二元结构、城市化滞后、结构发展不平衡、经济发展方式转变、生态文明、农民市民化、"三农"问题等展开城乡发展的理论研究，提出了许多建设性的结论和对策，具有很强的中国特色。这些研究成果对于西部地区深化统筹城乡发展、全面建成小康社会具有重要意义。国内理论界的研究成果主要体现在以下方面：

（一）统筹城乡发展的内涵

科学把握和理解统筹城乡的理论内涵，是深入推进统筹城乡发展的前提与基础，理论界对于统筹城乡发展内涵的界定，存在不同看法，主要有以下观点：

观点一：从社会结构内部协调发展的角度定义统筹城乡发展内涵。中央农村工作领导小组办公室主任陈锡文认为，城市和农村地区作为一个整体，具有广泛的内容，统筹城乡发展不仅仅指的是金融财政，而是要把城市和农村地区作为一个整体放在国民经济发展的全局中予以统筹安排。黎苑楚教授认为，统筹城乡发展是"从总体上谋划区域城乡经济与社会的发展，致力于城市与农村发展的良性互动和双赢共进，最终实现城乡经济与社会的协调发展。"① 温铁军（2008）认为，城乡统筹的真正内涵是由政府承担农村的公共开支和基础设施开支。城乡统筹其实不是把城市强行去"化"农村，把农村化成城市，其实是公共品的公平性，用基本建设去解决农村的、农民的需求，"三农"问题的相对缓解就是城乡统筹的题中之义。②

观点二：从二元结构和"三农问题"关系入手把统筹城乡发展看作是实现城乡社会一体化发展。农业部产业政策与法规司司长张红宇（2003）认为，统筹城乡发展，说到底是在新的发展时期，城市和农村、工业与农业之间要协调发展，共同进步。通过制度变革改变城乡二元经济社会结构，实现城乡从对立分离到和谐一体化的发展。陈希玉（2003）认为，传统的重城市轻农村，城乡的分割分治已经越来越成为经济社会发展的桎梏，统筹城乡发展就是要通过制度设计、创新、安排打破城乡"二元结构"，把城乡作为一个整体，对国民经济发展规划、国民收入分配模式、重大的经济政策等，实施统一筹划，优先解决"三农"问题，实现城乡的协调发展。中国社会科学院院长王伟光教授、浙江大学黄祖辉、卫龙宝教授等认为，统筹城乡发展就是通过规划建立城市和农村更加密切的联系，实现城乡经济社会的一体化发展，建立社会主义市场经济体制下的平等、和谐的城市和农村之间的新型关系。胡进祥（2004）指出，"统筹城乡发展是指党和国家及各级政府在谋划城乡关系与经济发展和社会进步时，要紧紧把握城乡一元化发展观，消除城乡二元结构及其赖以存在的政策和制度安排，构建城市和乡村相互兼顾、协调发展的平台，全面建设包括广大农村在内的小康社会"。③ 傅崇兰（2010）认为，城乡一体化涵盖了统筹城乡发展："它体现了城乡经济建设、政治建设、文化建设、社会建设、生态文明建设五位一体的综合内容。它不但涵盖了我国工业化、城镇化和农业现代化进程中，城乡之间发展的差别与深刻的社会矛盾的演变，同时涵盖了党和国家在科学调整城乡关系，统筹城乡发展的重大改革和政策内容。"④

---

① 黎苑楚，徐东，赵一鸣. 统筹城乡发展的新内涵［J］. 科技进步与对策，2010（10）：23～25.

② 温铁军. 发展中国家的发展问题：比较发展研究——在"中国统筹城乡发展论坛"上的发言［J］. 湛江师范学院学报，2008（2）：4～10.

③ 胡进祥. 统筹城乡发展的科学内涵［J］. 学术交流，2004（2）：113～120.

④ 傅崇兰. 城乡一体化是我国城镇化发展的新阶段［J］. 中国房地信息，2010（9）：43～47.

观点三：从方法论角度界定统筹城乡发展，把统筹城乡发展看作是一种基本方法和基本思路。中国农业科学院研究员刘志澄（2004）认为，"统筹城乡发展是把城市与农村融为一体，放在一个平台上整体推进、分步运作，突破长期以来形成的就农业论农业、就农村论农村、就工业论工业、就城市论城市的城乡分割的二元政策结构和体制结构"[1]。秦庆武（2005）认为，"统筹城乡经济社会发展，也就是改变过去那种就城市论城市，就农村论农村的传统思路和做法，把城市和农村的经济与社会发展作为一个整体来统一规划，通盘考虑；把城市与农村发展中存在的问题及其相应因果关系综合起来进行研究，统筹加以解决"[2]。

观点四：从人的发展角度理解统筹城乡发展。杨伟民（2007）认为，统筹城乡发展的内涵，就是以人为本，使农村居民和城市居民同步过上全面小康的幸福生活。"统筹城乡发展，最终目标是什么？第一，要使农村居民、进城务工人员及其家属与城市居民一样，享有平等的权利。第二，要使农村居民、进城务工人员及其家属与城市居民一样，享有均等化的公共服务。第三，同质化的生活条件，就是要使农村居民、进城务工人员及其家属与城市居民一样，享有同质化的生活条件，主要是便捷、方便、价格合理的基础设施，包括供水、供电、通信、交通、环保等。"[3]

国内专家学者在统筹城乡发展的基本内涵方面认识角度不一致，但其精神实质是一致的，即统筹城乡发展是中国经济社会发展到新阶段，面对城乡发展差距提出的战略决策，要将城乡作为一个整体，通盘考虑，整体规划，最终消除城乡二元结构，实现城乡经济社会文化以及人的一体化发展。

（二）城乡发展失衡的原因研究

城乡发展失衡、城乡发展差距拉大是我国经济社会转型时期面临的一个突出问题。国内学者梳理中国城乡发展失衡的历史因素、政策体制因素、二元结构根源、"三农问题"等，分析中国城乡发展的特殊性，认为中国城乡发展失衡主要原因在于制度与体制因素引起的城乡居民在发展权利与机会方面的不平等

---

① 刘志澄. 统筹城乡发展，壮大县域经济［J］. 农业经济问题，2004（2）：4～6.
② 秦庆武. 统筹城乡发展的内涵与重点［J］. 山东农业大学学报（社会科学版），2005（1）：13～16.
③ 杨伟民2007年6月9日"中国经济50人论坛在成都市世纪城国际会议中心研讨会"上的发言。

性，要求改变或创新制度体系推进城乡统筹发展。其主要观点有：

一是制度或政策原因造成的城乡发展失衡。陆学艺（2004）分析了中国"三农"问题的由来：一是我国目前仍处于由计划经济体制向社会主义市场经济体制转变的时期；二是计划经济体制下长期实行城乡分治的户籍制度，形成了我国城乡二元的社会结构，是造成目前城乡差距越来越大的重要原因；三是国民收入分配的格局不利于农村和农民；四是近几年我国经济基础和上层建筑的改革有许多方面是成功的，但也有一些是不成功的；五是认识上严重滞后。①

二是生产要素不平等交易造成的城乡发展失衡。马晓河将我国城乡发展失衡归结为五大失衡问题，"城乡公共产品供给失衡、民间投资失衡、资源要素流动和农村劳动力转移失衡、居民收入增长失衡、经济改革失衡。"② 韩长赋（2013）在《求是》撰文指出，"在工农产品价格剪刀差基本解决后，现阶段主要是城乡要素交换不平等、城乡资源配置不均衡、农村资源流失严重，短期内这种趋势还难以扭转"③。

三是城乡二元结构导致的发展失衡。海南（中国）改革发展研究院院长迟福林（2010）认为，"城乡二元结构失衡，不仅是城乡发展失衡的主要症结所在，也是我国经济结构、分配结构失衡的重要因素"④。郭书田认为，"我国二元结构突出表现在农村土地、资金、劳动力三大资源要素向城市外流。在推进工业化与城市化进程中，在很大程度上是以牺牲农民利益为代价的，这是形成并强化二元结构的基本根源，也是'三农'长期处于弱势状态的症结所在"⑤。白永秀（2012）认为，中国城乡二元结构的演进经历了四个特殊阶段，"在内容上形成了特殊的四重城乡二元结构，即经历了由城乡二元经济结构到城乡二元政治结构，再到城乡二元社会结构，直至城乡二元文化结构"⑥。

四是城乡收入差距原因。张国荣、盛来运（2003）从我国城乡居民收入差距的角度，探讨城乡发展的失衡现象，认为我国城乡居民收入差距扩大，主要

---

① 陆学艺. 中国"三农"问题的由来和发展 [J]. 当代中国史研究, 2004 (3)：4~15.
② 马晓河. 统筹城乡发展要解决五大失衡问题 [J]. 宏观经济研究, 2004 (4)：3~12.
③ 韩长赋. 科学把握农业农村发展新形势 [J]. 求是, 2013 (7)：23~25.
④ 迟福林. 城乡发展失衡的主要症结所在 [J]. 人民论坛, 2010 (19)：27.
⑤ 郭书田. 促进城乡资源均衡配置——学习中央一号文件体会 [J]. 农村工作通讯, 2010 (4)：17~18.
⑥ 白永秀. 城乡二元结构的中国视角：形成、拓展、路径 [J]. 学术月刊, 2012 (5)：67~76.

体现在总体收入差距、消费差距、投资收入差距、内部收入差距以及不同地区间的收入差距等方面；并指出导致城乡收入差距的直接原因是城乡产业结构差距导致的工农效率的差异，深层次原因在于体制机制方面，主要是户籍制度、工农产品价格剪刀差、财政税收制度、农村多存少贷金融制度。① 韩劲（2009）认为，城乡收入差距拉大是我国城乡发展失衡的主要原因，导致城乡收入差距拉大的主要原因在于：一是"放活"农民的制度创新不够，二是政府轻农和政策不连续。②

（三）统筹城乡发展的对策建议

自统筹城乡发展提出以来，国内专家学者通过论坛、出版著作、发表论文、不同层次的课题等多种方式开展学术交流，就如何实现统筹城乡发展建言献策，取得了一大批丰硕成果，推动了统筹城乡发展深入实践。周叔莲在 20 世纪 90 年代就城乡经济社会协调发展、城乡工业协调发展等问题展开研究，同一时期关注城乡关系的还有郭克莎、金碚、王建、王积业等。吴敬琏和周小川 1998 年提出要把城乡协调配套改革作为经济体制改革的一个重要指导思想。农业部政策研究中心课题组（1998）对统筹城乡发展进行了更深入的研究。十七大以来。统筹城乡发展深入推进，专家学者展开讨论的问题意识更加明显，对策建议的可操作性进一步增强。

一是推进城乡一体化的发展。国务院研究室原副主任李炳坤（2008）提出推进城乡发展一体化要抓住五大要点："一是实现城乡产业协调发展；二是促进城乡劳动力平等就业；三是加强农村基础设施建设；四是发展农村公共服务；五是完善农村社会保障。"③ 白永秀（2012）认为，城乡一体化的过程就是农村生产要素集，在中国要采取六个"三位一体"的特殊路径，即"三位一体"的农村城镇化路径、新农村建设路径、教育一体化路径、农村劳动者就业与居住路径、医疗卫生资源布局路径、城乡一体化载体路径，将农村分散的生产要素逐渐向市、县、镇集中，提高农民享受人类文明发展成果的水平，推进城乡经济社会一体化。

二是把解决"三农"问题作为推进统筹城乡发展的根本途径。清华大学教

---

① 章国荣、盛来运. 城乡居民收入差距扩大化及对策 [J]. 中国统计, 2003（8）: 27 ~ 30.

② 韩劲. 从收入差距看我国统筹城乡发展 [J]. 中国软科学, 2009（2）: 1 ~ 9.

③ 李炳坤. 城乡一体化要抓住五个要点 [J]. 农村工作通讯, 2008（1）: 45.

授蔡继明（2007）提出，解决"三农"问题的根本出路在于加快城市化进程。韩长斌（2012）认为，统筹城乡经济社会发展要着力解决好四个方面问题。"一是统筹解决新生代农民工问题；二是加快建立城乡要素平等交换关系；三是扎实推进城乡公共服务均等化；四是协调推进城镇化和新农村建设。"①

　　三是推进城乡统筹发展关键在于寻找突破口。2010年10月在北京召开了以推进城乡统筹发展为主题的第五届中国经济论坛上，与会专家学者围绕统筹城乡发展中出现的问题，提出了许多建设性建议。全国人大常委、中国社科院原副院长陈佳贵认为，统筹城乡发展必须解决六个关键问题：公共财政的均衡分配问题、户籍制度的改革、土地制度的改革、加快中小城镇建设、城乡劳动力统一市场的形成、城乡社会保障的全覆盖。全国人大农业与农村委员会副主任委员刘振伟认为，促进城镇化发展需要处理好三个关系：一要处理好大城市规模扩张与提高增长质量的关系，更加注重城镇化发展的质量和效果；二要处理好大城市发展与中小城市的关系，更加推动中小城市和小城镇建设；三要处理好城镇化与社会主义新农村建设的关系，形成城镇化和新农村建设互相促进的机制。中国社会科学院农村发展研究所张晓山认为，统筹城乡发展的目标是实现城乡经济社会一体化发展的新模式，这个过程是经济社会的巨大变迁，本质上是城乡利益格局的调整。全国人大常委、中国社科院人口与劳动经济研究所所长蔡昉提出要从"刘易斯转折点"看城乡统筹发展的含义。②

　　四是从制度安排与创新角度解决城乡发展失衡问题。城乡发展失衡在于城乡二元结构，城乡二元结构根源于制度。专家学者一致认为，我国统筹城乡发展的关键在于政策和制度的安排与创新，制度创新将是破解我国城乡发展失衡，推进城乡协调发展、和谐发展与可持续发展的金钥匙。黄汉权（2007）认为，要积极探索统筹城乡发展的新体制，"一是建立覆盖城乡的公共财政制度，二是构建城乡一体政府管理新体制，三是推进征地制度、集体所有非农用地使用制度改革，四是形成公平竞争的就业制度和统一的城乡劳动力市场，五是实行城乡统筹的义务教育，六是提供城乡统筹的公共医疗服务，七是探索建立城乡衔接的社会保障制度，八是加快金融体制改革"③。陈锡文（2012）提出解决"三

---

① 韩长斌. 正确处理工农城乡关系的几个问题 ［J］. 农村工作通讯，2012（16）：6～8.
② 城乡统筹：实践推进的着力点在哪里？［N］. 光明日报，2010—10—12.
③ 黄汉权. 积极探索统筹城乡发展的新体制 ［J］. 中国经贸导刊，2007（16）：25～26.

农"问题的十大政策:一是废除农业税条例,二是对农业生产者进行直接补贴,三是开放粮食市场和实行最低收购价制度,四是把基础设施建设和社会事业发展的重点转向农村,五是改革农村义务教育经费保障机制,六是建立新型农村合作医疗制度,七是建立农村最低生活保障制度,八是建立新型农村社会养老保险制度,九是制定《中国农村扶贫开发纲要(2011—2020 年)》,十是保障农民工合法权益和稳步推进户籍制度改革。

五是积极探索统筹城乡发展模式。统筹城乡发展提出以后,全国各地在科学发展观的指导下,立足本地实际,积极探索统筹城乡发展道路,形成了不同发展模式。第一种模式是"城市为主导,以城带乡"统筹城乡发展模式,典型代表是珠江三角洲地区;第二种模式是以"乡村为主导、乡镇企业拉动城乡经济发展"统筹城乡发展模式,典型是苏南地区,主要包括长江三角洲的苏州、南京、无锡;第三种模式"以城乡为整体,统筹城乡规划"的统筹城乡发展模式,典型代表是北京和上海地区。

国内专家学者和政府决策层对统筹城乡发展的研究,在借鉴西方城乡关系理论的基础上,探讨了城乡二元结构的形成、统筹城乡发展的意义,以及解决城乡发展失衡问题的模型与对策建议,这些研究进一步深化了我们对城乡发展的规律性认识,有助于深入推进统筹城乡发展。但是也存在对西方理论的诠释与解读、原创性理念不足,特别是对西部地区统筹城乡发展问题的研究不够等问题。

四、关于西部研究文献综述

城乡经济社会的发展过程有其内在规律性,中国东中西部地区由于历史基础、文化背景、自然等因素,造成的发展差距,从根本上讲是生产力发展不平衡的结果。西部地区集中了全国大多数的少数民族,又是贫困地区和边疆地区,基础薄弱,历史欠账多,发展的情况复杂多样,因此,必须加强统筹城乡发展的西部研究。重庆和成都市设立统筹城乡综合配套改革试验区这一重大战略部署对于推动西部大开发的转型升级、探索缩小城乡发展差距具有重要意义。国内学者特别是西部学者的研究既有与国内其他地区研究成果的共性,也有明显的西部特色,主要是围绕西部地区城乡经济社会发展的热点展开对策性研究。

统筹城乡发展的比较研究。周斌(2011)从农村与城市的 GDP 产出,劳动生产率、居民收入揭示东、中、西部城乡发展的不平衡性,提出西部要根据本地区实际制定统筹城乡发展战略。杨顺湘在《欠发达地区统筹城乡综合配套改革研究》(2011) 一书中,对于西部地区与东部地区统筹城乡发展差距进行比较研究,并以区域发展差异理论解释了这种差距形成的原因。

西部统筹城乡发展的约束条件。任保平、梁炜 (2008) 认为,"西部地区统筹城乡发展制约条件主要有:经济发展水平落后,基础条件差,双层刚性二元经济结构,工业化发展滞后,传统农业改造缓慢,农村城镇化发展水平落后。提出西部地区统筹城乡发展模式:政府主导、财政支持、工业化与城镇化协调推进的发展模式。"① 石磊 (2009) 认为,西部地区统筹城乡发展存在的主要问题,"思想观念约束,城市化进程滞后,城乡劳动就业不协调,城乡基本公共服务不平衡,国民收入分配不合理,农民市民化缓慢,制度障碍"②。

西部地区统筹城乡发展的模式选择。许鲜苗、宋福忠 (2010) 提出统筹城乡发展的四种模式,"城乡网络化发展模式、以城带乡发展模式、次级城市优先发展模式、点轴开发模式。并具体提出西部地区各自发展模式:重庆、四川适用城乡网络化发展模式;陕西、甘肃和宁夏:以城带乡与城乡网络化相结合的发展模式;青海和新疆'多级中心,梯次辐射'的以城带乡模式;贵州和云南:中等城市优先发展的模式;西藏'强源固点、发展轴线'的点轴开发模式"③。

西部统筹城乡发展的经验总结。西部地区推进城乡统筹发展需要不断从理论上进行反思和总结,祁苑玲 (2012) 总结了西部统筹城乡发展的五条经验:"1. 将统筹城乡区域经济社会发展作为系统工程看待;2. 以城市为核心带动区域协调发展;3. 平衡城乡发展空间和规模结构;4. 加快农业现代化建设及城乡就业结构的提升;5. 依托强大的工业经济体系,加速城乡经济一体化进程。"④

重庆、成都作为全国统筹城乡综合配套实验改革区研究。重庆、成都两地

---

① 任保平,梁炜. 西部地区统筹城乡发展:态势、模式和路径选择 [J]. 财经科学,2008 (10):117~124.

② 石磊. 西部地区统筹城乡发展存在的问题与对策研究 [J]. 商业研究,2009 (3):112~116.

③ 许鲜苗,宋福忠. 西部地区统筹城乡发展的模式选择 [J]. 中央民族大学学报 (哲学社会科学版),2010 (1):20~25.

④ 祁苑玲. 西部地区统筹城乡发展研究 [J]. 中共云南省委党校学报,2012 (6):100~102.

专家学者就如何发挥实验区作用，先行先试，率先闯出一条统筹城乡发展新路展开研究，其研究成果进一步从理论和实践上推进和深化了西部地区的统筹城乡发展。重庆、成都多次召开统筹城乡发展研究论坛，国内知名专家学者为重庆和成都统筹城乡发展综合配套实验改革出谋划策，同时也把两地的经验共同分享。2008年11月15日在成都召开的"成都统筹城乡发展论坛"，迟福林、郑新立、王强、张红宇、杜晓山、李佐军、肖金成等专家学者就统筹城乡发展与农村基层自治、制度创新、"三农"问题等交换看法和意见。2009年9月7日在重庆举办的"统筹城乡发展论坛"，陆大道院士、胡鞍钢教授、温铁军教授、孔泾源司长等专家学者对统筹城乡发展特别是重庆的统筹城乡综合配套改革提出建议。

统筹城乡学术成果交流运用。在重庆直辖15周年之际，重庆2012年6月召开国家社科基金项目"统筹城乡发展研究"专题学术研讨会，交流了国家社科研究课题最新成果，将学术成果运用于社会发展实际，为统筹城乡发展提供理论支撑。仅以重庆为例，近些年出版了一大批关于重庆统筹发展的学术著作，如《城乡统筹战略发展若干问题研究》（2007）、《中国样本：对重庆和成都建设"全国统筹城乡综合配套改革试验区"的思考》（2008）、《重庆市统筹城乡综合配套改革探索》（2010）、《新思路、新探索、新模式：重庆统筹城乡发展实践》（2011）、《重庆市涪陵区统筹城乡改革与发展研究》（2011）、《城乡统筹背景下的重庆市产业集聚实证研究》（2011）、《城乡统筹的理论与实践：重庆市区县经济协调发展研究》（2010）、《农民经济权益保障研究：基于成渝城乡一体化改革的思考》（2011）；《统筹城乡理论与实践：重庆案例》（2012）；《聂家村调查报告：从重庆市合川区聂家村调研看统筹城乡发展需深入思考的几个问题》（2013）等，专家学者的研究成果，具有鲜明的西部特色，针对性、操作性强，有的已经被运用于实践，取得了良好的社会效益。

专家学者对西部地区统筹城乡发展的研究，丰富了我国统筹城乡发展理论的体系性，这种问题式的研究方式，具有更加明确的针对性与地方性，但也存在着整体性研究不足，多数学者从经济学的视角思考和提出对策，很少有人从马克思主义哲学的角度特别是从人的现代转型的角度，来思考和审视我们的经济政策和改革措施，哲学理性的人文关怀和终极关怀的缺失成为西部地区城乡统筹发展的思路性和理论性制约瓶颈。

笔者试图从哲学视角，对西部地区统筹城乡发展进行整体性研究，以便同经济学、社会学等学科的统筹城乡发展研究相区别。笔者在研究过程中，不是去建构一个统筹城乡的哲学体系，而是以问题为导向，把哲学思维、哲学辩证法以及哲学价值观等贯穿到项目研究中，从而体现本书的哲学性质，当然，要达到这样的效果，是本书的一个难点问题。

第二章

西部统筹城乡发展的哲理基础

理论来源于实践，是以一定思维形式和逻辑框架反映世界图景，以便"认识世界"，再以规律性、普遍性与超越性提供发展的价值理念，规范人们的思想和行为，指导人们的实践活动，最终实现"改造世界"的目的。城乡二元结构的本质特征是由发展的不平衡性决定，城乡从融合到分离再到新的融合过程就是事物发展的矛盾过程，是发展由平衡到不平衡再到平衡的否定之否定的上升过程，也是生产力与生产关系的辩证运动过程。坚持以马克思主义统筹城乡发展观为指导，科学把握城乡关系内在规律性，立足西部地区现实，为全面推进西部地区城乡统筹发展提供理论支撑。

一、马克思主义的城乡发展观

马克思主义以人的生存发展需求为逻辑起点，从生产力与生产关系、经济基础与上层建筑的矛盾运动入手，揭示出人类历史发展的一般规律，把理论的旨趣同现实世界的改造紧密相连，从辩证唯物主义和历史唯物主义角度论证了城乡关系的动态演进，揭示出城乡从一体化到分离、对立，再到相互融合的历史进程，是我们观察分析解决中国城乡关系的基本理论武器。

（一）马克思、恩格斯的城乡发展理论

城乡关系是生产关系中的重要关系，马克思主义创始人尽管没有提出统筹城乡发展的概念，但是，他们的著作中对城乡关系进行了许多深刻论述。马克思、恩格斯从人类社会发展的历史进程入手，揭示出城乡从分离到融合的原因、根源及其历史必然性，并从主体与客体相统一的角度揭示出城乡融合的路径选择与价值取向。

城乡分离：社会分工的需要，根源于生产力的发展。马克思和恩格斯认为，

　　分工是生产力发展的必然产物，促进了社会进步，分工产生了私有制，分工和私有制是产生工农、城乡、脑体之间分离与对立的根源。人类社会的三次分工，特别是第三次分工，促进了商品经济的发展，逐渐产生了城市，开始了工业和农业、城市和乡村的对立。马克思、恩格斯在《德意志意识形态》里对此进行了历史唯物主义的科学解释，"物质劳动和精神劳动的最大的一次分工，就是城市和乡村的分离"。① 城市与农村的分离是基于分工基础上的利益调整，因而必然产生二者的利益冲突与对立，"一个民族内部的分工，首先引起工商业劳动同农业劳动的分离，从而也引起城乡的分离和城乡利益的对立"②。马克思、恩格斯认为，城市和农村的分离是社会分工的结果，分工是社会进步的需要，在促进了生产力的发展和人类文明进步的同时，造成人与人之间基于职业不同带来的身份、地位、收入等的差异，这种差异成为人异化的一个重要根源。在《1844年经济学哲学手稿》中，马克思站在人道主义立场上，深刻批判了分工带来的异化和对立。"工人生产的越多，他能够消费的越少；他创造价值越多，他自己越没有价值、越低贱；工人的产品越完美，工人自己越畸形；工人创造的对象越文明，工人自己越野蛮；劳动越有力量，工人越无力；劳动越机巧，工人越愚笨，越成为自然界的奴隶。"③ 分工是社会关系的重大调整，是人类生产方式的重大变革，是社会文明进步的体现，脑体之间、工农之间、城乡之间的分离对立具有历史的必然性和阶段性，这种分离与对立的必然性并不代表其合理性，这种分离从开始就是建立在不平等与不公平的基础之上，这种不平等和不公平推动城乡之间、工农之间、脑体之间的辩证运动，决定了消灭三者的分离对立、走向和谐一体的客观必然性。

　　位移与转换：城乡关系的矛盾运动。马克思、恩格斯站在唯物史观的高度，在揭示出城乡对立产生的根源后，从辩证唯物主义出发，分析了城乡之间的关系随着科技进步和生产力发展，以及人的主体意识不断增强而发生的动态运动，这一运动过程同社会形态与社会制度相关联，是人类社会发展规律的外在体现。从奴隶社会到资本主义制度产生以前，城乡之间的关系都是以农村为主体，城市发展缓慢，整个世界基本是以农业为主的小农经济时代，真正意义上的城市

---

① 马克思恩格斯选集［M］. 第1卷. 北京：人民出版社，1995：104.
② 马克思恩格斯选集［M］. 第1卷. 北京：人民出版社，1995：68.
③ 马克思恩格斯全集［M］. 第3卷. 北京：人民出版社，2002：269.

化还没有发生，城市依赖农村提供基本生活资料，城市仅仅是一个政治和统治中心，在政权更迭上具有重要意义。到了资本主义时代，随着生产力的发展，商品经济和市场经济取代自然经济占主导地位，工业化的迅速发展带来城市的大规模扩张，城市成为政治中心、经济中心和实行统治的堡垒，完全占据主导地位，农村屈从和附属于城市，二者的地位和作用产生位移。"资产阶级使农村屈服于城市的统治。它创立了巨大的城市，使城市人口比农村人口大大增加起来。"① "它建立了现代的大工业城市——它们的出现如雨后春笋——来代替自然形成的城市。凡是它渗入的地方，它就破坏手工业和工业的一切旧阶段。它使城市最终战胜了乡村。"② 现代城市的出现，是伴随着工业化与科技发展日益扩展，成为现代社会生活的重要空间形式。城市的出现与形成，不仅打破了农村封闭僵化的小农经济状态，促进了农民和农村社会的现代转型，同时也加剧了城乡之间、工农之间、脑体之间更严重的对立与分化。"城市已经表明了人口、生产工具、资本、享受和需求的集中这个事实；而在乡村则是完全相反的情况：隔绝和分散。"③ 从世界范围来看，城市与农村、工业与农业的现代对立，在世界市场的作用下，扩展到不同区域、民族和国家，造成更深层次、更广范围的分化与对立，加剧了发达国家与欠发达国家、东方与西方的分化与矛盾。马克思、恩格斯一方面充分肯定了城乡分离的历史进步性，同时，又指出城乡的分离和对立是背离人性与社会发展的基本属性的，是注定要被消灭的，城乡关系的一体化发展是不可避免的历史趋势。

自由王国：城乡关系的高度融合。马克思、恩格斯认为，城市和农村的分离与对立具有一定的客观必然性，是生产力发展到一定阶段的产物。但是，随着分工、私有制和国家的消失，城乡之间的差别与对立存在的基础也将消失，进入城乡高度融合与一体化发展状态，这种状态就是共产主义阶段。城乡之间从分离对立到融合一体化的过程，也是人类社会从必然王国向自由王国的飞跃过程。那么，如何实现城乡的融合和一体化发展呢？马克思和恩格斯通过对人类历史特别是资本主义社会经济运行规律的研究，提出了关于城乡融合的设想与途径。第一条路径是从生产力发展的角度，即消灭旧的社会分工，实现生产

①　马克思恩格斯选集［M］. 第 1 卷 . 北京：人民出版社，1995：276～277.
②　马克思恩格斯选集［M］. 第 1 卷 . 北京：人民出版社，1995：114.
③　马克思恩格斯选集［M］. 第 1 卷 . 北京：人民出版社，1995：104.

力的充分发展。马克思、恩格斯指出，城市和农村之间的差别与对立是社会分工的结果，根源于生产力的不完全发展。那么，消灭城乡差别与分离的首要选择是消除旧的分工，实现生产力的充分发展，而生产力的充分发展离不开科学技术的运用与创新，马克思、恩格斯非常重视科学技术对城乡融合的重要作用，高度评价了科技革命的重要作用。第二条路径是从生产关系的角度，变革社会制度和生产关系。马克思、恩格斯看到了资本主义生产关系一方面促进城市发展，城市对乡村的带动和影响作用，发挥了城市的正能量，另一方面又揭示出资本主义制度下，城乡对立的尖锐性与城乡畸形发展的非人性与非理性。城乡对立"只有在私有制的范围内才能存在。城乡之间的对立是个人屈从于分工、屈从于他被迫从事的某种活动的最鲜明的反映，这种屈从把一部分人变为受局限的城市动物，把另一部分人变为受局限的乡村动物。并且每天都重新产生二者利益之间的对立"①。"资本主义社会不仅不能消灭这种对立，反而不得不使它日益尖锐化"。这种矛盾尖锐化到一定程度，演变成一种无产阶级与资产阶级的矛盾对立的社会政治革命，资本主义的丧钟就要敲响，资产阶级的灭亡与无产阶级的胜利同样不可避免。第三条路径：人的自由全面发展。马克思深刻指出，城乡从分离到融合，是主体从盲目到自由自觉的过程，也是人的自由而全面发展的过程。城乡关系的演变不仅取决于生产力的发展，也取决于人自身发展程度。在"人的依赖关系阶段"，城乡之间浑然一体，处于最初的经济阶段，生产关系比较简单，没有出现城乡关系的分离。对于个体来说，单个人显得比较全面，这是由于他还没有造成自己丰富的社会关系，并且这种关系也没有作为独立于他自身之外的社会关系同他自己相对立。到了"以物的依赖性为基础的人的独立性"阶段，城市和乡村交往以及社会的物质变换，形成了普遍的、丰富的、全面的社会关系，城乡之间、工农之间的分离与对立日益明显，特别在工业化的资本主义社会，这种对立与分化达到尖锐化程度，产生了现代化进程中诸多的"城市病"。到了"人的个性自由而全面发展"的第三阶段，社会分工是基于个人兴趣、爱好和社会需要，劳动变成真正的自由自觉的活动，生产力高度发达，城乡之间、工农之间分离的基础条件消失，城乡高度融合，人与自然、人与社会、人与人之间和谐发展。

---

① 马克思恩格斯选集［M］. 第1卷. 北京：人民出版社，1995：104.

从城乡分离向城乡融合的飞跃是一个漫长的历史过程，必须具备一定的历史条件，社会生产力高度发达是一个根本的条件。自然必然性与经济必然性对城乡融合的束缚在一定程度是客观存在的，只要生产力的发展还不足以满足消灭分工和私有制，只要劳动还是谋生的手段，人们就无法彻底摆脱必然性的奴役。因此，人类社会从城乡分离向城乡融合的转变，首先是由于生产力的发展而创造出现实的前提，人类在物质生产的高级阶段上获得来自经济关系的自由和全面性，然后在新的生产力水平上真实地解放自己。

（二）统筹城乡发展的哲学内涵

准确把握统筹城乡的丰富内涵和实质，是推动统筹城乡发展的前提与基础。首先，统筹城乡中"城"与"乡"的界定。毫无疑问，这里的"城"是指城市，"乡"是指乡村，那么，什么是城市，什么是乡村呢？目前学界存在较大分歧。经济学上的城市指的是相互交织在一起的网络系统，这个网络系统是在一个有限空间地区内各种生产要素的聚集地，如住房、劳动力、土地、运输等等；社会学上的城市指的是带有某种鲜明特征，具有一定范围界限的社会组织；地理学上的城市指的是处于便捷交通网络中，覆盖一定范围的人群和房屋的密集结合体；我国《城市规划法》第三条规定："本法所称城市，是指国家按行政建制设立的直辖市、市、镇"；《辞源》中城市被解释为人口密集、工商业发达的地方。城市本身包含两方面含义，"城"主要是指人口的聚集地，一般用来表示行政地域的概念；而"市"主要是市场和商品交换的地方，强调的是商业行为。因此，人们通常把人口聚集、商业发达、非农产业占主导的地域称为"城市"，主要包括县城（县级市）、建制市、副省城、省城或直辖市的主城城区。界定好城市范围之后，乡村界定就比较容易，主要指从事农业、人口分布较分散，居民在生活方式及景观上与城市有明显差别的地区，主要包括非建制镇、农村和城乡接合部。因此，统筹城乡发展不能简单复制行政区域划分的城市和乡村。对于统筹城乡发展的内涵，学界比较一致的看法认为，"统筹城乡发展是指要站在国民经济和社会发展的全局高度，把城市与农村的经济社会发展作为整体统一规划，通盘考虑，把城市与农村存在的问题及其相互联系综合起来研究，统筹解决。既要发挥城市对农村的辐射作用，发挥工业对农业的带动作用，又要发挥农村对城市、农业对工业的促进作用，实现城市与农村的良性互动，以改变城乡二元结构体制为目的，建立起社会主义市场经济体制下的平等、和谐、协调发展的工农关系和城乡关系，实现城乡经济社会一体化"①。

从哲学上来讲，统筹发展城乡不仅是一种方法论，更是一种世界观。城市和乡村是人类社会一定空间和地域的两大基本单元，是人类改造自然过程中主体能动性对自然必然性的创造，是主体自我建构和自为空间的必然结果。城乡从自然形态的浑然一体到人类实践的社会分离，都暗含着人类世界观与价值观取向，既是生产力发展的产物，又是人类向往文明、追求进步的结果。城乡从分离到高度融合，实现一体化发展，源于人类对真善美的本性追求。因此，统筹城乡发展的最终目标是实现城乡居民生存权与发展权的平等，其最终价值追求是城乡居民的自由全面发展，人的权利与发展是统筹城乡发展的根本。长期以来，人们把工业化和城市化作为现代社会的价值取向和评价标准，把农业、农村、农民作为工业现代化和社会现代化的工具，理所当然地认为农业附属于工业，农村附属于城市，农村、农民、农业是落后的代名词，统筹城乡发展就是要逐步减少农民，推动农村转变为城市或社区，这种目的和手段本末倒置的思维带来实践中的诸多问题。

统筹城乡发展首先要确立以人为本的价值取向，推动实现城乡居民的平等的生存权和发展权，使城乡居民享有平等的经济、政治、文化、基础实施、公共服务、医疗保障、教育科技、居住生活的生态环境等权利与机会。人的现代化既是西部地区统筹城乡发展的前提保障和发展动力，又是统筹城乡发展的重要目标任务和内涵要求。这就要求我们在不断创新体制机制的同时，重视文化的创新，推动西部地区人的现代转型。

统筹城乡发展的关键在于实现农业、农村、农民的现代化。美丽乡村建设同新型城镇化建设同等重要，构成西部统筹城乡发展的"一体两翼"。城镇化不是简单地减少农业户口，也不是单方面地工业反哺农业，城市反哺农村，更重要的是要把农村发展放在更加重要的位置，加大对社会主义新农村建设的力度，改善农村基础设施建设，改善农民生存发展的生产和生活条件，增强农村自我发展能力。只注重农业现代化的思维是工业化的逻辑缩影，要重视农村的现代化和农民的现代化，农业现代化同农村、农民现代化是相互联系、互相影响、不可分割的，只有全面实现农业、农村、农民同步现代化，才能真正消除城乡二元分割，避免城市化弊病，真正实现城乡一体化发展。

---

① 周琳琅. 统筹城乡发展理论与实践［M］. 北京：中国经济出版社，2005：31.

　　统筹城乡发展重点在于制度创新。城乡二元结构是生产力发展不平衡和制度政策的双重结果。从城乡空间共生、分离、对立、平等、融合的历史进程看，随着城乡生产力的不断提升以及人的主体意识增强，必然要求改变束缚生产力发展和城乡融合与互动的各项生产关系，通过制度改革与创新来破除其藩篱和壁垒，建立城乡管理良性互动机制、城乡基本公共服务均衡化发展机制、城乡就业和社会保障平等共享机制、城乡产业人口和户籍自由流通互动机制、城乡经济、政治、文化、社会、生态良性协调发展机制，通过制度创新达到以社会自身结构力提升社会整体的竞争力的目的。

　　城乡二元结构存在的客观性和自在性始终脱离不了主体能动的创造性和自为性的参与。城乡从二元分离到有机融合，并非单向度的城镇化或人口的转移，还包括管理、土地、资金、技术等社会物质性要素和文化、制度、习俗、心理等社会精神性要素的统筹配置与双向融合。发展哲学意义上的城乡统筹实质上就是社会主体在城乡客体发展失衡的二元结构基础上依据发展的价值追求和人的内在本性通过制度的变革与创新而进行的新一轮价值建构和模式选择。

二、城乡关系的社会主义探索

　　马克思、恩格斯所设想的社会主义运动，是在城乡关系分离和对立程度严重的发达资本主义国家爆发。然而，现实社会主义革命却是在工业化程度较低、小农经济占主体的俄国和中国爆发并取得成功。革命成功后的社会主义所面临的共同问题是如何在巩固政权基础上改变经济社会落后的状况。现代化在西方实践的巨大成功，自然成为社会主义国家推崇的目标，即推进工业化、城镇化以实现现代化。在推动现代化进程中，社会主义国家的实践遭遇到早期现代化国家共同的一个难题，城市病的出现以及城乡发展差距拉大。与苏联解体不同，中国共产党带领全国各族人民高举中国特色社会主义旗帜，成功开辟中国特色社会主义道路，形成了中国特色社会主义理论体系，发展完善了中国特色社会主义制度，取得了改革开放和经济社会发展的巨大成就。从城乡关系的角度总结苏联和中国的社会主义建设经验，对于我们解决城乡发展差距、坚持和发展中国特色社会主义具有重要意义。

　　（一）苏联领导人的城乡关系思想

　　列宁领导的十月革命胜利后建立的第一个社会主义国家苏联，面对的首要问题就是如何把一个农民和小农经济占主导的国家变成一个具有现代工业、现代农业的社会主义国家。从列宁、斯大林到赫鲁晓夫、勃列日涅夫再到戈尔巴乔夫，苏联的社会主义建设有成功的经验，也有惨痛的教训。苏联解体的原因很多，从城乡关系角度梳理苏联的社会主义建设，对于推进我国的国家治理能力和治理体系的现代化具有重要的借鉴意义。

列宁的统筹城乡发展思想。十月革命后，俄国国民经济中农业仍占主要地位，农民占多数，如何实现小农国家向社会主义过渡成为重要的事情。列宁运用阶级分析法分析工农、城乡的对立及其分离的必然性。列宁认为，随着资本主义发展，城市对于农村的剥削与压迫日益严重，城市主要是通过名目繁多的苛捐杂税来剥削农民，农民为城市和工业的发展提供大量廉价的劳动力。列宁从社会分工的角度，评价了城市工商业的积极作用，并指出城市工商业与发展不均衡是造成城乡差别的一个重要原因，城乡分离具有必然性。"城乡分离、城乡对立、城市剥削农村（这些是发展着的资本主义都会有的旅伴）是'商业财富'优于'土地财富'的必然产物。因此，城市优于乡村（无论在经济、政治、精神以及其他一切方面）是有了商品生产和资本主义的一切国家（包括俄国在内）的一般的必然的现象。"① 列宁分析了城乡对立的四个原因："第一，农村流入城市的无等价物的价值和有等价物的价值；第二，城市对农村的地力的剥削；第三，落后的农业生产的组织形式及发展农业生产所需的要素的缺乏；第四，农村人力不足。"②

为了消灭城乡分离对立，列宁提出了合作制理论设想，并将这一设想付诸实践。合作制理论最初来源于共耕制，共耕制就是将农业生产资料包括土地等实行公有，集中经营，集体耕作，实行统一分配。依据当时的共耕制建立起来的农业组织统称集体农庄，集体农庄分为三种形式：共耕社、农业劳动组合、农业公社。共耕制脱离了当时苏联的农业和农村的实际，加上集体农庄效率低下，引起农民的反对和抵制。列宁开始反思这种共耕制集体农庄的可行性，"近两年来，建立农业公社和劳动组合的工作有很大的进展。但是冷静地观察一下事实，我们应当说，去建立公社、去从事农业的许多同志，对于农民生活经济条件的知识是很不够的。因此必须纠正由于急躁冒进、处理问题的方法不对而

---

① 列宁全集 第2卷［M］．北京：人民出版社，1998：192．
② 李建建、陈少晖等．统筹城乡发展：历史考察与现实选择——以福建为例［M］．北京：经济科学出版社，2008：87．

造成的大量错误"①。并指出"集体农庄的问题并非当务之急",因此,"不应该奢想向社会主义和集体化的过渡"②。既然集体农庄走不通,那么该选择什么路径实现对小农经济的改造呢?列宁在新经济政策期间提出"合作社"。列宁在《论合作社》中,界定了合作社的社会主义性质,并把它当作联系农民的经济合作组织,正确评价了商品货币对于经济发展的重要意义。

斯大林对于工农与城乡关系的认识。列宁逝世后,斯大林开始领导苏联的建设实践,提出赶超战略,推动了国家工业化和农业全盘集体化运动,形成了斯大林模式。斯大林认为,资本主义制度下城乡的对立是利益的对立,是城市工商业对农民和农村的剥削,但是在苏联的社会主义制度下,由于建立了工农联盟,城市和农村、工业和农业的根本利益是一致的,这就相当于消灭了工农与城乡之间对立的经济基础与社会基础,但是,工农和城乡之间的差别还将长期存在。"工业和农业之间本质差别的消失,不能引导到它们之间任何差别的消失","工业和农业之间的某些差别,就更加会保存下来"。斯大林认为,消灭城乡之间、工农之间的差别与对立要与国家工业化相联系,同时,为巩固苏维埃政权,斯大林确立了优先发展重工业以带动工业化的方针。苏联的工业化进程取得巨大成就,但是这种工业化是以牺牲农业为代价的,农业长期徘徊停滞,农产品与日常用品极度匮乏。斯大林不是从发展战略上找原因,而是认为小农个体经济已经无法满足工业化对粮食和原料的需要,因此,必须实行农业集体化,更好地促进工业化的进程。斯大林一方面承认农业是国民经济的基础,必须发展农业,同时,他又强调农业发展的关键在工业。为了城市和工业,农民必须为工业暂时交纳"贡税",并把集体农庄作为农村社会主义改造的杠杆。斯大林的国家工业化和农业全盘集体化,割裂工业和农业、城市和农村相互关系,片面强调工业和城市,忽视农业和农村,造成国民经济比例严重失衡,农村发展长期停滞不前,农民生活水平提高缓慢,这是导致苏联最后分崩离析的重要原因。

斯大林之后苏共历届领导人对于苏联社会主义制度下的城乡和工农之间的关系都进行了不同程度的改革,试图缓解日益紧张的工农城乡关系,缩小城乡发展差距。但是,改革缺乏正确的指导思想,理论上准备不足,再加上制度的

---

① 列宁全集 第37卷 [M]. 北京:人民出版社,1986:308.
② 列宁全集 第31卷 [M]. 北京:人民出版社,1985:478~479.

僵化，没有从根本上破除斯大林模式，直至苏联解体。"为了实现'无阶级'社会的蓝图，不懈地进行消灭工农差别、城乡差别、脑体劳动差别的努力。赫鲁晓夫和勃列日涅夫时期，苏联五次提高最低工资，提高国营农场职工和集体农庄庄员的工资，使工农之间、脑体劳动之间、高低收入之间的收入差距缩小。"① 这种不顾生产力发展实际的消灭差别，严重挫伤了广大知识分子和专业技术人员的建设积极性。

苏联的改革表明，在一个小农经济国家里，"三农"问题不仅是个经济问题，更是一个重要的政治问题与社会问题，关系到政党执政与政权巩固。解决城乡之间、工农之间的失衡问题，必须立足生产力发展水平，必须遵循城乡发展的客观规律，否则，单纯依靠领导人的主观意志强行"消灭"城乡差距，不仅会欲速则不达，反而会酿成重大的社会灾难。

（二）中国共产党人对城乡关系的探索与实践

作为一个农业大国，"三农"问题对于中国社会稳定和发展具有全局性、整体性、基础性的特殊意义。中国共产党高度重视城乡发展问题，党的历届领导人从毛泽东、邓小平到江泽民、胡锦涛和习近平，始终将"三农"问题放在党和国家工作中的重要位置，针对城乡发展作出了一系列决策部署。

毛泽东、邓小平高度重视城乡的协调发展，在强调农业基础地位、正确处理好工业和农业关系、协调城乡发展方面具有高度的一致性。一是高度重视农业的基础性作用。党的第一代领导人高度重视农业和农村工作对于全局的重要性，毛泽东1957年在省、市、自治区党委书记会议上的讲话中，从六个方面全面系统论述了农业的基础性作用思想。邓小平继承毛泽东这一思想，他认为"农业是根本，不要忘掉"②。"文革"结束后，以邓小平为核心的第二代领导集体，首先在农村推动改革并取得巨大成功，解放和发展了农村生产力。二是要处理好农业和工业的关系。毛泽东特别重视处理好工业和农业的关系，在《论十大关系》中全面阐述了国民经济中农、轻、重的发展顺序，提出了工农业并举的思想，形成了以农业为基础、以工业为主导的国民经济发展方针，并告诫全党要避免犯苏联的错误，坚持走中国特色城乡发展道路。"最近苏联方面暴露了他们在建设社会主义过程中的一些缺点和错误，他们走过的弯路，你还想走？

---

① 黄立茀. 苏联人为何"不珍惜"苏联［J］. 南风窗，2008（16）：54~57.
② 邓小平文选 第3卷［M］. 北京：人民出版社，1993：23.

过去我们就是鉴于他们的经验教训，少走一些弯路，现在当然更要引以为戒。"① 1963 年，邓小平在一次研究工业发展问题的会议上强调指出："按照农、轻、重的次序安排，从长远看会发展得快一些、好一些。我考虑，在一定时期内，我们工作的重点，必须按照以农业为基础的方针，适当解决吃、穿、用的问题。"② 三是统筹兼顾城市与农村发展。在新民主主义革命即将胜利之际，毛泽东在七届二中全会上提出工作重心的转移问题，即从农村转移到城市，开始由城市领导乡村时期。毛泽东认为，城乡工作必须坚持统筹兼顾，不能因为党和国家工作重心转移到城市，就放松对农村、农民、农业的领导，要使城乡工作、工农工作紧密地联系起来。

江泽民继承了毛泽东和邓小平关于农业是基础地位的思想，他高度重视"三农"问题，强调把农业放在首位，全面论述了农业和工业、农村和城市、农业现代化和社会现代化的关系。进入 21 世纪后，"三农"问题的重要性、严峻性与制约性日益凸显，解决"三农"问题必须转变思路，创新对策。江泽民同志站在中国经济社会发展全局的高度，在党的十六大报告中提出了"统筹城乡经济社会发展"的新战略。这一战略跳出了以往就农业论农业、就农村论农村的旧思维束缚，而是将"三农"问题上升到党和国家战略的高度，放在整个国民经济发展的全局中，将"三农"问题的解决同现代化建设目标、党的任务紧密结合起来，提供了新时期解决城乡发展失衡问题的基本思路。

随着改革开放的深入，中国城乡关系出现阶段性特征，"三农"问题对于中国特色社会主义全局性制约更加明显。党和政府高度重视城乡发展的不平衡，把统筹城乡发展作为解决"三农"问题的根本途径。胡锦涛提出以人为核心的科学发展观，把统筹兼顾作为指导国民经济和社会发展的根本方法，并将统筹城乡发展放在"五大统筹"的首位。党的十六届五中全会提出要扎实推进社会主义新农村建设，党的十七大、十八大提出要建立新常态下以工促农、以城带乡长效机制，构建城乡一体的新型关系。党的十八届三中全会对于全面深化农村改革和推进新型城镇化建设进行整体部署，并陆续出台一系列关于城乡发展改革的重大措施和制度创新。党的十八届四中全会，围绕国家治理能力与治理体系现代化，提出科学立法、严格执法、公正司法、全民守法的法治体系建设。

---

① 毛泽东文集 第 7 卷 [M]．北京：人民出版社，1999：23.

② 邓小平文选 第 1 卷 [M]．北京：人民出版社，1994：335.

这些重大战略决策部署对破解"三农"问题,推动经济社会转型升级,全面建成小康社会和实现民族伟大复兴的中国梦具有重要意义。

三、统筹城乡综合配套实验区改革的认识论意义

事物发展的规律性是通过内在矛盾不断显现出来,对事物规律认识的过程就是人的主体意识能动的加工创造过程。实践、认识、再实践、再认识,从感性到理性、从理性到实践,完成认识的一次升华。统筹城乡综合配套改革是主体对城乡发展认识不断深化的结果,将系统论的理念理论实践化为城乡统筹综合配套改革,从单一城乡经济结构层面到强调经济、社会、政治、文化、生态、人性等全面系统整体的综合配套改革,以发展的内在规律与主体的价值追求为原点,通过制度创新与变革,实现城乡发展的效率与公平、速度与质量、资源消耗与生态保护、当前利益与长远利益、阶段性与可持续性的有机统一,将城乡始终统一于动态的发展型均衡之中。

(一)统筹城乡综合配套改革:科学发展观的应有之义

城乡二元结构的存在根源于发展的不平衡性,也与人们对发展观长期的片面认识分不开。从经济增长论到综合发展论,从发展客体论到发展主体论,从增长极限论到可持续发展与科学发展观。发展观的历史嬗变体现出人类对社会发展认识的深化和城乡关系的关切,统筹城乡综合配套改革就是要纠正片面的经济增长论和发展的失衡现象,把农村放在同城市一样重要的位置纳入整个国民经济与社会发展的全局进行通盘筹划,推进农村经济、政治、文化、社会、生态、法治的全面进步,缩小城乡发展差距,共享改革开放成果。

统筹城乡综合配套改革的哲学意蕴。统筹城乡综合配套改革是辩证唯物主义与历史唯物主义的实践运用,是马克思主义哲学实践观的具体体现,透露出丰富深刻的哲学内涵。从唯物辩证法来看,事物发展是普遍联系、运动变化的,城市和乡村作为两个基本社会单元空间,是浑然一体,不可分割的。统筹城乡发展不能只讲城镇化和城市、工业对农村的作用,更要关注农村和农民自身的发展,城镇化不是消灭农村和农民,不是把城市和乡村从二元结构变成单一结构,而是要强调城乡的协调均等发展的公平性,要把城镇化和社会主义新农村建设、农民与农业现代化等同看待。统筹城乡综合配套改革就是要把城乡生产空间、生活空间、生态空间联系起来,把城乡发展同国民经济和社会整体发展联系起来,把城乡经济发展同政治、文化、生态、社会管理等联系起来,把经

济社会发展的阶段性目标同长远目标和最终目标联系起来，把社会发展同人的发展联系起来，把城乡发展同党的宗旨、社会主义性质联系起来，进行整体规划，全盘考虑。

统筹城乡综合配套改革是解决发展不平衡而作出的国家战略决策，是破解发展中具有全局性、战略性、普遍性的难题而设立的，是希望通过改革创新突破常规，创出一条带有示范性的新路，具有鲜明的改革特征。1. 全面性。统筹城乡综合配套改革首要特征是系统性、全面性、整体性和综合性。统筹城乡综合配套改革改变了以往就城市论城市、就乡村论乡村的思维模式，而是把城市和乡村、工业和农业、市民和农民作为社会整体的两个单元，强调二者之间的相互依赖性与共同发展性，共同纳入整个国民经济社会发展的全局中。同时，统筹城乡综合配套改革系统性还表现在改革的全面性与整体性。统筹城乡综合配套改革不是仅仅解决城乡某一方面问题，而是对城乡经济、政治、文化、社会、生态、法治等全方位、多领域的整体推进，既是一次制度的创新过程，也是社会治理能力与治理体系现代化的实践过程。综合配套改革不仅表现在物质设施硬件等方面，还表现在文化、制度、心理以及民风民俗等软的方面，是人们思维方式、生活方式、生产方式和发展方式的一次创新和利益关系的重新调整。2. 创新性。创新是统筹城乡综合配套改革的灵魂和核心，创新就是要求解决阻碍城乡发展深层次的体制机制问题，就是要大胆突破，勇于冒险，敢于尝试。3. 配套性。就是改革要有宽阔的视野，单兵突进已经无法解决历史长期形成的二元结构问题，必须从全局视野，系统策划，配套推进。统筹城乡综合配套改革要顺利推进，不仅需要各方面的体制机制改革，更需要资金、政策、法律法规的跟进与支持，还需要人们的思想观念变革与人的现代转型。配套性是衡量综合配套改革的关键，也是综合配套改革的难点。4. 示范性。统筹城乡综合配套改革最终目的是为在全国更多层面、更广范围推进实验区成功的经验做法，因此，示范性要求改革实验区要把探索出来的成功经验建规立制，形成标准化的制度体系，这也是实验区承担的重要责任。

"全面改革、重点突破、促进发展、形成机制、试点示范"是国家对重庆和成都作为实验区的具体要求和殷切期待，对全国特别是西部地区统筹城乡发展具有根本性的指导意义。2009 年《国务院关于推进重庆市统筹城乡改革和发展的若干意见》（以下简称《意见》），对于推进统筹城乡综合配套改革提出了系统全面的指导意见，明确提出构建统筹城乡发展的五大机制：以城带乡、以工促农的长效机制;统筹城乡的土地利用制度;统筹城乡的金融体制;城乡统一的劳动就业制度;城乡统一的社会管理体制。《意见》集战略性、系统性、政策性、操纵性于一体,对于推动西部地区统筹城乡提供基本的指导意见。

统筹城乡综合配套改革是一项复杂系统的工程,要抓住"改革"这个基本点,以制度创新为突破口,形成统筹城乡发展的制度体系,推进城乡规划一体化、基本公共服务均等化和社会治理一体化。

统筹城乡综合配套改革要抓住"配套"这个关键点。目前,统筹城乡发展的难点和重点在"配套"改革,统筹城乡发展错综复杂,利益盘根错节,单兵突进难以解决问题,需要顶层设计和相关配套改革措施跟进。比如,城市是不是越大越好,城镇化的进程是不是越快越好,城市的功能是不是越多越好。在城镇化进程不断加快的今天,对于农业或者是农民未来的生存发展空间,应该预留多大的合理的发展空间。城市化简单扩张带来的"城中村"问题日益严重,西部地区省会城市、中心城市和小城镇该如何协调发展,资源压力和环境保护该如何统一,这些问题都是统筹城乡发展所要"配套"考虑和关注的问题。

(二) 统筹城乡综合配套改革的着重点

从历史发展规律来看,人民群众是社会物质财富与精神财富的创造者,是社会变革与转型的推动力量。唯物史观这一观点就决定了作为重大战略决策的统筹城乡综合配套改革其价值取向是为城乡居民提供与创造和谐、公正、平等、自由的发展权利与机会。统筹城乡发展本质上是一次利益的调整和价值的重构,必须坚持科学发展,以人为本的原则,始终把民生放在首位,处理好政府与市场、效率与公平、改革与发展、稳定、生态保护的关系,推动城乡综合配套改革的深入实施。

统筹城乡综合配套改革要始终把改善民生放在首位。改善民生是西部地区统筹城乡发展的重要任务,改善民生与统筹城乡发展就其实质而言是一致的。统筹城乡发展是为了缩小城乡发展差距,目前城乡之间发展的差距主要体现在基本公共服务、就业、教育、收入分配等方面造成的城市和农村发展权利与机会的不平等,统筹城乡发展本身是围绕这些问题开展工作,离开了民生意识,统筹城乡发展就会失去依托,也会失去重心。特别要注重对农村和山区的基础设施建设,加大对教育、医疗、住房、社会保障的投入与支持力度。

统筹城乡综合配套改革要处理好政府与市场关系,充分发挥市场的决定性作用和更好地发挥政府的作用。西方经济学从重商主义的政府干预、新古典经济学派的自由市场，再到凯恩斯主义、新自由主义，政府与市场关系也是经济实践的难题。社会主义国家需要跨越"卡夫丁峡谷"不仅体现在所有制上的超越，更为根本的是体现在社会生产力上，生产力的解放和发展离不开商品经济和市场经济。在统筹城乡发展的实践中，政府与市场关系的关键在于如何实现二者的分野与平衡，即如何划定二者各自的界限。政府与市场作为社会调控和社会治理的手段，是推进国家治理能力和治理体系现代化的基本依靠方式，在统筹城乡发展过程中，要把市场对资源配置的决定性作用与更好地发挥政府的作用结合起来。在统筹城乡发展的经济领域，应坚持市场主导，政府宏观调控为辅的关系模式，让城乡劳动、资本和生产要素自由流通，发挥市场规律的作用，破除户籍、地域、行业壁垒，激发城乡的经济活力。对于社会民生领域，应坚持政府为主导的市场调节为补充的关系模式，不断解决老百姓关注的基础设施、医疗、教育、就业、住房、养老等民生问题，同时为市场提供完善的政策、制度、法律法规服务。政府与市场关系与分工不是绝对的，在经济领域以市场为主导绝不是不要政府，市场经济越发展、越完善，越需要发挥政府的作用，特别是政府的宏观调控和监管作用。在社会领域强调以政府为主导，也不是不要市场，因为单一的政府调控，不是导致社会效率低下、发展缓慢，平均主义盛行，就是导致腐败主义盛行，绝对的权力导致绝对的腐败，政府主导的社会管理也需要市场，但不能过度市场化，尤其是牵涉到民生的一些公共产品和公共服务，政府必须发挥主导作用。政府与市场对于统筹城乡发展不是互相对立不可调和的，而是相互补充、相辅相成、相互促进、和谐统一的，是推动统筹城乡发展的基本手段。

统筹城乡综合配套改革要实现效率与公平的统一。效率与公平的关系是经济社会发展面对的一个重要问题，统筹城乡本身就是为了解决发展的公平问题。强调效率在一个国家工业化的初期，是必要的，到了社会转型时期或者"刘易斯拐点"再视效率为发展的唯一目标将会陷入"中等国家收入陷阱"，就会造成区域、行业、群体之间贫富悬殊、两极分化，这不仅与我国社会主义性质相违背，还会造成一系列社会矛盾与问题，甚至引发社会动荡，必然影响到社会的整体效率。当前，公平问题已经成为社会的热点和焦点问题，强调公平不是不要效率，更不是要否定效率，而是坚持二者的和谐统一。效率与公平问题是由发展的不平衡引起的，因此，二者的统一必须仅仅围绕如何实现发展这个主题，发展不仅指速度，更重要的是要追求发展的质量，而任何发展都是为了人的发展，都暗含着人们的社会理想与社会追求。解决城乡发展失衡不是压制城市和工业化的发展，而是要更有效率地促进发展，同时，要大力推动和支持农业和农村发展，在政策、资金和支持力度上要向农村倾斜，缩小城乡之间的差距。根据制度经济学理论，一项制度能不能被创新，关键看预期收益是否大于投入成本。制度的创新是为了用更高效率的制度代替旧制度，一项制度的变革与创新，也必须体现社会的公平，即收入分配和机会的公平。如何处理好效率与公平的关系，是统筹城乡综合配套改革中制度建构的一个重要问题。

统筹城乡综合配套改革处理好改革、发展、稳定的关系。保持社会稳定，对于西部地区的改革与发展具有重要意义。西部地区集贫困地区、山区、民族地区、边疆地区于一体，发展和稳定是西部地区统筹城乡不可忽视的重要问题。统筹城乡要紧抓改革这个关键，通过加快改革实现发展，让老百姓通过自身体验真切感受到社会主义制度的优越，感受到和平稳定环境的重要，切断"三股势力"滋生的社会基础和民众基础。

总之，统筹城乡综合配套实验区改革要避免不顾实际，不顾百姓意愿，简单地圈地上楼、农转非等"面子工程"和"形象工程"，也不能为完成城镇化的指标而揠苗助长。事实上，城乡发展一体化不仅是物质性外在化的东西，更是人们的精神体验，是西部地区人民大众生活水平和质量的不断提高，是城乡居民幸福度与幸福指数的不断提升，是城乡居民公正平等权利与机会的真正体验。最终城乡实现均等化的公共服务、同质化的生活条件、对等化的权利机会，城乡生产生活生态的高度融合与和谐发展，才是城乡发展一体化的标志。

第二篇

02

| 现状经验 |

西部地区乃至全国的城乡分离、发展失衡有一定的现实性与历史性，是工业化、现代化进程中生产力发展不平衡的产物，但是，城乡的分离与对立不具有合理性，是必须解决的发展问题。从西部城乡发展的现状出发，分析西部地区城乡发展失衡的原因及因素，借鉴发达国家和国内发达地区解决该问题的思路方法，是推动西部统筹城乡发展的基础性工作。

第三章

西部统筹城乡发展的现实依据

矛盾是普遍性与特殊性的统一，不同事物具有不同的矛盾，同一事物的矛盾在不同发展阶段和发展过程显示出不同特点。城乡发展不平衡，具有普遍性与必然性，但是，形成这一过程的原因在不同国家和不同地区具有差异性。西部地区的城乡发展有其地域性和特殊性，因此，西部地区统筹城乡发展在借鉴国内外相关经验的基础上，应当建立符合西部实际的区域统筹城乡发展理论。城乡分离是一定历史阶段发展的产物，从历史长河看是暂时的现象，城乡从分离到融合是发展的必然趋势。人类已有的实践证明，正确的选择是实现快速发展的有力保证，是地区核心竞争力的有力彰显，是突破性增长的有效途径。西部地区需要自己的统筹城乡发展理论，不能总是重复别人的做法，亦步亦趋地跟在东部或国外的屁股后，应该立足本地实际，结合西部的历史基础、文化背景、发展阶段、发展的优势与不足，才有可能提出切合实际的统筹城乡发展理论，实现跨越式发展。

一、西部城乡关系的中国式演变

人类社会的文明与进步，取决于不同时代的生产方式。不同时代生产力与生产关系的矛盾运动，根源于生存的有限性与理想追求的无限性，决定了理想与现实、思维与存在、应然与实然、事实与价值、发展与代价的二元悖论存在。发展的不平衡性是事物发展内在矛盾的表现，梳理中国式城乡二元结构的演变与形成，有助于从根源上破解城乡发展难题，从整体上把握中国城乡发展的内在规律性，从政策措施上推进城乡一体化发展进程。

（一）古代中国的城乡关系：乡土性与城市性无差别的统一

城乡关系作为社会生产力发展和社会分工的产物，在一定地域中处于相互依赖、相互影响的两个空间实体，一直处于一个动态的流变过程，表面上是一种地理空间区位的关系，实质上一种社会关系，体现的是人类在改造自然过程中的人际社会关系。城市的出现，是人类群居生活的高级形式，标志着人类走向成熟和文明。真正意义上的城市是近代以来工商业高度发展的产物，人口聚集、工商业发达、非农业人口为主的地区，是周围的政治、经济、文化交流中心。工业革命以后，城市化进程大大提速，农民不断涌向新的工业中心，城市获得了前所未有的发展。城市化、工业化被等同于现代化，成为一个国家富裕、发达、文明、现代的标志。中国长期是一个以农业为主的国家，农村人口比重较大，农民、农村、农业对整个社会秩序稳定、社会发展进步有着独特作用。中国城乡关系演变与社会经济结构发展紧密相连，在不同历史时期，呈现出不同特点。

古代中国的城乡关系长期以来比较稳定，这与生产力缓慢发展和社会分工的不发达有关。城市作为一定地域的政治中心，主要是帝王和达官贵人的统治中心，也是人口聚集和商品贸易的主要集散地，一般由高大的围墙作为防御手段，城墙作为城乡的分界线，城墙内是"城市"，城墙外是"乡村"，以种田务农为主，城乡关系是以农村为主体。经济上，城市和乡村具有共同的经济基础即建立在农耕自然经济和小农经济的基础上，主要依靠手工和体力劳动方式，城市依靠乡村提供生活所需物品，不是一个独立的经济实体，相反，农村却是一个独立的经济实体，完全可以不依靠城市而生存，这是古代中国城乡关系的一个典型特征。政治上，城市是地方行政中心所在地，乡村社会秩序的维护依靠城市，乡村的统治者是城市统治者在乡村的代理人，是从属于城市权力系统的基层单位，没有完全的政治自治权。人口流动上，乡村人口不断走向城市，城市规模在不断扩大，但是由于简单的城市社会分工和长期战争使得城乡人口比例长期稳定不变。城乡关系呈现乡土性与城市性的相互依赖、相互影响的"无差别的统一"关系。马克思对此深刻指出："古典古代的历史是城市的历史，不过是以土地财产和农业为基础的城市；亚细亚的历史是城市和乡村无差别的统一（真正的大城市在这里只能干脆看作是王公的堡垒，看作真正的经济结构上的赘疣），中世纪（日耳曼时代）是从乡村这个历史舞台出发的，然后，它的进一步发展是在城市和乡村的对立中进行的；现代的历史是乡村城市化，而不像在古代那样，是城市乡村化。"① 中国古代社会，城市和农村这种无差别统一

---

① 马克思恩格斯全集 第46卷（上）[M]. 北京：人民出版社，1979：480.

根源于中国的传统文化和社会结构，地理空间区域上的大一统格局，以地缘和血缘关系为纽带的社会关系，使得中国城乡之间在生活习惯、文化传统、价值观取向、思维方式等方面高度统一，这种独特的大一统文化形成了城市和乡村的紧密联系。费孝通在《乡土中国》描述出中国传统社会农村的社会结构：建立在血缘与地缘基础上的熟人社会，差序格局、礼治秩序是中国农村和城市共同承载的生活方式和价值理念。"差序格局、家族主义、礼治秩序、血缘联结，作为中国的传统性的核心内容，不仅存在于传统中国的乡村社会，也存在于传统中国的城镇社会。"①

（二）近代中国的城乡关系：特殊的对立与统一关系

从1840年鸦片战争开始，中国的城乡关系进入一个特殊时期。特殊指的是中国此时城乡关系发展不是由于中国社会结构内部自身的发展变动，而是源于外部环境改变而引起的社会变迁，中国是被迫和被动地卷入世界的现代化进程，这一外部因素决定了中国的城乡关系表现出很大的特殊性。从政治上来看，城市成为外国资本主义和中国封建主义联合对农村进行政治压迫和经济剥削掠夺的集中地。城市不是辐射带动农村发展，相反，农村成了外国资本掠夺的原料产地，农民成了外国资本和本国强权的原料供应者和被剥削对象，中国农民所遭受的压迫是前所未有，城乡差距不断扩大，城乡对立空前严重。经济上，城乡经济发展不平衡，微弱的资本主义经济和强大半封建经济存在，近代特征的少数城市和广大停滞发展的农村并存。在农村，人口占90%的农民只占不到20%的土地，人口占10%的地主和富农占据80%的土地，农村两极分化十分明显。在半殖民地半封建化的中国，城市中的工商业，始终未能成为中国社会经济的主要形态，城市只有消费功能，生产功能很少。在近代中国国民收入中，有90%来自农村，而来自城市工业的则不到10%。因此，在社会经济生产中占统治地位的不是城市资本主义经济，而是落后的自给自足的小农经济，城市不但未能完全支配乡村，并且发展要依赖农村，而农村却成为相对独立的经济体，基本可以不依赖城市而独立存在，这是中国城乡关系独特之处。"近代中国，随着外国势力的侵入和中国主要通商口岸城市对外贸易和工商业的兴起与发展，在自给自足自然经济逐步解体的同时，旧式的城乡无差别的统一关系亦发生了

---

① 陈映芳. 传统中国再认识：乡土中国、城镇中国及城乡关系［J］. 开放时代，2007（6）：95~104.

变化，城乡间以对立统一为特征的二重性关系日趋凸现。"[①] 近代中国特殊的城乡关系，为中国共产党开辟"农村包围城市"的新民主主义革命道路提供了实践支撑。

（三）当代中国的城乡关系：从二元结构走向城乡统筹

新中国的成立，标志着旧式"城乡对立、城市剥削掠夺农村"关系的结束。新中国成立以来，城乡关系从开放到封闭再到开放，由于历史和制度政策原因形成二元经济社会结构，造成城乡的分治与发展差距。党的十六大提出统筹城乡发展，城乡关系迎来新的转折，城乡和谐平等与一体化发展成为当代中国的重要议题。

（1）改革开放前的城乡关系

新中国成立后，中国社会整体上处于前工业化阶段，是一个典型以传统农业为主的农业大国。据《中国统计年鉴》（1993）显示：1952 年，农业总产值占国民经济的比例高达 56.9%，而工业总产值仅占 43.1%。从人口总量来看，农村人口 50319 万人，占总人口的 87.54%，而城镇人口为 7163 万人，占全国人口的比重为 12.46%，是个典型的农业大国。从人员流动情况来看，1949—1957 年是中国城市和农村人口正常对流时期，人员迁徙自由，城乡之间人口双向流动，由农村迁往城市人口与由城市迁往农村的人口比例大约是 1.8∶1，城市与农村的人口迁移保持一个正常合理的范围。特别是三年国民经济恢复时期，农村人口迁往城市的速度加快，城镇人口由 5765 万增加到 7163 万，占总人口的比例从原来的 10.64% 上升到 12.46%。农村人口大量涌入城市带来的最直接问题就是粮食短缺问题，为了改变这种情况，中央通过和颁布《中共中央关于粮食统购统销的决议》、《关于粮食的计划收购和计划供应的命令》，从而产生统购统销制度。刚刚成立的新中国，面对严峻的国际背景压力，推动工业化发展以维护新生政权，成为当时工作的首要任务，而工业基础差、底子薄，单纯依靠工业自身积累难以完成这一任务，需要依靠农业的支持，政府依靠行政干预方式通过工农业产品价格"剪刀差"和税收等实行转移农业剩余以支持城市工业化。据不完全统计，1953—1981 年间，农业通过价格转移（剪刀差）、交纳税金等向国家提供的剩余产品约 7000 多亿元，加上农业集体生产组织的内部积累，

---

① 陈炜. 近代中国城乡关系的二重性：对立与统一 [J]. 宁夏大学学报（人文社会科学版），2008（1）：119~126.

共计 8000 多亿元，相当于中国同期积累资金总额 15000 多亿元的 50% 以上。①

在高度计划经济体制下，一系列关于城乡分割的制度和政策相继出台，再加上赶超型发展战略，重积累、轻消费，城乡二元经济社会结构突出。1951 年颁布的《劳动保险条例》、1952 年的《关于劳动就业问题的决定》、1955 年《市镇粮食定量共赢暂行办法》、1958 年实施的《中华人民共和国人口登记条例》等规定将城乡户口管理同社会保险、就业、社会福利、日常用品供应联系起来，城市和农村户口不仅代表着居住地域空间的差别，更重要的是代表两种不同的社会身份，享受不同的社会待遇。因此，户籍制度、统购统销制度、劳动就业制度、人民公社制度、社会福利保障制度等多种制度的颁布和实施，是最终形成城乡经济社会二元结构的制度根源。城乡户籍制度的实施将中国社会人口以出生地为基础，划分为农业人口和非农业人口，两种人口不能随意更换，由于城乡不同户口所带来的身份差别，更加固化了城乡分离和对立，城市和乡村、工业和农业、农民和市民之间形成巨大的二元鸿沟。"这里所说的二元社会结构，是指政府对城市和市民实行'统包'，而对农村和农民则实行'统制'，即由财产制度、户籍制度、住宅制度、粮食供给制度、副食品和燃料供给制度、教育制度、医疗制度、就业制度、养老制度、劳动保险制度、劳动保护制度、甚至婚姻制度等具体制度所造成的城乡之间的巨大差异，构成了城乡之间的壁垒，阻碍了农村人口向城市的自由流动，因此也阻碍了社会经济的全面发展。"②

（2）改革开放后的城乡关系

新中国成立后，在短短的 30 年时间内，建立起完整的工业体系，但是，过度的政策倾斜，也导致农业发展严重滞后于工业发展，形成了中国城乡二元结构，阻碍了经济的进一步发展。1978 年十一届三中全会后，城乡关系发展进入一个新的发展时期，城乡二元结构演变可以分为四个阶段：

第一阶段：1979—1984 年，城乡二元结构出现弱化现象。中国的改革是从调整生产关系和生产要素以适应生产力发展拉开了序幕，农村发展滞后性自然成为改革的先声。家庭联产承包责任制极大地释放了农业生产力的活力，农产品价格的提高，理顺了农民与国家、集体之间的分配关系，提高了农民种粮的

---

① 刘国光主编. 中国经济发展战略研究［M］. 上海：上海人民出版社，1994：409.

② 武力. 1949—2006 年城乡关系演变的历史分析［J］. 中国经济史研究，2007（1）：23～76.

积极性。自 1979 年到 1984 年，中国农业连续六年高速增长，导致农村消费市场迅速扩张，带动了轻工业和第三产业极大发展，乡镇企业开始异军突起，引起农村产业结构的急剧变动。乡镇企业产值 1978 年占农村社会总产值的比重不到 1/4，经过十年的快速发展，占到农村社会总产值的半壁江山，高达 52.4%。乡镇企业的异军突起，是中国农村发展和城乡关系的重要关节点，改变了我国长期以来的二元经济结构。大量农民进入城市和小城镇，大大提高了我国城镇化水平，城镇化率由 1978 年的 17.92% 提高到 1984 年的 23.01%，城乡人口流动出现松动，城乡矛盾得到一定程度缓解，城乡关系整体上出现了较大的改善。

第二阶段：1985—2002 年，城乡分割体制延续，二元结构加剧。1984 年，我国改革的重心从农村转向城市，城乡二元结构再次得以强化。一方面，国家资金政策投入倾向城市，对农业和农村投入不足，1991—1997 年分别为 10.3%、10.0%、9.5%、9.2%、8.4%、8.8%、8.3% 的农业财政支出占国家财政支出的比例，仅为农业在国民生产总值的 1/3 至 1/2，这一定程度地削弱了农业发展的后劲，导致农业增收乏力，贫富差距逐渐增大。相反，为支持城市改革，农民税收负担以及名目繁多的集资摊派在很大程度上削弱了农民收入。另一方面，城乡交换关系中存在的价格"剪刀差"，阻碍了农业效益和农民收入。据专家估计，"20 世纪 90 年代以前，国家对农产品的统购统销和合同订购，农民为我国工业化所贡献的资金在 6000 亿到 8000 亿元；20 世纪 90 年代后，由于国家取消农用生产资料补贴，农用生产费用大幅上涨，而很多行业工业消费品价格仍处于垄断状态，致使工农产品价格剪刀差仍每年高达 1000 亿元左右"[①]。从这一时期来看，城乡关系更趋复杂，城镇居民收入增加迅速，农民收入增加相对缓慢，城乡居民收入差距进一步拉大。2002 年，城镇居民人均可支配收入为 7703 元，农村居民人均纯收入为 2476 元，二者收入之比由 1984 年的 1.71∶1 扩大到 3.11∶1，城乡收入差距的拉大，城乡关系和矛盾问题凸显。虽然受到乡镇企业和城市改革双重推动，城乡二元结构有所松动，但依然没有得到根本改变。

第三阶段：2003 至今，城乡关系进入"以工促农、以城带乡"城乡统筹发展的新时期。进入 21 世纪以来，党和政府将缩小城乡发展差距、解决"三农"问题放在了重要位置，进行一系列重大战略部署。2004—2009 年，中央连续出台 6 个一号文件，指导解决"三农"问题，2005 年提出社会主义新农村建设，

---

① 徐同文. 城乡一体化体制对策研究 [M]. 北京：人民出版社，2011：36~27.

同年取消了农业税，成为统筹城乡发展重大举措，引起农村综合性制度创新与分配关系调整，成为改革二元结构的突破口。中央财政大力支持农业、农村和农民发展，从 2013 年来看，中央财政用于"三农"的支出比 2012 年增长 11.4%，达到 13799 亿元，5 年累计 4.47 万亿元，年均增长 23.5%。可以说，中国农村的发展获得了前所未有的支持力度，提高了农民的收入增长，从 2010 年开始，农村居民收入增速开始超过城镇居民收入，城乡居民收入差距进一步缩小。

（四）西部地区城乡关系的演变

西部地区的城乡关系既具有全国的共性，又具有西部地区的个性。改革开放前，中国在工业化过程中实施重工业超前发展战略，并实行集中的计划体制和城乡分割政策，进一步强化了二元结构，使城乡二元结构成为中国城乡关系的突出特点。改革开放后，市场经济的深入发展，城乡之间要素交流规模扩大，城乡之间联系显著增强，计划经济时代形成的阻隔城乡联系和交流的各种制度障碍受到了市场力量的强大冲击，城乡关系逐步得到改善。西部地区的城乡关系演变受到中国社会二元结构的影响，新中国成立后大致经历了三个时期：

第一阶段（1949—1957）：城乡关系开放对流相对和谐发展时期。20 世纪 50 年代，西部城乡关系自由开放，主要体现在人口在城乡之间的自由流动，一方面，第一个五年计划时期，为适应国家大规模经济建设，大量农民涌入城市，促进西部城市发展；另一方面，响应国家支持边疆的号召，城市人口迁徙农村，城乡关系相对融洽和谐。

第二阶段（1958—1978）：城乡二元结构的制度化。由于城市偏向发展战略、人民公社制度、"大跃进"等破坏城乡经济发展规律，引起国民经济比例失调。1971 年"三线建设"转向豫西、鄂西、湘西地区，加上大西南、大西北建设，一定程度促进了西部地区城乡发展。但是，由于国家整体战略和发展大势，西部地区城乡二元结构同整个国家一样，处于体制分割管理和制度化时期。

第三阶段（1979 至今）：城乡关系经历了松动、固化、统筹发展时期。随着改革开放政策提出，家庭联产承包责任制的实行，西部地区农业生产力得以释放，乡镇企业迅猛发展，市场化的推进，劳动力的流动，冲击了城乡二元结构，出现了西部地区城乡关系由隔离到松动再到融合的发展趋势。党和政府高度重视西部地区的经济社会发展，采取一系列政策支持西部发展。西部大开发战略促进了西部城乡经济社会的快速发展以及人民生活水平与质量的大幅提升，重庆、成都被批准为全国统筹城乡综合配套改革实验区，极大地推动了西部地区城乡统筹发展进程。西部大开发的升级转型、"一带一路"的提出，再次为西部经济社会的跨越式发展提供了新的机遇。

二、西部城乡发展的现状

改革开放特别是西部大开发以来，在党和政府的关心支持下，西部地区抓住西部大开发的机遇，积极践行科学发展观，不断推动城镇化和社会主义新农村建设，经济社会发展取得巨大成就，人们生活水平稳步提高，城乡的基础设施建设、社会保障、基本公共服务以及生态文明建设稳步推进。但是，由于历史基础以及区位等自然条件限制，西部地区经济社会转型动力不足，脱贫致富压力较大，生态文明建设的任务艰巨，"三农"问题依然面临严峻挑战。

（一）西部城乡的发展成就及不利因素

西部城乡的经济社会发展处于空间地域发展的转型期，社会整体持续发展能力不断增强，面临的问题也在不断增多。统筹城乡发展提出以后，西部地区凝心聚力，不断谋求科学发展，紧紧抓住西部大开发转型升级的机遇，不断破解经济社会发展问题，城乡整体面貌焕然一新。但是，社会转型的任务依然艰巨，科学发展的压力依然严峻。

1. 取得的成就

一是西部地区经济社会发展成效显著，全部进入中等收入社会。西部地区紧紧抓住西部大开发的机遇，不断加快经济结构调整和生产方式转变，深入实施区域发展战略，农业现代化、信息化、工业化和城镇化"四化"发展水平进一步提高。最近几年，西部地区经济增速领跑全国，经济增量不断增强，对中国经济贡献不断增大。以2013年为例，西部12省（市、自治区）全年实现地区生产总值126045.92亿元，平均增速10.95%，高于全国3.25个百分点，占全国GDP的比重达到了22.16%。从人均GDP来看，按照中国银行外汇算，西部地区12省份均进入人均GDP3000美元的中等收入区间，其中，内蒙古人均67498元列西部第一，高于全国平均水平，是率先进入高收入社会的西部省份，标志着中国已经完全进入中等国家收入区间。（如表1）

表1　2013 年西部地区经济增长情况①

地区	GDP（亿元）	增速（%）	人均GDP（元）	增速（%）
重庆	12656.69	12.30	42795.00	11.30
四川	26260.80	10.00	32454.00	9.60
贵州	8006.79	12.50	22922.00	17.40
云南	11720.91	12.10	25083.00	13.40
西藏	701.03	11.80	22936.00	10.40
陕西	16045.21	11.00	42692.00	10.60
甘肃	6268.00	10.80	24297.00	10.40
青海	2101.05	10.80	36363.60	10.60
宁夏	2565.06	9.80	39420.00	8.60
新疆	8510.00	11.10	37847.00	9.70
内蒙古	16832.38	9.00	67498.00	8.70
广西	14378.00	10.20	30588.00	9.90
西部	126045.92	10.95	35407.97	10.88
全国	568845.00	7.70	66199.00	7.30

二是城乡居民收入增速加快，民生得到进一步改善。近年来，西部地区注重经济发展与民生并重，城乡居民共享改革发展成果，城乡居民收入增幅均超过两位数，农村居民收入增长高于城镇。截至 2013 年，西部地区城镇居民人均可支配收入 21810.29 元，增速达到 10.57%，比全国平均水平高 0.87 个百分点，农村居民人均纯收入 6744.43 元，收入增速为 13.63%，比全国高 1.23 个百分点，农村居民收入高于城镇 3.06 个百分点。其中，青海、贵州、新疆农村居民人均纯收入增速分别 15.5%、14.3%、14.1%，增速排全国前列（见表2）。西部地区在城乡居民收入不断增长的基础上，始终关注和不断解决民生问题，坚持民生优先原则，不断加大财政对教育、医疗卫生、社会保障等民生工程的资金投入，想方设法改善城乡居民生产生活条件，千方百计促进农民增收，不断提高城乡居民生活质量和水平，不断提升城乡居民的满意度和幸福感。

三是农牧产品加工业带动就业能力逐步增强。农牧产品加工业属于劳动密集型行业，积极发展农牧产品加工业对于扩大就业，增强经济效益和社会效益都有重要意义。西部地区农牧产品丰富，特色明显，在我国占有重要地位，其中棉花、奶类和猪牛羊肉产量占全国的 44.4%、42.1% 和 32.2%。大力发展农牧产品加工业，对于推动剩余劳动力转移、加快城镇化步伐和增加农民收入意

---

① 注：根据 2013 年西部 11 省市国民经济与社会发展统计公报的数据整理，西藏数据采用 2012 年底数据。

义重大。2005—2010 年，西部地区农牧产品加工业产值占全部工业产值的比重由 18.0% 下降为 17.2%，但农牧产品加工业实现就业占西部地区全部工业就业的比重则由 17.6% 上升为 19.6%，提高了 2 个百分点。同时，从 2005—2010 年农牧产品加工业就业弹性系数可以看出，农牧产品加工业总产值每增长 1 个百分点带动就业增加了 0.51 个百分点，高于其他工业带动就业 0.44 的平均水平，说明农牧产品加工业是工业中吸纳就业的重要行业。①

四是城镇化水平不断提高，城市群的辐射带动作用开始凸显。西部地区在党和政府支持下，坚持"四化"同步推进，稳步提高城镇化水平。2013 年，西部地区城镇化率为 45.97%，比 2012 年提高 1.04 个百分点。西部地区城镇化水平差别较大，其中内蒙古、重庆、陕西、宁夏四个省（市、区）的城镇化率水平较高，均在 50% 以上，尤其是内蒙古的城镇化率达到 58.7%，高于全国平均水平 4.97 个百分点（见表 2），城镇化水平位居西部之首。

表 2　2013 年西部地区城镇化及城乡居民收入情况②

单位：万人，%，元

地区	人口	城镇人口	农村人口	城镇化率	城镇居民收入	增速	农村居民收入	增速
重庆	2970.00	1732.76	1237.24	58.30	25216.00	9.80	8332.00	12.80
四川	8107.00	3640.00	4467.00	44.90	22368.00	10.10	7895.00	12.80
贵州	3502.22	1324.89	2177.33	37.80	20667.07	10.50	5434.00	14.30
云南	4686.60	1897.10	2789.50	40.48	23236.00	10.30	6141.00	13.40
西藏	308.00	70.00	238.00	22.75	18028.00	11.30	5719.00	16.60
陕西	3763.70	1931.15	1832.55	51.31	22858.00	10.20	6503.00	12.80
甘肃	2582.18	1036.23	1545.95	40.13	18964.78	10.20	5107.76	13.34
青海	577.79	280.30	297.49	48.50	19498.54	10.54	6196.39	15.50
宁夏	654.19	340.28	313.91	52.10	22211.00	12.00	6922.00	12.00
新疆	2264.30	1006.93	1257.37	44.50	19874.00	10.90	7296.00	14.10
内蒙古	2497.61	1466.35	1031.26	58.70	25497.00	10.90	8596.00	12.90
广西	4719.00	2115.00	2604.00	44.81	23305.04	10.10	6791.00	13.00
西部	36632.59	16840.99	19791.60	45.97	21810.29	10.57	6744.43	13.63
全国	136072.00	73111.00	62961.00	53.73	26955.00	9.70	8896.00	12.40

城市群的崛起是城镇化深入发展的必然结果，是区域经济实力的集中体现，

---

① 申兵. 西部地区发展实证研究［M］. 北京：中国市场出版社，2012：290.
② 根据 2013 年国家和西部 11 省市国民经济与社会发展统计公报的数据整理所得，西藏采用 2012 年数据。

是区域竞争力的重要载体。城市群通过技术扩散、资本转移、产业转移、示范作用等方式，带动周边城市，形成一体化发展态势，不断增强区域竞争力和影响力。目前，西部地区城市群主要有 10 个，成渝城市群、呼包鄂城市群、北部湾城市群、天山北坡城市群、关中城市群、酒嘉玉城市群、兰西城市群、黔中城市群、滇中城市群、银川平原等区域性城市群。城市群的崛起成为西部地区经济增长和城乡统筹最有活力的地方（附表3）。

表3 2005 年和 2010 年西部城市化地区的地区生产总值和
人均地区生产总值及年均增长率①

地区	地区生产总值（亿元）			人均生产总值（元）		
	2005 年	2010 年	年均增长率（%）	2005 年	2010 年	年均增长率（%）
呼包鄂榆	2507.2	8726.4	22.0	26587	85097	26.2
广西北部湾	1110.5	2718.5	13.7	10346	25439	13.8
成渝地区	9633.5	23202.1	13.3	8641	20856	13.4
黔中地区	1111.1	2417.0	11.0	7922	16503	10.1
滇中地区	1945.9	4026.7	9.9	14459	28077	8.5
关天地区	2763.9	6938.8	14.2	8682	21111	13.5
兰西地区	1007.9	2239.9	11.5	16601	43292	15.1
宁夏沿海	562.1	1458.2	15.0	12586	28491	11.9
天山北坡	704.9	1685.7	13.1	19041	38837	9.6
合计/平均	21347.0	53413.4	14.2	13874	34189	13.8

2. 面临的问题

西部大开发以来，西部地区城乡经济社会发展尽管取得了巨大成就，但也面临着诸多不利因素，主要体现在城乡发展差距、经济结构转型、扶贫开发、自然灾害等诸多方面，影响和制约着西部城乡的科学发展。

一是城乡发展不平衡，城乡收入差距较大。西部地区面积大，人口稀少，城镇密度低，居住分散，不能形成聚集效应。区域中心城市辐射带动作用不强，县域经济发展不足，城乡基本公共服务均等化程度低，城乡发展差距仍在扩大。2013 年，全国城镇居民人均可支配年收入是 26955 元，农村居民人均纯收入8896 元，西部地区无论城镇居民或者是农村居民人均收入均低于全国平均水平。从人均收入绝对差距来看，西部地区城乡居民人均收入绝对差距由 2005 年的6344.5 元增加到 2013 年的 15065.86 元，城乡居民的收入水平比基本维持在

---

① 姚慧琴，徐璋勇主编. 西部蓝皮书：中国西部发展报告（2013）——新形势下的西部地区小康社会建设［M］. 北京：社会科学文献出版社，2013：128～129.

3.23∶1,高于全国平均水平3∶1,说明西部地区的城乡收入差距仍是亟须解决的问题之一。

二是经济结构升级转型压力大,教育与科技支撑能力不强。近年来,西部地区经济总量不断增大,主要得益于对工业经济尤其是能源经济的投入,而不是依靠创新增强内生发展能力。重庆、西藏属于投资出口双拉动型经济,其余10省份属于投资拉动型经济,科技创新能力不强,低成本人力资源、大量消耗能源资源,产品结构单一,产业竞争力和抗风险能力弱,总体上属于粗放型经济。经济的可持续发展后劲动力不足、经济转型升级、发展方式转变仍是西部地区经济社会发展面临的艰巨任务。人口受教育水平低、人才缺乏是制约西部地区发展的最大瓶颈。西部受高等教育人口比例占全国的24.97%,15岁及以上文盲人口占全国比重达35.83%,青海、西藏、贵州三省文盲率在10%以上,西藏达到29.54%。高素质人口缺乏,导致工业企业创新不足,科技支撑发展的能力不强。

三是扶贫开发任务依然艰巨。改革开放以来,党和政府不断加大对扶贫工作的支持力度,扶贫工作取得举世瞩目的成就。但是,由于基数大,发展不平衡原因,按照联合国制定每人每天1美元的标准,中国仍有1.28亿贫困人口。从贫困地区的分布来看,这些贫困人口主要分布在中西部地区,尤其是西部山区、农村、民族地区。从国务院扶贫开发领导小组办公室在其官方网站公布的592个国家扶贫开发工作重点县名单中,西部地区占375个,占全国总数的63.34%。其中,西藏74个,云南73个,陕西和贵州各50个,甘肃43个,四川36个,内蒙古30个,广西28个,新疆27个,青海15个,重庆14个,宁夏8个。从贫困人口数量和占比来看,西部地区贫困人口的绝对数量大,贫困人口占中国农村贫困人口的60.1%。因此,西部地区成为扶贫开发攻坚的重点和难点地区。自从《中国农村扶贫开发纲要(2001—2010年)》实施以来,西部地区党和政府高度重视脱贫致富工作,不断减少贫困人口,从2000年的5731.2万人减少到2009年的2373万人,取得显著成效,10年间不仅减少贫困人口3358.2万人,而且贫困发生率从2000年的20.4%下降到2009年的8.3%。但是,西部地区仍然是贫困发生率相对较高的地区,其中,青海省贫困发生率在10%以上,内蒙古、贵州、云南、西藏、陕西、甘肃、新疆等7个省(区)贫困发生率在5%—10%之间。由于受到自然灾害和外部环境影响,西部地区脱贫人口有返贫现象,这一现象值得高度重视。来自国家统计局贫困监测的数据显示，从 2001 年至 2009 年，西部地区贫困人口比例从 61% 增加到 66%，特别是民族地区八省、区的贫困人口从 34% 增加到 40.4%，其中贵州、云南、甘肃三省、区从 29% 增加到 41%。整体上看，西部农村地区脱贫致富仍然面临巨大压力。

四是西部地区自然灾害频繁，生态环境脆弱。由于区位自然原因，西部地区气候变化异常，极端天气增多，自然灾害频发，灾害的叠加效应凸显。特别是地震、洪灾、旱灾、泥石流等灾害交织叠加，严重威胁到人民群众的生命和财产安全。据民政部发布的年度自然灾害表明，2012 年中国大陆共发生 5 级以上地震 17 次，全部集中在西部地区，且灾害大多发生在贫困农村地区，导致西部地区农业生产条件总体上比较恶劣。全国各类生态系统敏感区域绝大多数处于西部地区，这些区域又是国家生态保护的重点区域，生态环境有恶化的趋势。

3. 西部城乡发展失衡的原因

城乡发展不平衡是世界各国现代化进程普遍存在的现象，主要是由事物发展的内部矛盾决定，是生产力发展不平衡的具体体现。同时，城乡发展失衡也受到事物发展的外因影响，外因具有加速或延缓的作用。西部城乡发展失衡是外因和内因共同作用的结果，既受到生产力发展不平衡的内部矛盾制约，也受到外部诸如地理位置、气候、资源、基础条件等客观条件以及政策的主观条件制约。

西部统筹城乡发展不平衡的自然因素。西部地区幅员辽阔，地大物博，自然条件迥异，这就决定了城乡发展的"先天性"差异。西部地区城市大多依山傍水，地势相对平缓，城市一般是区域性经济、政治、文化、交通枢纽中心，基础设施条件相对较好，资源要素集中。而农村大多是高山、丘陵、草原以及沙漠戈壁，坡度陡，植被差，自然条件差，生态恶化，土地贫瘠，自然灾害频繁，西北地区干旱严重，不利于展开较大规模的经济活动和产业布局。西部地区气候多样，对人民群众的生产生活带来重大影响，西北地区是温带大陆性气候，干旱为主，西南是亚热带季风气候，湿润多雨，青海、西藏是高原山地气候，常年严寒。西部资源分布不均，西北地区主要以草场、煤、石油、天然气、铁、水能、风能为主，西南主要以森林、煤、铁、有色金属为主，青海、西藏以草场、太阳能、地热为主。不同的自然条件决定了农业生产的差异，西北以畜牧业和灌溉农业为主，西南地区以种植业为主。不同的自然条件，造成西部区域经济发展差异以及城乡经济发展的差异。

西部统筹城乡发展不平衡的历史原因。城乡发展不平衡有其发展的必然性，从传统的农业社会到工业社会，城市的地位和作用更受重视，从依附农村生存到成为生产生活和人群聚集的中心。原因很简单，现代化进程必然要以城市化和工业化为载体，城市是人、财、物以及各种发展要素的集中地，发展的水平与速度高于农村和农业。西部地区由于其独特的自然地理条件和民族文化的人文因素，城乡发展除了具有一般城乡发展不平衡的原因外，还有自身独特的历史原因。这里面主要是自然地理条件、民族文化条件以及生产生活条件。自古以来，西部地区的城市具有非同一般的作用，除了承担经济、行政、文化功能外，还是重要的交通枢纽、战略要地、资源重地，又是不同民族交流、商贸往来的聚集地。因此，西部地区的城市自古以来就是商贸云集，兵家必争之地，其发展往往也高于农村。

西部统筹城乡发展不平衡的体制原因。从近代以来，中国社会被迫卷入世界的现代化进程，半殖民地半封建社会的中国农村发展更加畸形。新中国成立初期实施的重工业发展战略以及计划经济时代的不尽合理的价格体制对城乡、区域差距扩大有明显影响，再加上依附于户籍制度上的福利、利益造成城乡之间发展差距的进一步拉大。西部农村地区尽管资源丰富，但是由于城乡二元体制，丰富的农业资源优势并没有变成发展优势。改革开放后，国家尽管采取种种措施，加大对西部地区的资源、资金投入力度，城乡之间发展迅速。但是，由于传统发展观以及财政投入偏向，城市发展仍然快于农村。因此，体制与制度变革是西部统筹城乡发展的关键，特别是在财政支出、基本公共服务、社会保障、户籍制度等方面的制度变革更为紧迫。

西部统筹城乡发展不平衡的政策原因。政策是区域发展有机系统能量和信息交互传递的催化剂，政策的导向与偏好对于区域发展至关重要。近年来，西部城乡的快速发展，离不开党和政府政策的大力支撑。但是，对于区域发展来讲，城乡之间由于政策的因素导致的发展差距非常明显。新中国成立初期的重工业优先发展战略，改革开放东部沿海率先发展战略，这些重大战略措施必然推动投资、财政、金融等方面对于城市的倾斜。同时，对于城市和农村两个空间来讲，由于基础设施、人力资源等城市优于农村的历史基础和现实条件，资源要素、资金和财政投入更加偏向城市，再加上传统的 GDP 政绩观，城市受到政策扶持的力度大于农村，其发展必然高于农村，政策的这一导向也是城乡发展不平衡的重要影响因素。

（二）西部地区"三农"问题的新发展

"三农"问题已经成了西部亟待解决的问题，它严重制约了经济社会的转型发展，统筹城乡发展就是要从制度上根本扭转城乡发展差距，把"三农"问题置于国民经济整体发展之中，赋予乡村同城镇一样对等的主体地位和平等的发展权利、发展机会与发展空间。因此，重视解决"三农"问题，实现农村、农业和农民的现代化，是西部统筹城乡发展价值所在，也是西部统筹城乡发展的重要任务。

1. 农业现代化水平滞后

农业自古以来就是国家的命脉产业，国以民为本、民以食为天，不仅是中国古代社会统治的基础，对于今天的中国仍然具有重要意义，粮食安全必须引起足够重视。西部 12 省（市、区）农业人口占多数，农业收入是农民经济收入的主要来源，农业对于西部地区具有全局性和基础性作用，但是，西部地区农业形势现状不容乐观，农业发展面临严峻挑战，主要表现在：

一是受制于地理区位影响，农业发展难度大。西部 12 省（市、自治区）南北跨越 28 个纬度，东西横贯 37 个经度，既有利于农作物多样性成长，又造成西部地区气候变化无常，自然灾害不断。从土壤的构成来看，西部地区土质疏松、戈壁、沙漠占比大，土壤涵养水分的能力差，土地贫瘠，不利于种植业发展。从维度来看，西部地区大多处于坡度为 25°—40° 的范围，坡度陡，水土流失严重，也不利于现代机械化耕作，以牲畜和人力为主要劳动工具不利于现代农业的发展。西北地区大多为内陆戈壁、沙漠地带，干旱少雨，而西南地区除少数平原外，大多为喀斯特地貌，土地瘠薄，部分地区气候寒冷，不适宜农作物生长。西部地区不具有农业发展的自然条件，也不是农业生产的主产区。

二是农业结构区域差异大，种植业和牧业优势明显。受到地形地貌和气候影响，西部地区农业形态多样，牧业和种植业优势明显，农牧产品种类丰富。比如，蒙宁甘草原区的优良牧草有 200 多种，牛、马、山羊、绵羊和骆驼等特色明显，畜牧业和奶乳业发展潜力巨大；青藏草原区盛产牦牛、藏羊、黄牛等，已经成为我国重要的畜牧业基地之一，发展潜力巨大；新疆草原区独具特色的细毛羊、陕北羔皮羊、伊犁马等品种丰富驰名中外；四川是西部地区农林牧副渔业大省，猪牛羊肉、谷物以及水产产量具有优势。新疆是全国重要产棉区，陕西的水果、内蒙古的奶类、广西的水产方面优势突出。在种植业方面，西部地区特色产品种类繁多，特色农产品主要有新疆的哈密瓜、长绒棉，河套地区的粳米、甜菜，黄土高原的杂粮、杂豆和薯类，云贵高原的烤烟、桑蚕、茶叶，青藏高原和秦巴山区的中药材等。在林果业方面，西部地区水果特色优势明显，新疆的葡萄、云南的香蕉、四川的柑橘、秦巴山区的核桃、板栗等品种多、质量好、名气大。但是，随着退耕还林、退牧还草的实施，西部地区的种植业、牧业和林业发展面临严重挑战，转变发展方式势在必行。

三是农产品丰富的优势尚未转化为产业优势，农业生产能力不强。西部地区由于自然条件差，限制了农户扩大经营规模，农业新技术、新成果的推广和应用程度低于东部和中部等地区，现代农业虽已有所发展，但远未能改变传统农业粗放经营的根本状况，部分地区仍处于自耕自足的自然经济状态。同时，受到各种条件限制，农民的市场意识不强，农产品商品化程度低，农牧产品加工业发展水平与农牧产品丰富的优势不匹配，与东中部相比，农牧产品加工能力不强的落差更加明显，农牧产品加工业转化增值能力低的问题更加突出。如何把特色丰富的优势资源变成农民增收致富的资本资源，是西部地区统筹城乡发展要解决的重要问题。

四是西部地区农业基础十分薄弱，承受风险的能力差。西部地区土地资源中，山地面积占较大比例，耕地中坡耕地的比例较大，坡度大、土层薄、土壤肥力水平低，导致产量不高。再加上沙漠化和水土流失，西部地区农业面临严峻挑战。从农业基础设施来看，现代化、机械化的灌溉水利设施及其耕作设备由于地势原因难以大面积推广，农业抵抗自然灾害能力不强，靠天吃饭现象严重。加快推动西部农业基础设施建设，依据西部地势创新农业机械器具，推广科技兴农、科技富农，不断增加农民收入，是实现农业现代化的必由之路。

从生产力来看，西部整体的机械化、科技化、现代化水平不高，少数地区农业生产仍处于依靠人力和畜力的原始阶段。科技对农业生产的贡献率仅45%左右，科技成果的转化率仅30%左右。在农业种植结构上，种植业和畜牧业占主要地位，农牧产品加工业处于初级阶段，农民以出售初级农产品为主，不仅价格低，而且质量差。"从农业生产投入条件、农业综合产出能力、农村社会发展水平、农业资源环境条件四项主体指标和21项群体指标定量测评西部农业现代化的发展水平，西部农业现代化整体发展水平从准备阶段稳步跨入起点阶段，各个省（市、区）发展差异巨大，农业现代化水平参差不齐。"① 整体而言，西部地区农业效率低，基础设施落后，农村劳动力的素质普遍低下，机械化未能得到普遍推广，生产方式为传统的投入型农业，农村经济的基本模式为粗放型。

2. 西部农村社会的分化

经过 30 多年的改革开放，西部农村生产力得到极大发展。但是，随之而来的问题是农村社会结构的变迁和分化，农村社会结构的新变化，要求家庭联产承包责任制及时调整，以适应生产力发展的需要。西部农村社会正经历一场深刻的社会变迁与转型，呈现出新的特征，需要引起高度重视。

一是农村社会结构的分化。随着改革开放的深入，市场对资源配置的决定性作用越来越明显，以农民工为主体的流动人口规模大、流动频繁、农民收入来源开始多元化。这些新变化引起农村的阶层发生分化，单一组织结构开始改变，人们的价值取向也呈现出多元化特点。其中，西部与中国农村社会结构分化的最大变化是从事农业的主体是老人和妇女（年轻妇女比例也在下降），农村成为实际的老龄化社会，许多农村成了"空心村"、"老人村"，农业人口老龄化趋势明显。农村社会的变化，要求变革和调整生产关系，一家一户分散的小农生产方式与农业现代化、机械化开始出现矛盾，导致农业生产率低下。党的十八届三中全会提出全面深化农村土地制度改革，推动承包地和宅基地流转、抵押、入市等举措，正是对农村这种新变化的自觉回应，是目前和今后一段时期统筹城乡发展的重要工作。

二是农村社会阶层的分化。农村社会结构的新变化，必然带来社会阶层的分化，农村社会阶层从单一的农民阶层分化为农民、个体户、私营企业主、自由职业者、承包经营者以及长期在外打工的农民工群体等新型阶层。农村社会阶层的分化，主要表现在：第一，职业的分化。他们中的一部分人是农业户籍，但并不从事农业生产，甚至有些群体长期不居住农村。第二，农民收入分配结构的分化，职业的多样化，导致农民收入的多元化，非农业收入所占家庭比重越来越大，成为一些家庭的主要收入来源。这种变化一方面反映了城镇化在加速，另一方面也反映出农业与农村改革势在必行，农村生产方式调整迫在眉睫，集约化、规模化、现代化的生产方式越来越迫切。第三，地位、身份以及认同

---

① 王国敏，周庆元，卢婷婷. 西部农业现代化发展水平的定量测评与实证分析［J］. 四川大学学报（哲学社会科学版），2011（6）：70～81.

感的分化。从事不同职业的农民,由于其收入来源的差异,也导致其身份、地位、认同感的差异,农村内部贫富差距日益凸显。

三是农村人口和家庭结构分化。传统的农耕经济时代,农村人口规模和家庭大小决定一个家庭的收入与社会地位。市场经济的发展,农村人口和家庭结构也在分化,突出特点就是人口数量下降,家庭规模缩小,对人口素质要求和美好生活的向往更加突出。与以前相比,西部农村家庭规模相对萎缩,从课题组的调查来看,新生代的农民工子弟不愿重复老一代人的生活,从小也缺乏父辈那种吃苦耐劳精神的锻炼,他们大多不愿待在农村,更不愿从事农业生产,上学和打工成为主要的出路。农村人口和家庭结构的分化,对人力资源开发和人口素质更加重视,教育的投入成为农民主要的家庭支出之一。

四是乡村治理方式的变化。西部地区乡村治理变化主要体现在两个方面,一个方面是由于社会人口流动的加剧,农民开始走出农村,对经济发展、民主权利、文化权益的要求和参与日益强烈,维权意识增强。从课题组的调查来看,一些基层党组织涣散,不能与时俱进,治理方式单一,忽视对农民的权益保护,部分地区干群关系紧张。第二个方面是农民由于经济地位分化导致不同利益诉求对治理方式的挑战。农村阶层分化和收入分配方式的差异,导致农民之间的两极分化,先富起来的农民逐渐成为农村的强势群体,在村民事务、社会地位、政治生活等方面处于强势地位,而低收入农民处于弱势地位。如何平衡不同利益群体的不同利益诉求,维护农村社会稳定与发展,不断增加基层党组织的堡垒作用,成为西部乡村治理需要解决的重要问题。

五是农村社会规范和社会价值分化。中国社会的转型必然影响到农村的民风民俗和农民价值观改变。西部农村阶层分化导致的社会地位和社会身份差异,这种差异左右着农民的情感体验、社会认同以及社会归属感,传统与现代、亲情与金钱不同价值观的交织带来不同社会身份的心理困惑与冲突。再加上由于阶层分化和利益分化加剧了部分弱势农民群体的心理失衡和震荡,他们觉得被"排斥"而处于边缘化地位,这是农村发展必须高度重视的问题。

西部农村社会变迁与社会分化出现的新问题,要求人们在统筹城乡发展进程中要高度关注农村生产力与生产关系的新变化,加快农村生产方式转变,找到农村发展的新动力,增强农村和农业自身的发展能力,走出一条符合西部农村实际的现代化发展道路。

3. 西部地区农民的发展现状

人是生产力要素构成中的主体因素，劳动对象和劳动工具作用的发挥必须通过劳动者这一最具有创造性的因素，因此，人的主体性、能动性与创造性，是促进社会发展的关键因素。人作为主体，其本身的发展状况直接决定了生产水平的高度，人的现代化是统筹城乡发展的重要目标任务。对于东西部的发展差距，片面强调历史和区位等客观原因，就会忽视发展不平衡中的主观原因和主体因素。事实上，改变西部地区农村发展的现状，必须从主体方面，充分发挥西部农民主动性、创造性，不断增强西部内生自我发展能力才是真正解决西部与东部发展差距的根本出路。

西部地区农民增收依然是统筹城乡发展的重要任务。改革开放以来，西部地区农村有了很大变化，农民收入增速呈增长状态，从 2005 年开始，西部地区农村居民人均纯收入增速高于全国平均水平，但农民人均水平依然低于东部和全国平均水平。2013 年，西部地区农民年人均纯收入是 6744.43 元，全国是 8896 元，比全国平均水平少 2151.57 元。从收入的构成方面看，西部地区财产性收入对于家庭收入的贡献低于东部地区和东北地区。消费水平是衡量农村居民生活水平的重要指标，西部地区用于食品支出比例高于东部地区，而文教娱乐支出占总消费支出的比例低于东部地区。衣食住行等生存性支出占比重大，而休闲娱乐方面支出小这一消费支出表明，西部地区仍处于生存性状态，生活水平的质量不高。

农村养老问题成为影响西部经济社会发展与社会和谐的重要问题。自农村新型合作医疗实施以来，西部农村的医疗保险制度取得了巨大成就，基本覆盖了农村的所有居民，保障水平也在不断提高，一定程度上缓解了农民养老过程中看病难的问题，但并没有根本上解决农民养老的经济困难。随着城镇化发展，大量农村青壮劳动力转向城市，老人和儿童留守农村，从事农业生产，一些老人甚至生活都不能自理，农村老人的养老问题无疑也成了制约农村经济发展的一个潜在因素。

农村基层自治组织作用有限，农民权益得不到保障。农民尽管人口数量众多，但是一直是作为弱势群体状态存在，其根本原因在于农民组织涣散，很难维护自身的权益。一些地方的农村基层自治机构（农村居民委员会），机制不健全，民主不完善，村委会实际作用有限，甚至也只是对上负责，不对农民负责，不能赢得农民的信任和拥护。随着城镇化发展，征地拆迁、环境污染等引发的群体性事件不断上升，一些基层政府机构在维护农民权益或调解矛盾方面力度不够，致使党群、干群关系紧张，严重影响社会稳定和社会和谐。2008 年"贵州 6·28 瓮安事件"、"云南孟连事件"、2012 年四川"什邡事件"、重庆"万盛事件"等群体性事件频发。群体性事件大多是由于群众利益受到侵害，基层组织化解矛盾和风险的能力不足，同时，农民的一些合理诉求缺乏表达的渠道。所以，建立群众利益诉求机制，化解基层矛盾，是农村社会治理的重要内容。

西部地区农民的主体和创新意识不强。西部农村大多闭塞落后，教育资源分配不均，多数农民思想陈旧、遗风旧俗严重，特别是等靠要思想，小富即安，创新精神不足，循规蹈矩、听天由命、安于现状，红白喜事大操大办，浪费情况严重。要想改变西部地区农村落后情况，就必须重视人力资源开发，增强农民的主体意识，激发农民的积极性与主动性，实现农民的现代转型，从而增强西部的自我发展能力。

（三）西部地区生态安全形势严峻

维护生态安全是推进美丽西部建设的重要目的，发展必须是蕴含生态文明的可持续发展。西部地区地域广袤，生态资源丰富多样，是国家生态重点保护区域。拥有全国 45% 的自然保护区、39% 的国家地质公园、32% 的国家森林公园、38% 的国家级风景名胜区以及 19% 的世界遗产。可以说，西部地区拥有生态旅游的绝对优势和潜在动力。但是西部地区大部分国土处于高山、丘陵、沙漠地区，加上气候和植被等条件限制，是我国生态系统敏感区域，其突出的生态问题主要有水资源失调、干旱灾害严重，植被破坏、水土流失严重，荒漠化加剧、风沙灾害蔓延。

西部大开发以来，中央和地方政府加大了对西部地区环境保护和治理的投入力度，取得了巨大成绩，但环境污染依然严重，主要是污染物排放总量大，固体废弃物综合利用水平偏低，重点流域水污染严重，水土流失和荒漠化现象没有得到根本治理。据《西部蓝皮书：中国西部发展报告（2013）——新形势下的西部地区小康社会建设》提供的数据表明，"2000—2010 年，西部地区草原面积减少约 400 万公顷，环境污染与破坏事故次数指数整体呈上升趋势。从综合环境指数来看，2000—2010 年西部地区平均环境综合指数为 95，与 2000 年相比，西部地区环境质量有恶化趋势"①。以上数据表明，西部地区经济增长仍

---

① 姚慧琴，徐璋勇主编．西部蓝皮书：中国西部发展报告（2013）——新形势下的西部地区小康社会建设［M］．北京：社会科学文献出版社，2013：41.

然是传统粗放型经济，高投入、高污染、高消耗、低产出经济结构没有根本改变，经济增长质量不高，生态环境脆弱，环境保护的形势依然严峻。

西部地区是国家重要战略资源的后备基地，是长江、黄河等大江大河的源头，对于我国乃至亚洲和北半球气候变化有着重要的"调节器"作用，是我国重要生态屏障和安全屏障。同时，西部丰富的动植物资源，对我国科学研究与经济发展有其特殊的生态战略地位。大力加强西部生态环境保护和建设，加快生态环境的恢复和改善步伐，建设美丽西部、生态西部，不仅关系到西部12省（市、区）经济和社会可持续发展的战略大局，也关系到全国经济和社会可持续发展的战略大局。要深刻认识保护和改善生态环境、建设生态文明在西部大开发升级转型中的重大意义，在统筹城乡发展中要把生态文明建设和生态环境保护放在更加重要的位置，始终坚持经济发展与环境保护相协调的方针。

三、总结与提升：西部统筹城乡发展的实践理性

统筹城乡发展是西部社会转型时期的一项重大课题，是西部地区实现跨越式发展所要重点解决的一大难题。经过多年的实践探索，特别是重庆和成都综合配套改革实验区的大胆创新，为深化城乡统筹发展积累了宝贵经验。但是，也暴露出了一些问题，总结经验，正视问题，不断探索西部统筹城乡发展道路，不断进行理论提升，是推动西部统筹城乡发展的必要途径。

1. 理论方面：原创性理念不强，缺乏中国化的西部统筹城乡发展理论

城乡"二元"经济结构的形成在各个国家与地区存在差异，专家学者大多以西方城乡关系为理论模板，探讨了西部地区在经济发展过程中普遍面临的城乡关系，形成了城乡关系研究的基本理论框架。应当承认，这些理论对西部地区城乡关系发展具有一定的借鉴意义。但是，国外学者的研究成果大多是立足发达国家的城乡关系，对发展中国家提出的对策建议是按照发达国家的路径和模式解决城乡发展的失衡问题。世界各国特别是中国的城乡二元格局的形成原因千差万别，即使在中国内部，东中西部地区情况也不一样，把国外或者国内发达地区统筹城乡发展理论简单复制到西部地区，显然缺乏针对性。因此，在承认国外与国内统筹城乡发展理论具有一定参考价值的基础上，建构中国化的西部地区统筹城乡发展理论尤为重要。

2. 研究视角方面：局限于学科性与地域性，整体性研究不足

党和政府高度重视农业、农村、农民问题，积极推进社会主义新农村建设，

将统筹城乡发展上升到了战略与全局的高度。统筹城乡发展是一项全面性、系统性、整体性的社会工程，西部的城乡统筹发展的理论研究大多局限于区域经济学、城市经济学、社会学领域，缺乏城乡诸要素相互之间的整体性思维和哲学理性思维。从实践来看，西部地区的统筹城乡发展思路、对策大多来自东部发达地区的经验，而对西部的地方特色及问题成因缺乏相应的理论研究。由于对统筹城乡发展的整体观和哲理思考不够，这就使得西部地区统筹城乡发展的理论预设不明，哲学论证薄弱，致使统筹城乡发展缺乏系统的理论框架支撑。

3. 价值观取向：重视实用主义，轻视人文关怀

唯物史观告诉我们，社会存在决定社会意识，社会意识反作用于社会存在，理论对实践具有反作用，实践的成功离不开科学理论的指导。由于原创性理念不足，加上整体性研究的不够，西部地区的统筹城乡发展实践中，实用主义占据主导，哲学社会科学的反思视角缺乏，哲学理性的人文关怀和终极关怀缺失成为西部统筹城乡发展的思路性和理论性制约瓶颈。城乡统筹发展绝不仅仅是一个经济与社会问题，也不仅仅是把农民转户、土地、村庄合并就实现了城乡一体化发展，这是巨大的理论与实践误区，这个误区所带来的严重后果如不加以提前预防，会在后工业化时代或后城乡统筹发展时期集中爆发，会严重干扰中国的现代化进程，甚至陷入"中等收入陷阱"。近年来，西部农村出现的一些"宗教热"，甚至某些邪教利用被城乡发展边缘化的农民失落的心理，公然宣传反科学、反社会言论，值得我们深思。人文关怀和精神性要素建设以及人的现代化进程的重要性一点都不比物质性要素差。

4. 要素配置方面：重视社会物质性要素建设，轻视精神性要素的统筹配置

城乡关系一般会经历空间共生期、空间分离对立期、空间融合平等发展期三个阶段。西部地区统筹城乡发展暴露出来的问题表现为盲目冒进、急于求成，将统筹城乡发展简单理解为推进农村城市化建设或者消灭农村，重硬件建设而忽略科技、教育、文化、制度等软件建设；重经济发展轻环境保护、资源节约。这种重视社会物质性要素建设轻视精神性要素的统筹配置，是由衡量干部和地方政府的政绩观所决定的，因为物质性要素看得见摸得着，容易出政绩，比如转户农民多少，直接关系到城镇化率。相反，统筹城乡的精神性要素由于时间久、周期长，不容易出成效，比如文化问题，思想观念转变问题等。同时，这些软指标缺乏科学合理的衡量标准，自然也不会引起地方政府的重视。事实上，农民市民化离不开市民与农民的双向心理认同，特别是文化、习俗、制度等方

面的认同。

5. 西部统筹城乡发展的价值目标错位

统筹城乡发展是对城乡发展差距拉大进行消解的一项重大战略决策，也是不断提高人们的生活质量和幸福指数的必然要求。因此，统筹城乡发展是路径、手段、过程，而不是目标和结果。但是，从西部地区统筹城乡发展的实践来看，人们经常把手段作为目标与价值追求，制定的政策措施和制度创新过多地关注于物的现代化，如户籍转化率，城镇化率，现代化经济指标等物质性指标，而忽视人的发展。全面建成小康社会是一个立体的动态的指标系统，主要体现在经济发展和社会进步方面，无论是社会发展还是社会进步，都是以人为载体和核心的，其本质要求是人的全面发展，人的全面发展在现代化发展过程中体现为人的现代化。人的现代化既是统筹城乡发展的前提保障和发展动力，又是统筹城乡发展的目标任务和内在要求，没有人的现代化，统筹城乡发展就失去了基本价值和目的。从这个意义上讲，人的现代化是统筹城乡发展的本质要求。因此，一定要从哲学社会科学的角度特别是从人的发展的角度，来思考和审视我们的经济政策和改革措施，以人为核心的发展才可以持续。

6. 实践方面：重视城镇建设，忽视农村发展

理论的不足造成实践中统筹城乡发展的单向度、碎片化、断裂性和同一性，使得统筹城乡发展在解决城乡"二元"结构的同时，面临新的矛盾和困境。主要表现在西部地区的统筹城乡实践不顾区域经济发展实际，忽视民族文化、地理特征、风土人情的差别，盲目被动推进工业化、城镇化和农业现代化，创新性不足。应当承认，"三化"是实现社会现代化的基本途径，本身并没有什么可以非议的。我国目前"三化"需要进一步强化推进。但是，推进"三化"的前提是实事求是，立足实际，绝不是盲目的"跟帮"和"大跃进"，要整体考虑发展的持续性与农民、农村的可承受力以及人的现代化程度。由于忽视区域发展的实际，在实践中表现为重视城镇建设，忽视农村发展，重视城市对农村的辐射带动作用，忽视农村对城市的支撑与反作用，结果造成农村消费不足，城市消费过剩，城乡"二元"鸿沟不仅没有缩小，反而有进一步拉大的迹象。西部地区统筹城乡发展的重点和难点不是城市，而是农村。农村发展缓慢在很大程度上与片面强调工业化和城镇化、轻视农村和农业发展的思维有关。因此，转变发展观念，改变重视工业与城镇、轻农业与农村的思维，推动美丽乡村和新型城镇化建设并重，是西部地区统筹城乡发展的必由之路。

第四章

西部统筹城乡发展的经验借鉴

共性与个性、普遍性与特殊性是对立统一的。西部地区统筹城乡发展具有特殊性，不能照抄照搬国内外模式，但绝不妨碍通过借鉴国内外统筹城乡发展成功的经验，找出普遍性和共性的东西，从而减少探索的时间与代价，通过对已有实践的总结提升，结合西部区域实际，建构符合西部实际的统筹城乡发展理论。

一、国外的主要经验借鉴

世界发展史表明，一个国家或地区的工业化和城镇化发展到一定阶段，经济社会处于转型时期，一般会出现城乡关系的对立与分离、效率与公平失衡、贫富差距拉大等现象。发达国家在处理这些现象和问题时积累了丰富的经验，形成了较为成熟的理论和模式，学习借鉴国外统筹城乡发展的经验，找出普遍性的、共性的、规律性的东西，可以少走弯路，避免一些不必要的代价，缩减社会转型的时间和阵痛。

（一）欧洲的城乡关系发展

发展经济学认为，经济发展的过程就是一个经济和社会结构不断转化的过程。在现代化的起步阶段，工业和农业由于生产率和要素收入的差异导致二元结构存在是发展不平衡的普遍现象，欧洲各国的城乡关系也大致经历了三个阶段：

第一阶段：早期城市化进程迅猛发展带来的"城市病"。18世纪60年代，英国在推进工业化与城市化进程中，出现了农村发展滞后、人口向城市集中以及由此引发的生态环境恶化、城市盲目扩张等问题。英国产业革命之后，欧洲各国工业化和城市化快速发展，出现了伦敦、巴黎等超大型城市，由于早期城市的无序发展，噪声、污染及贫民窟等问题随之产生。

第二阶段：城乡协调发展阶段。欧洲资本主义早期城乡差别到了 19 世纪中叶开始发生了重要变化，城乡对立与矛盾不再明显，城乡职能、空间、要素和管理一体化的融合趋势凸显，城乡两个空间单元在经济、文化、生态等方面开始有效优化组合、协调发展，农村的生产方式与生活方式向城市转型。第二次世界大战以后，欧洲国家农业与工业之间联系更加紧密，农业的规模化、专业化、劳动资本密集化特征明显，城乡收入与社会地位平等化。

第三阶段：城乡一体化发展阶段。20 世纪 60 年代以后，欧洲各国逐渐把农村放到与城市同等重要的地位，城乡关系进入城乡结合阶段。20 世纪 70 年代后，出现了城市人口向农村或郊区回流或迁徙，农业地区和小城镇"逆城市化"现象。90 年代后，欧洲各国普遍接受了德国的"多中心分散空间"理论，开始发展中小城市，英国、法国等西欧国家开始寻求城乡协调一体化发展战略。欧洲国家的城乡关系大致经历了相似的转变过程，对于城乡发展采取不同战略，形成了各具特色的城乡统筹发展模式。其中，德国的城乡均等化模式比较具有典型性。

德国的城乡均等化发展模式。德国作为欧洲重要的国家，发挥后来者居上的优势，城镇化起步晚、速度快、质量高，形成了独特的统筹城乡均衡发展模式，值得学习借鉴。德国的主要做法：一是德国将村镇改造作为政府的重点工作。德国政府通过法律保护农业用地和农产品价格，加大政府对村镇的投资力度，德国宪法将促使全国实现区域平衡发展和共同富裕列为发展目标，在全国范围内形成平等的生活环境，缩小地区差异以及实现区域发展的可持续性。二是城乡"等值化"建设。自 20 世纪 50 年代以来，德国主要通过农村的变革、农田土地整理等方式，推动农村同城镇在基础设施、基本公共服务等方面享有均等的待遇。三是统一健全的社会保障体系。德国宪法规定了人的基本权利在社会上没有明显的城乡、公民差别，农工之间只有从事工作性质的差别，20 世纪 50 年代出台农民养老机制，鼓励农民脱离传统农业。四是环境保护和文化保护并重。德国政府对于任何村镇建设都要保证绿地总量平衡，不允许未经处理的污水排放，拨出专款用于古建筑、街道、村镇的维修和保护。五是方便的交通系统为城市的跨区域发展提供了条件。城市单元之间的距离不再重要，良好的居住环境成为人们居住区域的首选。德国的均等化城乡发展模式不仅改善了环境，实现了城乡均等化与可持续发展，而且合理调控了城乡的空间布局，使其政治、经济、文化中心职能由不同城市担当，有利于城市之间平衡与协调发展。

（二）美国的城乡一体化经验

美国最初是一个农业人口占多数的国家，在美国革命时期，农业人口占95％以上，然而到1920年，美国的城市人口为51.2％，实现了工业化和城市化，完成了由农村社会向城市社会的转型。20世纪50年代至90年代，进入城乡融合一体化发展阶段，1990年超过45％的美国人居住在郊区。美国城乡一体化的主要经验有：

一是重视交通运输对城乡一体化的作用。作为一个后发国家，美国非常重视科技革命对城乡经济社会发展的作用，尤其重视交通运输在城市化发展及其布局的作用。20世纪初，汽车的出现促使美国掀起了改善交通的运动，建立连接全国城镇的铁路网、发达的高速公路网络等。美国统筹城乡发展可分为"初始阶段、加速阶段、郊区化雏形阶段、城乡一体化阶段和城市与农村融合"五个阶段。[①]

二是"郊区化"城市的产生。郊区化也叫城郊化、市郊化等，它是一种城市空间布局的转变，是城市社会的人口重心、经济活动和政治影响力由中心城向郊区转移的过程。这一运动开始于20世纪20年代，特别是第二次世界大战后，郊区化进程加快，中小城镇发展迅速，带动了商业外迁、人口居住在郊区，同时产业的信息化、弹性化、分散化也强化了这一过程，产生诸多"郊区城市"。"郊区城市"是以中心城市为依托发展起来的居住、商业、就业等多功能中心，以服务业为主，兼具城市和乡村的优点，是一种城乡交融的一体化空间状态。1970年后，在城乡经济发展同步的前提下，美国率先成为一个郊区化的国家。

三是工业化、城市化与农业现代化的良性循环。美国的工业化从棉纺织业开始，经过几十年发展，农产品加工业在工业化进程中占据重要地位，农业以及农产品加工业发展为城市提供了粮食、原材料和消费市场，拉动了一系列新兴工业如汽车、石油、化工等产业的发展。这种工业化的特点拉动了农业基础产业迅猛发展，又刺激了工业发展，农业与工业的协调，促进城市化进程，三者互相补充，共同发展，实现了良性循环。

---

① 徐同文．城乡一体化体制对策研究［M］．北京：人民出版社，2011：41.

四是政府对于农业的重视和支持。美国政府高度重视农业现代化，从政策、资金、补贴等方面进行大力支持，对于大型农业基础设施建设如灌溉设施等由联邦政府与州政府投资兴建。重视对农业科技投入，为农场主免费提供农产品价格、供需情况等服务，帮助建立各种形式的农业合作社，并予以税收、技术支持。同时，美国政府通过多种途径给予农业补贴和保障性政策，如建立信贷优惠政策、税收优惠政策、农业保险政策、灾害补贴等多渠道鼓励和支持农业发展，提高农场主收入。

（三）韩国的"新村运动"

欧美发达国家的城乡关系不同于亚洲和发展中国家的现实，他们具有先发优势，欧美缩小城乡差距实现一体化的经验和做法，值得我们学习借鉴，但是不能照抄照搬。中国的近邻韩国和日本，属于亚洲地区，处在儒家文明圈内，人口密度很高的国家，在许多方面与我们有着相似或相近的背景，他们在城市化进程中关于城乡统筹发展的一些经验做法，对于西部统筹城乡发展或许更具有重要的启示和借鉴意义，特别是韩国的经验，更加值得重视借鉴。20 世纪60—70 年代，韩国在创造"汉城奇迹"的同时，城乡社会问题与社会矛盾开始凸显，主要体现在城市和农村发展差距拉大，农业人口大量无序迁入城市引发农村的"空巢老人"现象，农业和农村结构性矛盾突出，农业发展后继无人，甚至部分地区处于崩溃的边缘。面对农村出现的新情况，韩国政府 1970 年开始在全国开展轰轰烈烈的"新村运动"，取得了巨大成效，不仅避免了"中等收入陷阱"，而且成为世界上高收入国家。其主要做法是：

（1）新村运动以农村改造、农民增收为中心，全面推进农村经济文化建设

韩国的"新村运动"首先把工作重点放在农村基础设施建设上，改善农民生产生活条件。韩国从农村的房、路、水、电、气等基础设施建设项目入手，消灭了传统的茅草屋顶结构住房，全部实现村村通车、农村电气化和农村自来水。政府坚持改善农村基础设施和加大对农业的现代改造同步，加强现代科技的运用和推广。政府以良种培育和推广为重点，加大了对农业的科技投入，引导农业产业结构优化调整，鼓励发展畜牧业、农产品加工业、区域特色农产品产业，发展多种经营方式，不断提高农业的机械化、科技化和现代化水平。"新村运动"一个非常大的亮点是重视对农村文化建设和农民的现代改造，主要是通过修建农村各种文化娱乐活动场所，比如村民会馆、读书室、运动场、娱乐场、青少年活动中心等农村文化设施，繁荣农民文化生活，培育农民现代精神。

（2）充分发挥农民在"新村运动"中的主体作用

"新村运动"成功的关键在于激发了农民的激情和创造热情，充分发挥农民的主体地位。韩国政府作为新村运动的主导力量，并没有包办一切，而是主要将运动的内容、项目、进度完全交给农民，由农民自己选择把握。政府定期召开新村指导者大会，对优秀指导者进行高规格的表彰奖励，颁发国家级的勋章，对特别优秀的还可以聘任为各级公务员。新村运动设立村民监督制度，政府不直接插手工程建设，只是每个村委派一名公务员负责统计工作，并接受村民监督，这名公务员的升薪晋职主要由他在新村工作的表现和业绩决定。因此，新村运动获得了农民的广泛支持，1970—1980年，参加人数累计达11亿人次，充分激发了农民的主体性与积极性，有力地推动了"新村运动"的深入发展。

（3）重视对农民的教育与指导

新村运动是一项长期持久的社会转型运动，必须把政府主导变成全体国民的自觉行为，加强新村教育与指导成为实现这一目的的必然选择。韩国政府主要是通过成立新村培训机制和"志愿指导员制度"来实现的。1972年韩国政府成立中央研修院，主要负责对社会各阶层的核心骨干人员和中坚农民进行培训，中央研修院共举办二十四种培训班，培训班通过集体住宿、集中讨论、生活教育等三个环节达到教育的目的。培训班的培训内容特色明显，实用性强。到1995年，通过新村教育共培训34.2万多人次，培养了一大批献身于农村发展的社会骨干，为韩国的经济腾飞以及成为世界发达文明国家做出了巨大贡献。韩国政府在"新村运动"中实施"志愿指导员"制度。志愿义务工作者主要来自大学教师、学生，无偿地提供自己的知识、能力，没有报酬，从而为新村运动提供强大的人才与科技支撑，也缓解了政府的投入。

（4）政府在"新村运动"中服务和政策导向作用

韩国的"新村运动"由政府主导、发起和推动，特别是完备科学的制度体系，是"新村运动"得以成功推行的关键。一是建立高效统一的新村运动组织管理机构。韩国从中央到地方各级政府建立了系统的新村运动组织机构和工作程序，负责组织动员工作和协调监督新村建设工作。中央成立了"中央协议会"，地方各级政府按中央模式设立了相应的地方协议会，村级设立开发委员会，主要是执行、筹划、协调相关运动。二是制定科学有效的管理制度。新村运动注重管理制度建设，明确规定了各级政府的管理对象、内容、方法、信息分析，组织和反馈体系，从面（相当于乡镇）到郡级（县级），再到道（省）、中央级管理不同层级管理部门，都有明确分工和主要职责，既各司其职又互相配合，各级政府对新村运动建设做到有章可循、有制度可依。三是实施奖优罚劣机制。新村运动注重发挥制度的激励功能，主要是针对改造的自然村、新村建设指导者、县乡两级公务员的奖罚机制。通过奖罚机制，鼓励先进，鞭策落后，激发社会各界特别是农民和政府工作人员对于新村建设的激情。

韩国通过"新村运动"不仅扭转了城乡发展失调、城乡差距扩大的失衡状况，而且从文化、生活方式等方面，促进韩国农民的现代转型，韩国对于农村建设的经验得到了世界各国包括联合国的肯定，并产生了积极的国际影响，先后有130多个国家组团到韩国参观、学习和取经。韩国社会转型出现的城乡发展失衡现象、存在的问题与我国有相似之处，其做法和经验值得我们学习借鉴。

（四）拉美国家的城镇化陷阱

西部地区的统筹城乡发展不仅需要借鉴国外的成功经验，也需要总结发展中国家特别是拉美国家在现代化和城镇化进程中出现的失误根源，避免陷入拉美国家的城镇化陷阱。拉美陷阱是拉美国家过度城市化的一种畸形产物。20世纪30年代开始，拉美各国普遍实行"进口替代"现代化战略，经济一度出现高速增长状态，年均增长5.6%，创造出"拉美奇迹"。"1950—1980年代，拉丁美洲国家城镇化速度超过以往任何地区和任何时代。总体而言，中美洲城镇化率从1950年的39.22%猛增至1980年的60.22%，南美洲则从42.79%猛增至67.40%，拉美国家平均城镇化水平已经达到发达国家的水平。"[①] 快速的城市化进程并没有促进拉美国家的社会顺利实现转型，相反，这种不顾发展现实、违背城镇化规律的现代化带来的是经济发展持续低迷，贫富分化日趋严重，发展能力不断下降，社会动荡、政权更迭等问题交织互动，整体发展出现阶段性滞缓，时隔40余年仍徘徊在发展中国家行列，这一现象被称为"拉美陷阱"。造成拉美陷阱主要原因有三个方面："一、发展战略转型及经济政策调整延误与失误是'拉美陷阱'产生的根本原因；二、社会政策不当、城市化超速发展，以及传统社会制度与文化痼疾难除是'拉美陷阱'产生的重要原因；三、传统政治文化与政治体制改革不彻底、政府腐败盛行，以及政治民主化'水土不服'

---

① 陈厚义. 拉美城镇化陷阱及其对贵州城镇化带动战略的借鉴［J］. 学术探索, 2011 (12)：11～15.

也是'拉美陷阱'产生的原因。"①

从"拉美奇迹"到"拉美陷阱"，拉美国家在缺乏城市发展整体规划和社会保障情况下片面追求城市化进程，不仅未能实现经济社会的高速发展和社会的现代转型，反而长期陷入经济停滞与社会动荡的境地，这样的教训是深刻的。西部地区的统筹城乡发展要吸取拉美国家城镇化教训，不能盲目不切实际强制推进城镇化进程，而是应该立足本地区生产力和经济社会发展现实，逐步推进城镇化进程，注重城乡发展整体规划和城镇化的社会保障工作，使得城镇化和农业现代化、信息化、工业化协调发展，各种配套设施以及政策法规配套跟进，有序推动以人为核心的城镇化和美丽乡村建设。

二、国内的主要经验借鉴

统筹城乡发展从最初的无意识自发状态到近年来城乡一体化发展的自觉调整，再加上国家统筹城乡发展实验区的实践，找到了一些具有地方特色解决城乡发展失衡、促进城乡一体化发展的道路方式方法，积累了成功经验，初步形成了统筹城乡发展的基本路径，分析和总结国内统筹城乡发展的经验与路径，对西部的统筹城乡发展无疑具有重要的借鉴作用。

（一）工业化发展道路：以城带乡的统筹发展模式

工业化发展道路是世界上许多国家特别是发达国家普遍采用的统筹城乡发展的基本模式和经验，也是刘易斯城乡关系理论的运用。工业化发展道路主要是通过城市化、工业化以带动和解决农村及农业问题，发挥市场机制的作用和推动城镇化进程实现城乡一体化发展，这是目前解决我国统筹城乡发展问题的主导模式，其中珠江三角洲最具典型。

珠江三角洲自古以来就是我国对外交流和对外贸易的窗口，具有得天独厚的自然地理优势和历史文化传统优势。珠江三角洲利用地理和政策优势，大力发展外向型经济，在外资、民间资金和政府投入等多元投资拉动下，工业化、城市化发展迅速，形成了以工业化为主导的以城带乡、城乡高度融合的发展模式。表现为：一是工业化、城市化和城乡一体化的同一性。珠江三角洲工业化带动战略是和城市化发展、农民市民化同步进行。工业化发展在具备资金要素的基础上还需要具备一定的空间要素，广大农村为工业规模化提供了土地资源

---

① 陈湘源.试析"拉美陷阱"的成因 [J].当代世界, 2011 (8): 38~43.

要素，建厂盖房一方面改善了农村交通等基础设施建设，另一方面促进农民市民化，再加上外来人口聚集，城乡空间格局出现一体化，工业化、城市化和城乡发展一体化成为同一历史过程。二是城市群与城市带的辐射带动效应和规模叠加效应明显。珠江三角洲地区通过整体的规划促进地区城镇空间布局的调整，通过城镇结构的优化来实现城镇的集聚与扩散效应，从而带动乡村经济的发展，实现城乡经济结构的调整和融合，成为仅次于长三角都市经济圈、京津冀都市经济圈的中国大陆第三大经济总量的都市经济圈。三是发展外向型经济是珠江三角洲推动工业化，实现城乡统筹发展的重要突破口。珠江三角洲利用我国资源禀赋和人力优势，发展劳动密集为主的加工贸易，通过"三来一补"启动工业化进程，改变以农业为主的经济结构。四是城乡生产空间、生活空间、发展空间一体化。珠江三角洲地区利用先发优势，充分发挥市场的决定作用和政府的作用，从规划、产业布局、基础设施等方面推进城乡统筹，促进城乡基本公共服务均等化，着力推进社会主义新农村建设，完善和提升城市功能，城乡居民收入水平大幅提高，覆盖城乡的社会保障体系初步形成，教育、科技、文化、卫生、体育等各项社会事业迅速发展，初步实现城乡生产空间、生活空间、发展空间的一体化，建立以城带乡、以工补农的新机制。

（二）乡镇企业发展道路：以乡带城的统筹发展模式

通过乡镇企业发展，缩小城乡发展差距，是中国统筹城乡发展的创新。20世纪80年代初，随着农村经济体制改革和城市经济改革的推进，农业生产力的解放，大量的农村剩余劳动力开始进城打工，加上国家政策的支持，乡镇企业异军突起。乡镇企业为实现农村剩余劳动力转移、推动城镇化和工业化、实现农业的现代化做出了突出贡献，开创了以农民为主体、以乡村为主导、以乡带城的统筹城乡发展模式。典型代表是苏南模式和温州模式。

苏南模式是农村新型工业化发展道路的典型，主要是指苏州、常州和无锡等地区自20世纪80年代以来，通过发展乡镇企业实现非农化发展的方式。主要特点表现在：一是乡镇企业发轫于农村，服务于农业，致富于农民。乡镇企业的发展与农业的发展相互促进，农村发展与城镇工业发展紧密联系，同步推进。二是以农民为主体，充分发挥农民的积极主动性。把农民的积极性与创造力充分发挥出来，是苏南模式得以成功的关键，而激发农民的创造性离不开市场的竞争机制，苏南模式实现了二者的有机结合。三是通过优化企业组织结构，提高竞争力。乡镇企业作为农村集体企业，如何提高其竞争力，是乡镇企业得以存活的关键。苏南模式主要是通过优化乡镇企业的产品结构和企业组织结构来提高市场竞争力，既发挥微型企业小而专拾遗补缺，又通过上规模上水平发挥规模经济的优势，带动城乡共同发展。

以乡带城统筹发展的温州模式通过家庭化的经济形式、专业化的经营方式、市场化的要素配置、社会化的服务方式发展非农产业，形成小商品、大市场发展格局，有效解决了城乡发展差距，带动了农村发展。温州模式是以家庭、联户等民营企业为主要经济组织形式，实现了小产业撬动了大市场，富裕了农民和农村，带动了城镇发展。

（三）新农村发展道路：农村改造和新村建设带动模式

新农村发展道路就是通过以旧村改造带动新农村发展的农村现代化，或者是通过社会主义新村建设带动发展的新道路，江西赣州和浙江义乌具有典型性。

江西赣州通过旧村改造带动农村发展推动城乡统筹。赣州是个典型的农业大市，农村人口多，工业基础薄弱，依靠工业和城市带动农业与农村发展的能力有限。为了解决这一问题，赣州积极创新，在社会主义新农村建设的指导下，通过农村改造和新城建设带动城乡发展的新思路。其基本经验主要体现在"五新一好"上，"五新"是指建设新村镇、发展新产业、培育新农民、组建新经济组织、塑造社会新风貌。赣州通过"五新"来改善农村生活环境，在推动经济发展中提升农民的文化素质，规范村民行为，改变其传统习惯。赣州通过"一好"即创建好班子，来充分发挥政府的主导作用，特别重视基层班子建设对于农村改造和新村建设的作用，这一做法值得学习借鉴。

义乌的统筹城乡发展起步于20世纪90年代中期，大致经历了农村"小五化"建设、实施城乡一体化行动、开展统筹城乡综合配套改革等阶段，在实践中探索出一条社会主义新农村建设的新道路。一是通过旧村改造推动美丽乡村建设，主要是以实现城乡基础设施建设一体化为突破口。义乌以"道路硬化、卫生洁化、路灯亮化、家庭美化、环境优化"为主要内容的"小五化"建设，推动农村基础设施发展和村容村貌建设，开展了垃圾处理、交通、供水、污水处理、绿化等五个城乡基础设施一体化工程，不断改善农村生产生活条件。二是"空心村"改造。针对农村的"空心村"现象，义乌通过货币补偿、集中赡养孤寡老人、建造新区等方式，推动"空心村"的改造，盘活农村建设用地200万平方米以上。三是城乡新社区建设。义乌的城乡新区建设主要是通过"三改"实现"三增"方式推动。"三改"即改传统垂直房安置模式为水平房安置模式、改旧有生产生活混用的村庄建筑布局形态为功能分区的布局形态、改沿袭多年的农村多点分散管理为集中统一的新型社区管理方式。通过"三改"实现城市用地、农民住房面积、农民财产收入"三增加"。义乌将 1103 平方公里的市域划分为主城区、副城区、城郊区和远郊区，明确功能定位，加速城乡对接，将新村建设分为"城中村"、"镇中村"、"近郊村"和"远郊村"，对农村新区建设进行分类指导，创新了农村新社区建设的多种模式。通过旧村改造和城乡新区建设，义乌农村基础设施日趋完善，人居环境条件明显改善，农村现代化水平不断提高，城乡一体化发展格局初步形成。

（四）城乡一体化发展道路：城乡整体规划的发展模式

以城乡为整体，通过对城乡协同发展进行统一规划，进而在实施过程中实现统筹城乡发展的目的，典型地区是上海市和北京市。上海作为国际大都市，城乡发展的差距相对较小，上海把城乡作为整体，将农村经济社会发展纳入整个发展的全局当中，通过城乡规划、产业调整、优化生产要素配置等措施，综合开发利用城乡资源，基本形成城乡一体化发展新格局。其主要做法是：一是合理划分功能区，调整城乡发展关系。上海在推进城乡整体规划时，对于主城区、郊区和较远区县合理进行功能划分，避免同质竞争，发挥区域优势，实现区域优势互补，把城乡发展纳入国民经济的整体规划中。二是大规模地推进农村基础设施建设，推动城乡硬件基础设施条件的均等化。三是深化农村各项社会事业改革，是上海统筹城乡发展的核心内容，主要是推动农村土地流转承包制度改革、大力发展农村基本公共服务体系、充分发挥"以城带乡、以工促农"的作用。上海利用国际大都市的优势，鼓励和带动城市资源和要素流向农村和农业，形成全社会支持"三农"工作的激励机制。四是想方设法促进农民持续增收。农民增收是上海统筹城乡发展的重点工作，上海通过多种手段来实现农民增收，采取的措施主要有加大对农民的直接补贴力度、扩大农业保险补贴范围、完善就业等多种措施，通过政府扶持，市场运作，加强培训，推进农民非农就业，鼓励和支持农民自主创业，实现农民收入两位数增长。

"工农协作、城乡结合"是学界对北京模式的概括，即发挥北京大城市对郊区的辐射力，以城市工业支援农村为起点，以乡镇企业发展为脉络，带动郊区社会的政治、经济、文化及城镇建设发展。其主要做法：一是政策、资金向郊区双倾斜，为新农村建设提供支持。北京针对郊区发展滞后和城乡发展差距拉大的现状，2005 年市政府明确规定用于郊区的建设资金比例不低于 50%，市政府加大在支农惠农与对薄弱地区的扶持力度，实施的三农补贴种类达 15 种，连续多年对郊区的投资比重超过 50%。二是以城乡结合部为突破口，探索城乡一体化发展道路。针对城乡接合部的特点和实际，北京 2009 年初开始，对大望京村和北坞村进行试点改造，取得明显成效。在房屋拆迁、农民转户、征地补偿、农民增收、资金筹集等方面大胆探索，形成农村改造以农民为主体，以市场为导向，充分发挥政府、农民、市场三方联动的新机制。三是不断进行制度创新。第一，形成部门之间支持"三农"的联动机制。2006 年成立"北京市新农村建设工作领导小组"，市政府 37 个职能部门为其成员单位，定期举行联席会议，集中各种资源实施重大项目。第二，创新城乡公共服务供给机制，实现城乡公共服务均等化。第三，创新农村金融制度，增强农村融资能力。第四，积极创新城乡一体化相关联的配套机制，除部门联动政策机制、金融支农服务机制外，还包括集体经济产权制度改革、生态补偿机制与社会力量参与机制。

除了以上模式，引起国内关注的还有天津以宅基地换住房的天津模式、以户籍改革为突破口的嘉兴模式、农业现代化带动的潍坊模式等不同特色统筹城乡发展道路，这些道路与探索，既具有一定的共性，又具有特色的个性，找出共性，对于西部地区统筹城乡发展具有重要借鉴意义。同时，全国各地的实践探索，包括成都与重庆综合配套改革试验区的探索，尽管在许多方面取得重大突破与创新，但也并非完美无瑕，还处于不断的丰富与完善中。西部地区在借鉴成功经验的同时，还要看到某些探索的不足与缺陷，从而扬长避短，开创出具有西部特色的统筹城乡发展道路。

（五）成渝统筹城乡综合配套改革实验区的主要做法与经验

从实践到感性认识，从感性认识上升到理论认识，再从理性认识回归实践，从实践中检验理性认识的正确性，是认识思维的一般规律。统筹城乡发展是一项系统工程，对其本质与规律的把握，既受到发展规律的影响，特别是由于认识和历史条件的局限性，对发展规律的认识具有一定的阶段性。同时，又受到体制政策的制约，体制机制的制约主要来自体制机制刚性要求以及规范性程序。自成都与重庆被批准为全国统筹城乡综合配套改革实验区以来，两地党和政府高度重视，立足区域发展的实际，实事求是，勇于实践，充分发挥实验区先行先试的作用，在重点领域和关键环节方面大胆创新，为全国统筹城乡发展提供了经验借鉴。

1. 成都统筹城乡综合配套实验改革的基本做法

成都统筹城乡发展启动较早，2003 年启动实施统筹城乡一体化发展、服务型政府建设和基层民主政治建设为保障改革发展思路。2004 年出台《关于统筹城乡经济社会发展推进城乡一体化的意见》，指导和推动成都的统筹城乡发展。2007 年被国务院批准设立"全国统筹城乡综合配套改革实验区"，成为成都统筹城乡发展的新起点，2009 年国务院批复同意《成都市统筹城乡综合配套改革试验总体方案》，成都统筹城乡发展开始进入国家战略决策层面，为成都城乡经济社会发展提供了新机遇。成都推动统筹城乡综合配套改革实验区的基本做法主要有：

一是不断打破城乡二元结构，探索建立新型城乡关系的体制。统筹城乡发展的根本是破除城乡二元结构，推动农村发展。成都抓住体制机制创新这个关键，构建新型城乡关系。主要是通过创新六大机制来完成，即推动城乡规划的一体化机制，实现了城乡规划编制、实施和监管的一体化；推进城乡产业布局一体化机制，实现新型工业化、新型城镇化和农业现代化的"三化联动"的产业发展布局；推进城乡市场一体化机制，实现城乡要素自由流通与平等交换；推动城乡基础设施一体化的机制，实现城乡居民便捷化的交通服务；推动城乡一体化共享机制，实现城乡居民均等化的公共服务；推动城乡一体化管理体制机制，实现城乡共治的行政管理格局。

二是以"三个集中"为抓手，加快推动城乡发展一体化。1. 大力推动工业的集中。成都遵照"一区一主业"的定位，通过工业集中，实施集群发展战略。通过整合全市 116 个开发区为 21 个工业集中发展区，实现集中优势产业集中、集约、集群发展。2. 引导农民向城镇和新型社区集中。成都统一部署，构建大城市、中等城市、小城镇等结构合理、布局科学、功能完善的现代城市网络体系，引导农民向城镇和社区居住集中。3. 鼓励推动土地向适度规模经营集中。成都根据新时期农村发展的新变化，在坚持党和国家关于土地制度相关政策的基础上，积极推动农村土地制度改革。按照自愿、依法、有偿的原则，稳步推进土地流转及承包经营权改革，发挥土地规模化效应，提高农业生产经营组织化程度，推动农业的现代化进程。

三是全面深化农村各项事业改革。第一，积极开展土地的综合整治，提高土地利用效率，不断改善农村生产生活条件，想方设法增加农民的财产性收入。第二，推动农村产权制度改革。成都实施耕地分级保护制度，开展耕地承包经营权、宅基地使用权、集体建设用地使用权、林权以及房屋所有权的确权颁证，搭建产权流转平台以规范土地和宅基地流转秩序，积极发展形式多样的农村新型集体经济组织。第三，扎实推进村级公共服务和社会管理改革。成都把村级公共事务分成 59 项，把村级公共服务和社会管理经费纳入财政预算，构建农村新型社区，即使在偏远农村地区也能享受到持续的财政投入和均等化的公共服务。第四，积极推进基层民主政治建设，构建党领导下充满活力的农村基层治理机制。在全市推行了以基层党组织书记公推直选、开放"三会"、社会评价干部为主要内容的基层民主政治建设，推动建立农村新型治理机制。

2. 重庆统筹城乡综合配套实验区改革

重庆是中国农村的一个缩影，大城市、大农村、大山区、大库区，城乡统筹发展难度之大、情况之复杂，前所未有，整体上处于欠发达地区和欠发达阶段。直辖以来，重庆立足大城市带动大农村的基本市情，坚持"面上推进与重点突破"，抓住统筹城乡发展的关键因素，开展了统筹城乡发展的初步探索："一是调整国民收入分配格局和优化财政支出结构，初步建立起了统筹城乡的公共财政框架和城市反哺农村的扶贫机制；二是加快城镇化建设，构建以城带乡的平台和载体；三是大力实施'百万农村劳动力转移再就业工程'，初步建立起统筹城乡就业的工作体系；四是加快社会事业发展和社会保障体系建设，努力缩小城乡基本公共服务差距；五是推动交通、能源、农田水利等基础设施向农村延伸，不断改善农村生产生活条件。六是推动行政管理体制，初步建立起行政层次少、运行成本低、管理效率高、比较规范的直辖市新型行政管理体制。"① 2007 年重庆被国务院批准为"全国统筹城乡综合配套改革实验区"，2009 年 1 月，国务院出台《国务院关于推进重庆市统筹城乡改革和发展的若干意见》，同年 4 月，国务院批准《重庆市统筹城乡综合配套改革试验总体方案》，重庆的统筹城乡开始上升到国家层面，为重庆深入推进统筹城乡发展创造新的机遇。

重庆成为统筹城乡发展综合配套改革试验区以来，党和政府面对错综复杂的市情，立足全局，不断改革，在制度、政策、思维方式等方面大胆创新，其经验对于继续深化西部地区的统筹城乡发展具有重要意义。其主要做法是：

---

① 杨庆育. 统筹城乡理论与实践——重庆案例［M］. 重庆：重庆大学出版社，2012：134～136.

　　一是通过建立城乡结对帮扶机制统筹推进城乡经济社会发展。重庆通过都市功能核心区、都市功能拓展区、都市发展新区、渝东北生态涵养区、渝东南生态保护发展区的功能划分，实施联动发展作为统筹城乡发展的切入点和实现大城市带动大农村的区域平台。加大对渝东北生态涵养区、渝东南生态保护发展区的支持力度，每年安排 7.75 亿专项资金，支持远郊区县进行基础设施建设，实施城乡结对帮扶机制。重庆在九龙坡、江北等 6 个区县开展了统筹城乡在经济社会发展、城乡建设、土地流转和环境保护规划"四规叠合"试点，鼓励企业和金融下乡，带动农村的全面发展与进步。

　　二是通过推进城乡劳务经济健康发展，解决"人往哪里去"的问题。重庆农业人口基数大，农业剩余劳动力转移就业的形势不容乐观。为此，市委市政府从城乡劳动就业体系和完善社会保障体系建设两个方面入手，初步建立起了统筹城乡劳动就业的体制和覆盖城乡的社会保障体制。对于劳动就业方面，一方面，加大对农村劳动力的就业培训力度，特别注重进行短期的技能培训。另一方面，逐步消除就业招录中的户籍身份歧视。对于社会保障体系建设，重庆坚持"低门槛、便参保、广覆盖、易流动"的原则，全面推进城乡居民医疗、养老、工伤、生育、事业保险，建立完善"一个平台、统一标准、城乡统筹、均衡服务"新型社会保险制度。

　　三是推进土地流转和集约利用，解决"土地资源如何合理利用"的问题。土地制度创新是重庆统筹城乡综合配套改革的关键突破口之一，重庆探索并大力推进土地流转和规模化经营的多元化渠道，建立了县、乡、村三级土地流转服务机构；在九龙坡、江北和北碚区的 35 个村开展了土地制度改革，在保护耕地的基础上，以重庆农村土地交易所为平台，建立城乡统一的土地交易制度，即地票，解决城市用地紧张与农村土地浪费矛盾。

　　四是积极推动城乡基础设施一体化和社会基本公共服务均等化。第一，推进城乡基础设施一体化。重庆农村基础设施建设落后，既不利于农民出行，也不利于农村发展。重庆抓住制约农村发展的基础设施落后这一主要问题，推动基础设施由城市向县城、中心镇和农村延伸，完善农村水电气、交通、通信等基础设施覆盖水平。对于公交、网络，市政实行城乡的一体化管理，促进农民生活方式的市民化。第二，推进城乡基本公共服务一体化。重庆在城乡教育、卫生、文化等方面实行一体化发展，实行城乡同等待遇、统一标准，共同享受。第三，推进城乡就业和社会保障一体化。不断完善城乡一体的劳动就业市场和就业扶助政策，在社会保障和基本公共服务方面实行统一政策和管理。

五是开展试点，探索改革新模式。重庆鉴于复杂的市情，为顺利推动统筹城乡综合配套改革，进行了大胆试验和创新，探索出了改革的三种新模式：第一种是以"地票"交易制度为代表的土地制度创新。"地票"交易制度设计突破了农村闲置土地向城镇建设用地流转的限制，将农村分散用地转为集中用地进行远距离大范围置换。第二种是通过发展职业教育与农村劳动力转移相结合的模式创新。以永川为代表，利用重庆职业教育基地的特色优势，将统筹城乡发展与农民工的素质教育相结合，探索出"城校互动"发展模式。通过大力实施农村劳动力转移培训、培育劳务品牌、有序的组织劳务输出等方式实现城乡一体化发展。第三种模式是以构建"六金"收入保障解决了农民增收的长效机制。重庆高度重视农村发展，千方百计地增加农民收入，将农民增收确立为党和政府的重要工作。主要是通过建立青苗和附作物补偿金、土地流转金、房屋租金、就业薪金、股金以及社会保障金六个方面的体制机制，确保农民收入增长。

三、国内外统筹城乡发展的经验启示

总结经验是提升理性认识的必要过程，这一过程通过理性思维和逻辑演绎把感性认识去粗取精、去伪存真、由表及里上升为理性认识，指导实践，总结经验对于理性认识具有重要作用。纵观国内外关于统筹城乡发展的基本做法、经验、模式等，既有共性、普遍性，又有个性、特殊性，抽象概括出共性与普遍性的规律，对于西部地区统筹城乡发展具有重要的指导意义。

启示一：做好顶层规划是根本

规划是主体对事物客观规律的能动把握与反映，能够减少实践的盲目性、随意性，从而更好地推进任务的实施。纵观国内外统筹城乡的经验，无论是早期发达的欧美国家，还是日本、韩国等都非常重视对统筹城乡的顶层规划，特别是韩国，从中央到地方，都设立有专门的职能部门，以推动"新村运动"的实施。统筹城乡发展是一项长期性、整体性、系统性很强的工程，离不开顶层设计。

城乡统筹发展顶层设计要注重系统性、整体性、协同性。系统性就是要求我们从系统论的观点出发，看到整体与部分之间互相依存、不可分割的关系。要求我们对于工业和农业、城市与乡村进行全面规划，正确处理好二者之间的

关系。西部地区城乡关系比东中部地区更加复杂，更需要进行顶层设计和统一指导。注重全面性推进与重点性突破的关系，要重视物质性要素建设，更加重视精神性要素建设，特别是注重对西部地区自我发展能力的培育和提升，注重增强西部人民的自强意识和拼搏创新的现代精神培育，注重西部人的现代化。西部地区统筹城乡顶层设计要注重协同性。协同性体现出系统论中元素对于整体的作用以及元素之间的相互依赖。统筹城乡发展是一项系统工程，需要不同职能部门不同行业的支持和配合，只有建立多部门多行业的协调机制，才能保障战略目标的实现。同时，顶层规划作为一种战略，规定了目标方向，明确了目的手段，有利于凝聚共识，统一思想，共同完成目标任务。

启示二：完善农村基础设施和基本公共服务建设是前提

公共基础设施和基本公共服务不均是形成城乡差距的重要原因。世界各国的经验表明，加大对农村的基础设施建设投入，使城乡居民享有均等化、同质化的基本公共服务，是缩小城乡发展差距、解决"三农"问题的根本之策。拉美国家的城镇化陷阱更是警示人们，没有完善均等化的社会保障和公共服务，盲目推动城镇化进程，不仅不能实现社会转型，相反，会陷入经济停滞和社会动荡的恶性循环，最终陷入"发展中国家陷阱"。

完善农村基础设施建设对于解决"三农"问题具有优先性。要加大对农业基础设施建设的投入，改变靠天吃饭现象，增强农牧业抗灾害能力。同时，要加大对农村交通设施的建设力度，夯实农村发展的基础。

均等化的城乡基本公共服务是世界各国统筹城乡发展的基本经验。人的本质从某种程度上来讲是平等，平等不仅是一种权利，也是人与人之间交往的最基本规范。城乡之间的居民由于空间分布的差异导致权利的不平等，就业、医疗、社会保障等公共服务方面存在的鸿沟，导致城市居民优越的心理和农村居民的自卑情怀，如果说城乡之间基础设施等硬件通过加强投入可以很快得到弥补的话，由于二元结构造成的城乡居民心理鸿沟将会长期存在，是一个不容忽视的问题。

启示三：实现农业、农村、农民现代化是统筹城乡发展的重要目标

世界各国的经验表明，推动实现农村现代化、农业现代化、农民现代化是社会转型的必然要求，是统筹城乡发展的应有内容。长期以来，我们认为"三农"现代化就是农业现代化，忽视了对农村现代化和农民现代化的研究。农村现代化更为根本，农村现代化包括农业生产方式、农民生活方式、农村政治文

明形态、民风民俗、农民心理以及价值观取向等方面的现代化，是农村的全面现代转型，自然也包括农业的现代化和农民的现代化。实践表明，没有农村的现代化，整个社会的现代转型与变迁就无法完成，城乡发展的差距也无法真正缩小。

农民现代化事关统筹城乡发展的成败。韩国"新村运动"的基本经验之一就在于充分发挥了农民的主体地位，激发了农民的主动性、积极性、创造性。农村怎么改、改什么、如何改由农民自己规划和推进，所有的改造都是在遵从农民意愿的基础上推进。这和我们当前某些地方不顾农民意愿，强行进行改造，带来诸多群体性事件，好心没办成好事，形成鲜明对比，也值得我们深思。提升西部人的素质，实现西部人的现代转型，不断提升西部自我发展能力，是统筹城乡发展的关键问题，这个问题比东、中部地区显得更为迫切。

加大对农业的扶持是世界各国的普遍经验。农业是个特殊行业，在工业化进程中，是一个容易被边缘化的行业。无论欧美国家还是亚洲的日韩国家，都非常重视对农业进行扶持，大量的资金投入农业，大量的优惠政策和补贴政策倾斜农业。西部地区更应加大对农业的保护力度，主要从资金、政策、科技、智力等方面加大对农业和农民的支持。农业稳则国家稳，农业对于中国的意义尤为重要。

启示四：推动农村改造和新村建设是抓手

欧美国家和东亚国家的经验表明，统筹城乡发展必须重视农村改造和新城建设。西部地区12省（市、区）农业人口占多数，土地辽阔，居住相对分散，人口密度小，这些为推动农村改造带来了困难，但西部农村大多依山傍水而建，又为农村改造提供了便利。农村改造不是把农村变城市，也不是简单地拆房修路，而是对农村传统的生产方式、生活方式、发展方式、思维观念乃至价值观等全方位的变革，以适应现代农村和现代农业发展的需要。

新村建设与农村改造互相补充，新村建设对于西部地区来说同样意义重大。西部地区农村居民分散居住造成诸多问题，如基础设施和基本公共服务投入大、有效利用率低等。要大力实施高山生态移民，适当地撤村并村。新村建设可以集中解决公共服务设施，方便居民生活，便于管理与服务，节约人力、物力、财力。因此，西部地区要把旧村改造和美丽乡村建设结合起来，改善农民的生产生活条件，是统筹城乡发展的重要工作。

启示五：体制机制创新是关键

城乡发展失衡根源于生产力发展的不平衡，但体制机制的二元分割也是重要原因。党的十八届三中全会对城乡一体化发展的户籍制度、土地制度、税收制度等进行整体战略部署，作为全面深化改革的重要组成部分加以实施。十八届四中全会通过推动法治体系来保障推进统筹城乡发展，成为构建统筹城乡发展制度体系的重要契机。

统筹城乡制度体系创新主要体现在以下几个方面：第一，实现科学发展、可持续发展与包容性发展。缩小城乡发展差距，不仅是公平正义的需要，也是为了实现科学发展与可持续发展的需要。破除阻碍城乡发展的体制机制，是生产关系适应生产力、上层建筑适应经济基础发展规律的客观要求。第二，城乡一体化的管理和服务制度体系。纵观国内外统筹城乡发展经验，实现城乡一体化发展关键在管理和服务方面，特别是在就业、教育、社会保障等方面实行城乡制度的一体化，彻底解决由于户籍不同带来的身份歧视，还户籍正常的人口登记功能。第三，不再分城市人和农民。可以分为城市居民和农村居民，只代表居住地和职业的不同，没有其他特别含义。第四，推动经济建设、政治文明、文化发展、生态文明、社会管理等方面进行制度创新，构建城乡一体化制度体系，实现城乡空间的高度融合。

启示六：发挥市场的决定性作用和更好发挥政府作用

发挥市场的决定性作用和更好地发挥政府作用是统筹城乡发展的根本保障。西部地区的统筹城乡发展任务艰巨，情况复杂，离不开政府发挥组织协调和主导作用。世界各国的经验表明，政府必须在统筹城乡发展上有所作为。无论是农村改造、美丽乡村建设，还是新型城镇化建设，政府的作用都不可缺少。政府在统筹城乡发展过程中，不要事事插手，而要以农民为主体，政府制定相关的政策，对整个过程进行监督、指导，在人、财、物等方面大力支持。至于该做什么，不该做什么，则交给市场和农民。国内发达地区的经验表明，城乡发展特别是农村改革必须尊重市场的规律，充分发挥市场机制的作用加以推进，即使小产业，也能撬动大市场（如义乌等）。西部地区统筹城乡发展要发挥好市场和政府的互动作用，明确二者的界限和运用范围，政府不越位、不缺位，在顶层规划、管理服务、法律法规制定、信息科技服务、资金政策服务等方面做好本职工作，发挥宏观调控作用。

启示七：以人为中心的统筹城乡发展

以人为本是科学发展观的核心，是推进新型城镇化，建设美丽乡村建设的魂。世界各国最根本的经验就是实现以人为中心的统筹城乡发展。国内某些地方重物不重人，重硬件忽视软件，重实践轻理论的倾向，以及"空城"、"鬼城"、"睡城"的出现，正是背离以人为中心发展观的真实写照。

以人为中心是统筹城乡发展的基本价值原则。首先，西部统筹城乡发展的各项制度创新和政策措施要以促进人的发展为最高标准，保障城乡居民发展的平等权利、机会，促进城乡基本公共服务和社会保障的均等化，让城乡居民共享改革开放的成果。其次，西部统筹城乡发展既要重视以新型城镇和美丽乡村为载体的硬件性、物质性要素建设，更要重视城乡居民的心理、文化、习俗等精神性要素的变迁，注重城乡居民的精神需求，繁荣文化生活，树立积极健康的生活方式和消费观，培育和践行富强、民主、文明、和谐、自由、平等、公正、法治、爱国、敬业、诚信、友善的社会主义核心价值观。最后，要不断加大文化创新，重视人力资源对于农村发展的重要性，不断提升农村居民的素质，增强西部的自我发展能力。世界各国的经验表明，当一个国家或地区经济社会发展到一定水平，就必须从依靠投资转向重视人力资源的开发利用。西部地区农村居民整体素质不高，科学文化知识落后，创新意识不强，主动性有待进一步提高。以人为中心的统筹城乡发展，一方面要重视人特别是农民的能力、素质提升，另一方面更要以哲学人文科学的反思精神推进文化的创新，推动西部人的现代转型。

第三篇

03

制度创新

　　唯物辩证法认为，世界是普遍联系、变化发展的。每一事物都有其产生、发展、衰亡的过程，事物的运动变化源于自身的矛盾，人类社会发展就是新事物不断代替旧事物的发展过程。制度在其建立初期都有一定的合理性，有其存在的理由，随着社会发展，制度本身也会由原来的积极方面转化为消极方面，成为社会前进的阻力，一种新制度的产生便成为可能，制度的这种"不适应—创新或变革—适应—不适应"矛盾运动也决定了制度必然被创新。正是在这个意义上，马克思主义经典作家认为历史是客观规律性与人的主体选择性的统一，历史是有规律的，唯物史观的任务就在于揭示历史发展的一般规律，从而使人掌握利用它，去改变和创造世界。

　　制度带有全局性、根本性、长期性，是破解城乡发展难题的关键。制度创新是破解城乡二元结构的根本举措，从制度创新的目标来看，西部地区统筹城乡的制度体系至少要包括四个方面内容：一是促进城乡、工农之间实现良性互动，实现遵循经济规律的科学发展、遵循自然规律的可持续发展、遵循社会规律的包容性发展的体制机制。二是城乡空间规划、建设与管理的一体化机制。

就是要用体制机制保障城乡在生产、生活、生态空间协调统一，城乡之间只有居住地的不同，没有身份地位以及福利待遇之间的差异。乡村的规划、建设、管理和发展要纳入国民经济发展的整体规划中，生产要素在城乡之间合理、自由流动和优化组合，实现城乡联动发展与包容性发展。三是共享机制创新。这种机制要保障全体公民特别是农村居民能够分享现代化、城镇化、工业化和信息化的成果，平等分享改革开放以来经济社会发展的成果。城乡居民在统筹协调中共同发展、共同富裕。四是构建城乡一体化的新型关系体制机制。这种体制机制就是要保障城乡居民享有在经济发展、民主政治、文化繁荣、社会治理、美丽西部、法治建设等全方位多领域的等值化的权利与服务。通过制度创新体系，实现城乡经济高度融合，生活条件基本同质化，社会形态大体一致，空间布局协调发展的一体化。在本篇的结构布局中，笔者没有泛泛而谈制度创新，而是多次深入到西部地区的城镇和乡村进行调查研究、收集数据、征集农民意愿，然后在进行归纳集中的基础上，围绕制约西部城乡发展特别是农村发展中的重大课题进行问题式的研究，重点研究了农业人口转移、户籍制度、土地制度、基本公共服务、社会保障、生态文明和城乡社会治理制度七个方面的制度创新与改革。在这七个方面的制度创新研究中，笔者也没有面面俱到，而是以问题为导向，重点就所述制度所面临的难点、重点与主要问题进行研究，注重理论性、实践性、操作性与思路性的结合，以期构建科学合理、符合西部实际、具有明显特色的统筹城乡发展理论，推动西部地区经济社会转型升级。

第五章

西部农业人口转移的制度创新

制度创新就是要遵循事物发展客观规律的基础上，发挥人的主观能动性的一种创造。人是西部地区统筹城乡发展的主体，也是统筹城乡发展的实践者和决定性力量。西部地区的农业人口特别是农业剩余人口的转移，是统筹城乡发展的重要内容。党的十八届三中明确提出，推进农业转移人口市民化，逐步把符合条件的农业转移人口转为城镇居民，是当前和今后一段时期的重要任务。农业人口转移主要包括农村剩余劳动力的转移与工业化、城镇化进程中农业人口向非农产业的转移两个部分，二者都是人口的城市化过程。农业人口转移是西部统筹城乡发展面临的首要难题，主要是解决"人往哪里去"的问题。笔者通过对重庆、四川、甘肃、宁夏和西藏五省（市、区）的部分农村进行调研，就西部农业剩余人口转移的现状及其影响因素以及如何实现市民化进行问题分析，并提出对策思路。

一、农业人口转移的理论分析

农业人口转移是世界各国现代化进程中出现的必然性现象，主要涉及农业剩余劳动力如何转移以及转移到哪里即就业这两个根本性问题。在农业人口转移这一问题的解决上，刘易斯模型和托达罗模型最具有代表性。

刘易斯在《劳动无限供给条件下的经济发展》一文中，提出了通过发展工业和推动城镇化来吸纳农村剩余劳动力的方式。刘易斯认为，传统农业经济的货币化程度很低，生产的目的是维持共同体成员的基本生存而不是用于交换，在农业生产经济组织内部，生产者不是基于效率决定劳动力雇佣水平，而是遵从传统的伦理道德规范。因此，即使出现了劳动力的雇佣量大量剩余，生产者也不会解雇过多的劳动力，从而造成大量的劳动力剩余现象。由于缺少技术创新，造成资本性投入少，而农业人口增长迅速，出现了大量农业剩余劳动力，形成劳动的边际生产率低或者为零，甚至为负的情况。边际生产率为零到最低生活费用之间的那部分劳动力为过剩劳动力，剩余劳动力的价格成为仅够维持生活的最低工资，劳动力的无限供给的情况就是按照这种价格提供的劳动力超过需求时才会发生。但是，情况绝不是这样，因为工业部门的资本增值和扩张是现代社会发展的必然结果，这样就会促使剩余劳动力不断从农业部门转移到工业部门。一般来说，转移过程分为三个阶段，从边际生产率为零的纯剩余劳动力的转移构成第一阶段，这一阶段劳动力的转移对于农业经济的总产量影响有限；第二阶段是边际生产率大于零小于最低平均生活费用的那部分劳动力的转移，这一阶段劳动力的转移将会影响农业经济的总产量；农业部门的剩余劳动力已全部转向工业部门为第三阶段。刘易斯认为，在第三阶段，工业部门的再扩张就意味着必须与农业部门争夺边际生产率大于最低生活费用的劳动力。这样就造成劳动力的供求结构发生本质性的变化，农业劳动力过剩现象消失，出现劳动力不足的情况。劳动力不足促使劳动力的实际工资上涨，在竞争的拉动下，农业部门的性质也开始发生变化，开始采用现代技术进行农业现代化生产，农业部门和工业部门的劳动生产率趋于一致，其差别缩小，工农之间、城乡之间逐步实现一体化的发展。

刘易斯模型提出农业剩余人口转移途径是通过促进现代工业部门发展和推动城市化进程来实现的，他把经济发展同城市化、工业化进程与农业人口转移联系起来，这对于早期工业化进程的发展中国家包括中国具有一定的借鉴意义。但这一模型也存在一定缺陷：刘易斯模型假设农业部门向工业部门提供无限供给剩余劳动力，这在许多发展中国家包括中国是不可能的，尤其是当农业生产率提高时，出现"用工荒"现象。同时，刘易斯模型假定农业边际生产率很低乃至为零甚至是负数，这种静态农业发展观与现代农业发展有一定差距，刘易斯把工业化和城市化作为农业人口转移的唯一途径，忽视农业自身对劳动力的吸纳，具有一定的片面性。刘易斯模型经过费景汉、拉尼斯等修正，最后形成了托达罗模型。

美国著名经济学家托达罗 1970 年发表了他的农村劳动力向城市迁移决策和就业概率劳动力流动行为模型。该模型认为，农业人口转移到城市的动机主要在于城乡预期收入差异，托达罗提出影响个人迁移决策的因素和人口流动机制的三个假设：一是决定人口流动的基本动力是相对收益和成本的理性经济思考；

二是决定人口流动的行为决策不是因为实际的城乡工资差异而取决于预期的收益；三是在任一时期，农业剩余人口在城市工业部门就业的概率与城市工业部门提供的就业机会成正比，与城市失业人数成反比。托达罗认为，决定一个国家或地区人口流动的主要因素是城市和农村之间的预期收入差异，无论是城市还是农村，哪里的就业机会多，城乡预期收入大，那个区域的人口流动就越多。假如城市预期收入大，大量的农业人口流入城市，就业机会就会减少，预期收入也会下降。同时，大量农业人口流出农村，造成农业劳动力减少，农业总产值下降，带来农产品价格上升，这样农业的预期收入就会提高，农民就不会再流入城市，工业和农业之间、城市和农村之间的收入差距减小，其差别逐渐消失，城乡进入均衡和一体化发展阶段。

从托达罗模型可以看出：（1）单纯依靠现代工业部门扩张不能解决城市的失业问题。现代工业部门扩张，城市预期收入提高，诱使农业人口流向城市，城市创造就业机会低于人口流动，产生城市失业问题；（2）适当控制工资补贴和政府雇佣人员的数量；（3）不宜过分地扩大对教育事业，特别是对中高等教育事业的投资；（4）大力发展农村经济和农业部门是解决城市失业问题的根本出路。只有不断缩小城乡经济机会的不均等，提高农民的就业机会和收入水平，改善农民生活条件，才能逐渐缩小城乡差距。

从以上分析可以看出，刘易斯模型与托达罗模型在关于农业人口转移与就业方面立论的基础和政策措施存在差异。刘易斯模型建立在假设城市完全就业和农村劳动力的无限供给的基础上，托达罗模型强调城市的普遍失业，城乡预期收益差距。前者强调通过工业化和城市化来转移农业剩余人口，后者主张控制农业人口转移到城市，进而强调农村部门和农业经济发展的重要性。刘易斯模型关注的重点是农业剩余劳动力的转移问题，托达罗模型关注城市失业的解决问题，前者是城市化发展模型，后者有抑制城市化发展的倾向。刘易斯模型的主要缺陷是忽视农业和农村发展对于缩小城乡差距的重要性，托达罗模型的主要缺陷是把城乡预期收益差距作为农业人口流动的根本原因，"托达罗模型把劳动力流动仅仅归因于城乡预期收益的简单比较，没有考虑迁移成本，因而缺乏从微观层次上对农村剩余劳动力的流动机制的深入分析"①。

---

① 石燕，张帆.刘易斯模型与托达罗模型的比较与分析［J］.现代商业，2013（21）：185～186.

刘易斯模型与托达罗模型对于西部地区农业人口转移与就业的启示。第一，西部地区农业人口转移与就业应坚持城镇化、工业化、信息化和"三农"现代化"四化"并重发展。刘易斯模型与托达罗模型各持一面，都忽视了城市与农村、工业与农业的互动互补。因此，西部地区农业剩余人口转移，一方面要推动实施工业化、城镇化战略，另一方面，要大力推进农业、农民和农村的现代化，推动"美丽乡村"建设，重视农业和农村经济对整个国民经济协调发展的重要性，重视农业自身对剩余劳动力的吸纳，改变单向度的城市化和工业化思维。第二，托达罗模型关于农业和农村经济发展的重要性对于西部地区具有重要启示意义，研究农业和农村依靠自身发展实现剩余劳动力的转移是一个理论空白。西部地区大部分是农业大省（市、区），农业人口转移压力巨大，城市和工业吸纳就业能力和辐射带动能力有限，如何通过激发农村活力，释放农业生产力对农业过剩人口的转移具有重要意义。第三，农业人口转移是一项复杂的社会工程，影响农业人口转移的有经济方面、社会方面、体制机制、历史基础方面等多种因素。第四，农业人口转移有其自身规律，不能急于求成，要重视研究人口城市化同"三农"现代化、经济城市化、产业城市化和空间城市化的联系互动。

二、农业人口转移的现状及影响因素

人口是具有许多规定和关系的丰富总体，与经济社会发展具有密切关系。农业人口转移是人类社会发展到一定历史阶段的产物，是社会生产力发展的结果。西部地区由于其特殊的自然地理环境、人文社会结构和经济发展形态，农业人口转移不同于东部和中部地区，具有更加复杂的影响因素。

（一）西部地区农业人口转移的现状

农业人口转移是一项宏大而复杂的社会工程，是城乡不同社会阶层利益关系的再调整。改革开放以来，西部地区的人口迁移率显著增长，人口迁徙的主要方向是从相对落后地区向发达地区、农村向城镇、小城镇和县城向大城市乃至省会的转移，人口的迁徙加速了西部城镇化水平的提高。但是，由于自然地理和经济社会的发展原因，西部地区农业人口转移问题严峻，情况复杂，具有以下特征：

1. 西部地区农业户口比重偏高，农村剩余劳动力规模巨大，转移形势严峻

西部12省（市、区）普遍以农业为主，截至2013年末，西部地区农业人

口 19791.60 万人，占西部总人口的 54.03%，其中西藏农业户口的比重最高，为 76.29%，接下来依次是贵州（62.2%）、甘肃（59.87%）、云南（59.52%）、新疆（55.5%）、广西（55.19%）、四川（55.1%）、青海（51.5%）、陕西（48.69%）、宁夏（47.9%），西部仅有重庆（41.7%）和内蒙古（41.3%）的农业人口低于全国平均的 46.27%。① 根据国家统计局 2013 年 5 月的数据显示，西部地区农民工数量为 6814 万人，占农民工总量的 26.0%。西部地区农业过剩人口数量庞大，而土地资源容纳能力有限，人与自然的关系紧张，再加上城镇化水平滞后，工业和城市辐射带动能力有限，农村现代化程度不高，因此，农业人口转移的形势严峻。

2. 西部地区产业结构不合理，吸纳转移人口能力有限，农业转移人口不均衡

社会主义市场经济体制建立以来，东西部劳动力的就业结构发生了同向变化，但是变化的程度与水平存在较大差异。随着城镇化、现代化的发展，劳动力向第二和第三产业转移，但西部地区依然处于农业主导的社会发展阶段，第一产业就业人数比重高于东部地区，整体上农业的社会性质依然突出。西部地区农村劳动力剩余率高而且区域内分布不均衡，重庆、四川、甘肃等农业劳动剩余率远高于西藏、新疆等地，地区差异明显。从就业人员来看，西部 12 省（市、区）剩余劳动力转移水平不均衡，转移数量占农村剩余劳动力总数比较多的有四川、重庆、广西、宁夏等，其中，四川省就业人数位居西部第一，成为主要劳动力输出大省，转移比重较低的主要是新疆、云南等地。

3. 从人口流动方向看，市场调节是主导，发达地区是人口流动的主阵地

市场作为资源配置的有效方式，对农业人口转移起主导作用。改革开放以来，无论是东中部还是西部地区，人员流动都具有明显的市场调节性。东部地区仍然是农民工流向的主要地区，但中西部地区的吸纳能力在增强。经济发达地区是西部农业人口转移的主阵地，特别是珠江三角洲、长江三角洲和京津冀地区是西部农民工流向的主要目的地。西部农业人口转移以外出打工为主，本地就业转移人口能力仍然薄弱，这与东部地区农民工就地转移形成鲜明对比。据《2012 年我国农民工调查监测报告》的数据显示，东部地区农村户籍劳动力中农民工占 54.9%，其中，外出农民工占 20.2%，本地农民工占 34.7%；西部

---

① 注：依据第三章表 2 的数据整理所得。

地区农村户籍劳动力中农民工占 28.7%，外出农民工占 19.2%，本地农民工占 9.5%。西部地区省内转移就业的比重上升较多，但仍以跨省流动为主。

4. 从文化结构看，西部地区农业转移人口的文化素质和劳动技能整体不高

西部地区人口文化素质差异比较大，这主要由经济发展与人力资本投资决定。西部地区经济相对落后，交通闭塞，思想观念较为保守，这必然影响到农业转移人口的文化素质。据《中国西部发展报告蓝皮书（2013）》的数据显示："1982—2011 年，东部地区文盲率由 25.76% 下降至 5.83%，西部地区由 41.83% 下降至 9.35%。全国每十万人中高等学校人数东部地区平均数分别为 2533 人和 2882 人，西部地区平均数分别为 1244 人和 1849 人。"[①] 数据表明，西部地区农民工以初中文化程度为主，其中文盲半文盲以及没有参加过任何技能培训的比重较大。从行业分布来看，西部地区农民工主要集中在建筑业和服务业，从事制造业的比重达 15.4%，低于全国和东、中部地区，而从事建筑业的比例则高于全国和东中部地区，这说明西部地区农业转移人员主要从事体力劳动和技术要求比较低的行业。

5. 西部农村剩余劳动力转移仍存在着相当程度的自发性和随意性，从最初的不稳定、季节性向稳定性、常年性转变

中国的社会关系是建立在地缘和血缘的基础上，费孝通称之为"差序格局"的网状社会关系。西部地区农民工外出打工主要不是靠社区或政府有关单位组织，而主要是靠传统血缘、地缘、人际关系网络为主实现就业，带有很大的随意性与自发性，甚至很多人带有盲目性，到目的地以后找工作是普遍现象。造成这种现象的原因很大程度上是用工单位与人力资源市场不衔接，用工单位招聘的时效性强，很多单位招聘并没有到人力资源与社会保障部门登记备案，也没有面向网络或媒体公布招聘信息，而是直接在工厂或企业门口张贴招聘信息，以便规避政府监管。从流动时间上看，绝大部分农民工并没有完全脱离农业，不愿意放弃土地的承包权，农忙季节回家从事农业生产，属于兼职型或季节性转移，特别是遇到春节等重大节日，就会出现"用工荒"、"招聘难"现象，同时也带来"中国式春运"的人口大流动。近年来，随着农业机械化程度的提高以及人们思想观念的转变，这种季节性流动的情况正在改变，转移的稳定性和

---

① 姚慧琴，徐璋勇主编．西部蓝皮书：中国西部发展报告（2013）——新形势下的西部地区小康社会建设［M］．北京：社会科学文献出版社，2013：181．

长期性增强，甚至部分农民工长期稳定居住在城市，成为"半市民化"新生代农民工，这部分人是当前农业转移人口市民化的重点。

（二）西部农业人口转移的影响因素

人类生存的有限性与发展的无限性矛盾客观上要求扩大生活的地域空间，寻求更加舒适的生存和发展的环境，同时，科技的进步使得人类社会对地域空间及资源的大规模开发与利用变为可能。经济的无限增长和生产力的快速发展，从根本上改变了地域空间的原始自然面貌，成为人类迁移的基本诱因。据中国社科院发布的城市蓝皮书2013《中国城市发展报告NO.6：农业转移人口市民化》指出，当前中国城镇中农业转移人口总量约2.4亿人，但由于成本障碍、制度障碍、能力障碍、文化障碍、社会排斥以及承载力约束等方面的影响，农业转移人口市民化进程严重滞后。课题组在国内外学者相关研究的基础上，立足西部农业人口流动的实际，提出影响西部农业人口转移的六大主要因素。

1. 农业部门与外出务工净收入的差距是影响西部农业人口转移的初始动因

瓦尔拉的一般均衡理论认为，社会经济发展可以通过供求关系和价格波动实现均衡发展，根据这一理论，美国经济学家华西里·W. 列昂惕夫1936年提出投入产出分析法。运用这一分析方法可以看出，农业人口转移遵循一定规律，假如人口从农村流向城市的投入小、产出和回报大，自然就会加速人口向城市转移，反之就会减少，当投入超过产出时，人口转移就会停滞。据《2012年我国农民工调查监测报告》的数据显示，扣除生活成本，外出农民工每人月均收入结余1557元，全年按十个月计算，农民工年收入15570元，是农村居民纯收入的2倍。因此，外出务工比在家务农收入高。课题组的问卷调查和实地调研支撑了这一结论，受访的农民大都表示，种粮务农仅能维持生活和家庭一般开支，而打工成为部分农民家庭的主要收入。课题组的问卷调查表明，对于18—45周岁的农民群体，90%以上表示不愿意种地。2013年，西部地区农村居民人均纯收入6744.43元，低于全国的8896元平均水平，西部地区12省（市、区）农村居民人均纯收入未能跑赢全国平均水平，排名西部第一的内蒙古（8596元），位列西部第二的重庆（8332元），甘肃（5107.76元）全国垫底。西部地区农村居民纯收入偏低与区位劣势和自然环境有关系，这进一步证明西部地区农业人口转移的迫切性与严峻性。当然，区域经济发展水平差异与城乡的收入差距决定着西部地区农业人口转移的方向，即从落后地区、贫困山区、偏远地区向东部沿海、省会城市和经济发达地区转移。

2. 稳定的职业和固定的收入是影响西部农业人口转移的主要因素

所谓职业就是指人们在社会中所从事的作为谋生手段的工作，也指人们所从事的相对稳定的、有收入的、专门别类的社会劳动。稳定的职业是固定收入的前提，二者相互联系，成为西部地区农业转移人口的主要影响因素。从实践来看，西部农业转移人口主要从事交通运输、仓储、邮政业、建筑业、制造业、餐饮、住宿服务业，这些行业的主要特征是劳动密集型行业，科技含量低，从事这些行业的转移人员大都没有签订劳动合同，也没有任何社会保险，随时面临失业走人的风险。

科学文化素质低和专业技能缺乏是西部农业转移人口难以找到稳定职业的主要原因，也是影响农业人口转移的天然"瓶颈"。与全国相比，西部地区农业转移人口中，文化素质和技能水平更低，其中文盲占 9.35%，初中及以下文化程度的劳动力占全部劳动力的比重较高，特别是广西、贵州、云南须提高教育水平。西部地区农村劳动力专业技能贫乏，转移出去的劳动力大多数未受过职业技术教育和培训，其创新能力、适应能力较差，属于体能型转移。随着信息化水平的提高，工业和城市对劳动者素质和技能要求进一步提高，缺乏专业技能的农业转移人口无法适应新岗位的要求，出现"就业难"与"用工荒"的结构性就业矛盾，这种矛盾随着信息化加速还将持续存在，成为制约西部农业人口转移的新因素。

3. 住房和社会保障是影响西部农业人口转移的关键性因素

安居乐业是对于中国人来讲，具有重要意义。住房是恒产中的关键因素，没有住房就没有家的感觉。西部农业人口转移难的一个关键制约因素是稳定的职业和住房。没有稳定职业，就没有固定收入，没有固定收入，农业转移人口难以在城镇购房，没有住房等恒产，就难以有家的感觉，成为城市的过客。

社会保障是制约西部地区农业人口转移的关键因素。由于城乡二元结构分割，进城务工人员参加养老、工伤、医疗、失业和生育等保险的比例偏低，甚至有超四成的农民工雇主或单位既不提供住宿也没有住房补贴，更没有为农民工缴纳各种必要保险，进城务工人员享受不到市民的待遇，因此，即使有些农民工打工几十年，却仍然游离在城市之外。养老保险在整个社会保障中具有特别的意义，养老问题是制约农业人口转移核心问题。课题组的调研与问卷表明，由于对养老和医疗的担忧以及对农业的预期收益，九成以上的农业转移人口不愿意放弃农村土地承包权与宅基地，"养儿防老、土地养老"依然是制约农业人口转移的关键性因素之一。

4. 制度性障碍是影响西部农业转移人口的主观因素

我国城乡二元结构既有发展的不平衡因素，又有主观的制度性因素，制度性障碍是影响农业人口转移的重要主观因素。主要表现在三个方面：一是户籍制度。户籍制度成为阻碍农业转移人口主要影响因素已经成为共识，2014年7月30日，国务院正式印发《关于进一步推进户籍制度改革的意见》，就是要努力实现1亿左右农业转移人口及其他常住人口在城镇落户。二是由户籍制度引申出来的就业、教育、医疗、社会保障等配套制度。三是生产性要素制度。主要表现为土地制度和农业要素制度。土地制度是农业人口转移的一个关键影响因素，一方面土地把农民牢牢束缚在农村，另一方面土地流转机制的不健全。工农业的"剪刀差"依然存在，农民和农业积累的有限资金转为存款大量流入城市和工业，农业和农村发展缺乏资金支持。城乡要素的不平等交换和公共资源配置不均衡是农业和农村发展相对滞后的重要原因，也是城乡利益分配不均的突出表现。因此，农民工90%不愿意放弃承包地和宅基地，一方面，由于土地在升值，国家对农业补助的力度不断加大，农业预期收益比较大；另一方面，也凸显出农民市民化相关配套制度的滞后。

5. 民俗文化的差异是影响西部农业人口转移的自然因素

民俗文化是依附人们的生活、习惯、情感与信仰而产生的文化，对于强化民族精神与增强民族的认同具有重要作用。西部地区集中了我国大多数少数民族，其中有26个独有的少数民族。不同民族的文化、习俗与生活方式的差异较大，民族地区的农业转移人口与城市原居民两大群体间存在隔阂、疏离，甚至摩擦和冲突，形成了农业转移人口市民化的文化习俗障碍。目前，民族文化意识形态较浓的西藏、云南、贵州、甘肃的城镇化率低于41%，尤其是西藏地区，城镇化率为23.71%，这在一定程度上反映出民俗文化对农业转移人口的影响，民族文化的影响还是一个理论空白，需要加强这方面的研究。

6. 身份认同是影响西部农业人口转移的社会心理因素

中国社会城乡的二元鸿沟不仅表现在城乡经济发展、政治权利、公共服务、物质性硬件等方面，还体现在城乡居民的文化习俗、思想观念、民族的身份认同等方面，特别是后者，对于统筹城乡发展的影响往往被忽视，表现出我们的统筹城乡发展比较关注城市建设、经济发展差距的缩小，而忽视城乡居民的社会心理、生活方式、文化认同等的二元存在。城市居民的心理优越感与农民工的身份自卑感二元对立将长期存在，城乡观念、文化、生活方式的高度融合与认同是一个长期的过程。如果说城乡居民在户籍、就业、教育、医疗、社会保障等方面显性的制度排斥可以通过制度创新与制度安排很快解决的话，那么农业转移人口在思想观念、社会认同、幸福体验等方面隐性的心理排斥则是一个长期漫长和艰难的过程。因此，农业人口转移不仅需要制度体制的创新与推进，更需要用反思的精神进行文化创新，不断形塑城乡居民平等、尊严、权利意识，走向城乡文化与时空的一体化发展阶段。

三、农业人口转移的主要方式及制度安排

"现代化"一词主要用来描述现代发生的社会和文化变迁的现象，世界各国现代化的历史，实质上就是从农业文明向工业文明转变的历史。在现代化的进程中，农业、农民和农村的现代化具有重要的风向标意义。要实现"三农"的现代化，农业人口的转移是其关键的一环，农业人口的转移，主要包括两类转移，行业部门转移和地域空间转移，即农业人口向农业内部各系统的转移，如种植业向养殖业、农产品加工业、畜牧业等种植业部门以外的其他农业部门转移；同时也是指向农业系统外的其他部门和行业的转移。对于西部地区来说，农业人口基数大、耕地少，城镇化水平不高，吸纳就业能力有限，因此，要综合考虑地理环境、经济社会发展水平、民族文化状况、人口素质等多种因素，因地制宜推动农业人口转移。

（一）西部农业人口转移的主要形式

西部农业人口转移，一般说来，主要是通过行业部门和地域空间两种方式来实现的，其中行业部门之间的转移对于西部地区具有重要意义。从农业人口转移的实践来看，大都是主张通过工业化、城镇化方式，忽视了通过科技实现农业机械化、现代化而带来的系统内部的人口转移。西部地区农业人口转移，单单依靠工业化和城镇化实现农业人口转移既不现实，也不符合国情，要"两条腿走路"，一方面，通过农业机械化、现代化，增强农业内生发展能力，实现农业生产力的解放来转移农业剩余人口；另一方面，通过城镇化、工业化的推动实现农业人口的地域空间转移，从广度和深度上推动农业人口转移。按照这种思路，西部农业人口转移主要有以下四种方式：

1. 从种植业向非种植业的农业部门转移

种植业是农业的主要组成部分之一，在整个农业中占有特殊重要地位，是

整个农业的基础，保护 18 亿耕地，维护粮食安全对于中国发展具有重要意义。西部地区地形复杂，高原、草原、盆地构成西部特殊地形地貌。西部地区 58% 的土地为牧地，28% 为林地，而农业耕地仅占 10%。同时，西部集中了我国大多数禁止开发区域，自然灾害频繁，限制了种植业发展的空间，耕地少与农业人口多的矛盾突出，再加上西部城镇和工业吸纳和辐射能力有限，就地转移和部门系统内部的转移成为农业人口转移的重要组成部分。

西部地区要大力实施错位战略和差异化发展模式，提高农业机械化水平，把更多人口从种植业中解放出来，向种植业以外的其他农业部门转移：一是做强做大特色种植业，保证农业转移人口的粮食安全。西部地区种植业产量丰富，特色明显，如川陕盆地的水稻、玉米、薯类、柑橘、桑区；云贵高原的烟叶、玉米；青藏高原的青稞、甜菜；西北绿州的小麦、棉花、葡萄等。但是，由于市场化程度低，未能形成相对的比较优势、潜在优势和发展优势。二是要在特色种植业的基础上，实施农业系统内部的就地转移。西部地区的牧地和林地占整个土地的 86%，然而，牧地和林地所承载的人口比重低于种植业，对农业发展的贡献率也不高，特别是西藏、内蒙古、青海等草原地区牧业优势明显，但是整体发展动力不足，规模偏小，影响力不强。林地在西部地区占有较大面积，然而林业对农民收入贡献不足 1%，大力发展林下经济，是转移种植业人口的途径之一。

2. 从农业部门向乡村的非农业系统转移

从农业部门向非农部门转移，是农业人口就业转移的主要方向，即通过繁荣农村经济特别是农产品加工业来实现农村工业化。一是向农产品加工业转移。农村发展缓慢落后的根本原因在于农村缺少产业，农村的工业化程度低，吸纳农民就业的能力不强。天津的大邱庄、江苏的华西村、河南的南街村等成功的经验之一就是农业工业化。西部地区农产品优势明显，随着人们对食品、乳品、蔬菜等农产品安全要求的提高，从事农业和农产品加工业大有可为，潜力巨大，要把农村建成城市的无公害蔬菜、水果、农产品基地和吃、住、行与旅游休闲基地。西部地区农副产品市场体系辐射力不强、新型现代营销体系不完善、市场化程度低、农业经营合作组织发展缓慢等问题严重制约农村工业化和种植业人口的转移。二是向农村的服务业转移。农村服务业是指活跃在农村、服务于农业再生产和农民生产生活的个体、私营经济形态。发展繁荣农村服务业对于促进农业人口转移、发展农村经济、增加农民收入和提高农民生活质量具有重要作用。目前，西部地区农村服务业主要集中在传统行业如交通运输、商业、餐饮等领域，服务规模小、专业化和社会化水平低，影响着农村服务业的进一步发展。三是鼓励农村个体经济、私营经济发展，鼓励农业剩余人口自主创业。对于农村的个体经营和私营经济应该予以引导、帮助和扶持，特别是资金和项目方面的支持。农村经济的繁荣发展，离不开一大批扎根农村、服务农村的自主创业人员。据课题组的问卷调查显示，大部分农民工都有自主创业的想法，认为"打工"不如创业，可就是苦于没有项目、资金和经验，他们更希望在这方面得到政府的帮助和支持。

3. 从高原封闭分散居住向生态移民转移

西部地区高原、荒漠遍布，大多数地方的生态环境脆弱，自然环境条件恶劣，大力实施生态移民是西部统筹城乡发展的重要内容。中国从 2000 年开始实施生态移民以来，西部地区约有 700 万农民实现了移民，但是，移民扶贫攻坚任务依然艰巨。西部生态移民要做好以下工作：第一，要做好三峡库区后续发展工作。三峡库区对于国家经济社会发展和生态安全具有重要作用，库区的后续发展面临严峻挑战，主要是移民遗留问题、库区产业空心化、后续发展动力不足、生态环境保护压力大等问题。第二，加大对青藏高原和云贵高原地区的生态移民力度。这两个地区海拔高、地势陡峭、生存环境恶劣，某些地区如贵州省麻山地区，因水土资源不断流失而呈现"石漠化"，必须实施移民。根据 2011 年陕西颁布的《陕南地区移民搬迁安置总体规划（2011—2020 年）》以及《白于山区扶贫移民搬迁规划（2011—2015 年）》的规划显示，涉及搬迁居民 240 万人和 39.2 万人，规模远超三峡库区搬迁移民。第三，西部的武陵山区、乌蒙山部分地区以及滇黔桂石漠化区，是西部地区扶贫攻坚的重点地区。

4. 从农村向城市的空间转移

农业人口向城市非农业人口系统转移，是目前我国农业人口转移的主要方式。这种方式主要是通过城镇化、工业化方式来实现，城镇化率越高，农业转移人口的速度就越快，在一定时期内二者成正比。但是，从农村向城市的人口转移这种方式有两个前提，一是农业机械化发展使得大量劳动力得以解放，从而为工业和城市提供劳动力的可能，西部地区恰恰是在没有完全实现农业现代化和机械化情况下出现大量的农村剩余劳动力，这种特殊情况使得农业人口转移基础不稳，农业内生发展能力不强。二是农业转移人口市民化的制度安排与创新，要解决转得进、稳得住、有保障、可持续。农业转移人口既希望在城市生活，又不愿放弃农村户籍，这一悖论需要我们从制度特别是户籍制度、就业制度、社会保障制度、税收和住房制度等方面保障城乡平等、公平的待遇与机会，消除农村居民和城市居民基于户籍上的差别，打消农业转移人口市民化的后顾之忧。

（二）农业转移人口市民化的制度保障

农业转移人口市民化是指那些实际脱离农业劳动，生产和生活空间已经从农村转移到城镇，由于制度政策等原因，尚未能获得城镇永久居住身份、平等享受城镇居民各项社会福利和政治权利的流动人口成为城镇居民的过程。农业转移人口市民化的群体有三个特征：一是职业实现转移，其收入来源主要是从事非农劳动所得；二是地域空间的转移，即生活空间主要在城镇，已经部分或全部融入到了城镇生活，只是身份没有得到认同；三是尚未平等享受到同居住地城镇居民同等的各种权利和福利。根据课题组的调查，西部农业转移人口市民化的重点群体主要有四类：一是农民工群体。主要指长期居住和生活在城镇，有稳定收入来源的农业转移人口。二是大学生群体。主要指那些已经毕业，生活和就业在城镇但未能实现落户的大学生，这类群体主要集中在外资、私营、个体企业，包括自主创业者。三是自主创业群体。这类群体人员构成复杂，但他们长期生活在城镇，有稳定收入来源。四是随同子女进城居住生活的农业流动人口，这类群体以老年人为主。实现西部农业转移人口市民化就是要通过制度"化"农业转移人口为市民，"化"的过程是农业转移人口生产生活与空间地域的转换，以及生活习惯、行为方式与价值观念现代转变过程。西部农业转移人口要坚持统筹规划，有序推进的原则，优先解决农民工、大学生、自主创业群体的市民化问题，中小城市和小城镇是农业人口转移的主要方向。西部农业转移人口市民化的关键在于解决"转得进、稳得住、有保障、可持续"的问题，解决这些问题靠的是制度的安排与创新。

1. 加快推动户籍制度改革，解决"转得进"的问题

推动户籍制度改革是党的十八大和十八届三中全会部署的一项重点改革，是建设以人为核心新型城镇化的重要内容，也是实现亿万农业转移人口"市民梦"的重大举措。西部地区的户籍制度改革，要以国务院正式印发的《关于进一步推进户籍制度改革的意见》为契机，重点解决农业转移人口的落户问题，提高人口的城镇化水平，实现基本公共服务常住人口的

全覆盖。

西部地区的户籍制度方向和重点：第一，完善户口迁移制度，重点实现在城镇稳定就业和生活的常住人口有序实现市民化。西部地区大约有 14 种户籍迁移规定，每一种情况都设有严格的条件限制，且各地实施情况也不太一致。投亲迁移、工作就业迁移、投资迁移要简化程序，要按照本人意愿，尽快实现这部分人的市民化，常住人口迁移是农业转移人口市民化的主要方式。第二，加快实施居住证制度，以居住人口的定居资格作为落户的主要依据。目前，北京、上海、天津、宁波、武汉、广州、深圳、珠海等地都探索建立了积分落户制度。第三，逐步剥离户籍背后附着的各种待遇和利益，回归户籍的人口登记功能。第四，全面放开中小城市和中心镇的落户限制，推动农业转移人口就地就业和市民化，推动与户籍改革相配套的其它制度创新，推动城乡公共服务均等化，最终形成"自由迁移"的户籍制度。

2. 加强公共就业服务，探索转移人口增收途径，解决"稳得住"的问题

农业转移人口"进得来"的落户问题解决以后，"稳得住"的问题接踵而至，农业转移人口能否真正融入城市，关键是看能否"稳得住"。这一问题的解决，要看转移人口能否实现长期持续的就业，因此，多渠道促进农业转移人口的就业，稳定增加其收入，是提高农业转移人口市民化的重要环节。第一，建立城乡一体化的劳动就业市场。首先，发挥政府和市场的作用，不断健全劳动力的社会调节机制，提高劳动力市场信息服务能力，充分发挥市场的力量，鼓励农业转移人口就地就近转移就业。逐步打破劳动力流动的城乡界限和所有制界限，取消对农民进城从事各种经济活动的限制，促进农业转移人口稳定就业。其次，要大力发展社会职业中介服务组织。当前，西部地区职业中介机构服务能力弱，服务质量和经营管理水平不高，不能适应人力资源市场发展、农业转移人口和用工单位需要。政府要积极培育社会职业中介服务组织，通过政策引导和法律保护，发挥其就业促进的作用，同时加强监督和引导。第二，建立健全教育培训机制，加强技能培训，提升农业转移人口的职业技能素质。城市现代化、信息化发展与农业转移人口素质不高的矛盾一直突出，"就业难"与"招工难"的结构性矛盾短期内难以改变。要尽快建立健全教育培训机制，加强同企业、职业教育学校的联系，每年定期为农业转移人口提供劳动就业的技能培训和科学文化知识培训。第三，加强农业转移人口法治体系建设。严格执行《劳动法》，从法律法规上将农业转移人口就业纳入国家统一的就业政策范围，

取消就业的身份、性别、地域、户口歧视，实施城乡居民平等的就业准入制度，建立农业转移人口就业的制度化。

3. 完善基本公共服务制度，解决"有保障"的问题

农业转移人口市民化的最大制约因素是户籍制度与基本公共服务均等化的问题，二者必须协调统一，同步推进。户籍制度是解决农业转移人口的落户问题，基本公共服务是解决农业转移人口的生活保障问题。推动户籍制度改革，并不是把农业户口转为非农业户口那样简单，从根本上看，关键是推动城乡基本公共服务的均等化，一是探索过渡性农业转移人口的公共服务制度，优先解决农业转移人口最关注的子女教育、社会保障、住房、养老保险等民生问题。实行农业转移人口及在城市有固定工作的流动人口住房公积金全覆盖，建立和完善住房公积金异地转移制度。二是推进城乡基本公共服务制度衔接，建立城乡一体化基本公共服务体系。要从制度衔接的角度统一规划推进，依据服务半径和服务人口，制定统一的服务设施配置和标准。重点解决城乡居民在养老保险和医疗保险的跨区衔接转续问题，即使是那些暂不符合落户条件或没有落户意愿又有常住需求的农业转移人口，也能享有同质化的基本公共服务。

4. 建立农业转移人口市民化的资金保障机制，解决"可持续"的问题

农业转移人口市民化的关键问题是"钱从哪里来"，这个问题关系到农业转移人口市民化的"可持续"发展。据专家学者估算，一个农民工进城落户要花10万元左右，这个成本该由谁负担，的确是一个不容回避的问题。对于西部地区来说，完全由个人或政府来负担，既不现实，也不可持续，建立农业转移人口市民化多元资金保障机制，是解决西部农业转移人口市民化资金来源的根本出路。第一，设立农业转移人口市民化专项基金。农业转移人口市民化专项基金主要来源是中央政府和省级政府一般财政预算支出以及社会自筹资金，主要用于农业转移人口市民化的基本公共服务，农业转移人口突发事件的救助，对于吸纳农业转移人口较多的城市给予的补助资金。第二，运用市场力量，鼓励社会资本参与农业转移人口市民化进程中。政府可以通过发行地方债券的方式实现融资，要专款专用。鼓励社会资本参与农业转移人口市民化进程，并保证投资方有长期和稳定收益。鼓励银行等金融结构加大对转户人口的投入，给予农业转户人口在购房贷款、自主创业等方面的政策优惠。第三，鼓励农业转移人口通过流转宅基地、承包地自筹资金。耕地和宅基地是农业转移人口市民化

主要的资金来源，鼓励和支持落户到城镇的转户人口退出宅基地和耕地，经过确权办证，允许进入市场抵押流转，来支付农业转移人口在城镇的生活和居住成本。通过多方筹资，形成农业转移人口市民化稳定的资金来源，保障农业转移人口市民化的"可持续"进程。

第六章

户籍制度改革：西部农民"解放"的新革命

户籍制度是一项基本的国家行政制度，是城乡二元经济结构的主要标志。加快推进户籍制度改革，是十八届三中全会和中央城镇化工作会议提出的一项重点任务，也是关于生产力的解放特别是农民"解放"的一次新的革命。这种解放不仅进一步助推城乡居民自由迁徙，而且赋予城乡居民同等的权利与自由全面发展的可能，从制度上真正实现人的平等、自由与发展。目前，国务院印发的《关于进一步推进户籍制度改革的意见》，取消农村户口和非农业户口性质区分，统一登记居民户口，是历次改革中最具突破性的一次。西部地区要以此为契机，加快推进户籍制度改革，不断创新人口管理，真正做到城乡居民在发展机会、享受权利、社会地位、公共资源的平等、公正，构建西部地区城乡一体化的户籍制度。

一、户籍制度改革是关于农民"解放"的革命

人的解放是实现平等、自由与发展的前提，也是马克思主义哲学理想旨趣所在，马克思主义哲学就是关于人的解放和发展的学说。马克思主义哲学一直关注人的生存、解放、发展，终其一生寻求人解放的途径与条件，将人的解放同哲学革命相结合。一方面，马克思、恩格斯从主体的角度即从人的个性与自由全面发展的角度来观察人类的历史，提出人的体力解放与自我解放的二重性，是马克思观察社会的一个重要观点。另一方面，马克思、恩格斯从客体的角度，即制约人解放与发展的生产关系入手，通过分析生产资料所有制来划分社会不同的经济形态及其关系，着力分析一定社会发展阶段上生产力和生产关系的矛盾运动，揭示人的解放与社会发展的动力。马克思、恩格斯认为，人的解放是其全面发展的前提，人的解放不仅受制于客观自然因素，还受制于生产关系的

人为因素，特别是有关的社会制度制约。因此，人要获得自身解放，就要大力发展生产力，广泛运用现代科技，把人从繁重的体力劳动中解放出来，在实现人的体力解放的基础上，通过主体意识和主体能动性，实现被压迫阶级的世界联合，变革社会关系，把人从制度的束缚中解放出来。马克思关于人的解放的思想集中体现在人的发展三阶段的理论上。"人的依赖关系（起初完全是自然发生的），是最初的社会形态，在这种形态下，人的生产能力只是在狭窄的范围内和孤立的地点上发展着。以物的依赖性为基础的人的独立性，是第二大形态，在这种形态下，才形成普遍的社会物质变换，全面的关系，多方面的需求以及全面的能力的体系。建立在个人全面发展和他们共同的社会生产能力成为他们的社会财富这一基础上的自由个性，是第三阶段。"① 在人的依赖阶段，生产力极端低下，自然经济处于主导地位，人受到自然必然性的束缚，还未能实现普遍的交往与联系。分工的发展与科技的进步，使得人的解放得以可能，这种解放是人的肌体职能的解放，还谈不上是人的真正解放。历史进入近代后，随着地理大发现、科技革命、文艺复兴与资本主义生产方式的逐步确立，一方面带来生产力的飞跃，另一方面社会交往与分工开始出现全球化趋势，世界历史形成了普遍的社会交换、全面的社会关系以及全面的能力体系，为人的自由全面发展和彻底解放奠定了基础。马克思、恩格斯充分肯定了资本主义生产方式的进步性，资本主义生产方式不仅创造了前所未有的社会财富和物质文明，而且借助科技理性的力量实现了人的体力解放。但是，资本主义生产方式在解放人的体力的同时，却陷入了人的异化的社会关系束缚中，成为创造物商品、金钱的奴隶。具有主体性、能动性的人必然不甘于本质的异化，必然要向人的本质复归，在解放和发展生产力的基础上，消灭私有制、阶级、国家，消灭不合理的社会分工，奔向个性自由的自由王国。这一过程，既是人的本性自我复归的过程，也是共产主义实现过程。马克思关于人的解放与发展三阶段的理论，始终从生产力发展规律的客观维度以及人的本性发展的主体维度相结合入手，从"人化自然"的社会关系、生产关系和交往关系出发，把人的解放同经济发展、社会的组织形式以及所有制形式联系在一起进行考察，避免了旧哲学将人抽象化，奠定了人的现实基础以及实现解放的现实路径，完成了哲学革命。

变革社会关系特别是社会制度以适应生产力的发展是马克思主义哲学关于

---

① 马克思恩格斯全集 第46卷（上）[M]．北京：人民出版社，1979：104．

人的解放的基本思想，这一思想对于西部人特别是农民的"解放"与发展具有重要意义。束缚西部地区农民的"解放"主要有两个因素：生产力的因素与生产关系的因素，生产力的因素在农村表现为农业机械化程度比较低，农民不能从农业中解放出来，制约了西部的城镇化和现代化进程。生产关系的制约主要是制度方面特别是户籍制度、土地制度、财政制度等城乡二元的制度体系束缚了西部地区农民的发展。对于生产力制约的破除，必须大力提高科学种田的力度，实施集约化、机械化，推动农业现代化，把大量农业劳动力解放出来，为城镇化提供充足的劳动力。对于生产关系的制约，则需要进行制度创新与变革，特别是关键领域的制度创新，带动生产关系变革，以适应生产力发展的需要。

二、户籍制度改革的争论与困境

中国的户籍制度是城乡二元结构的显著标志，始于 20 世纪 50 年代末，将城乡居民划分为农业人口和非农业人口，对两种户籍人口实行不同的制度和政策，由此形成城乡居民之间在公共资源、社会福利、权利等诸多方面的不平等，造成城乡居民在经济发展、社会权利、身份认同以及社会心理等方面的二元分离与对立。党和政府高度重视户籍制度改革，1992 年成立了户籍制度改革文件起草小组，1993 年 6 月制订出户籍制度改革总体方案。国家在广东、广西、重庆、河北、山东等 12 个省（市、区）进行试点改革，二十多年的户籍制度改革取得了一定成效。但是，从总体上来看并未能在制度上真正取得突破。这是由于户籍制度改革不是一般的制度创新，而是牵涉到城乡关系错综复杂的土地制度、社会管理体制、社会保障制度等一系列制度变革，它是涉及面最广、涉及体制改革层次最深、涉及利益人群最多的制度，牵一发而动全身。无论是政府决策层还是学界，对于户籍制度改革的必要性与迫切性已经基本达成共识，但是，对于户籍制度改什么，如何改，学术界却出现了分歧，成为目前中国争论最大、认识最不统一、进展最为缓慢的一项改革。

（一）对于户籍制度"改什么"的争论

户籍制度改革由于牵涉范围广、涉及人群多，改革难度主要体现在"改什么"和"怎么改"。对于"改什么"，目前学术界有三种观点：

1. 取消户籍制度，实现劳动力的自由流动，消除因为户籍导致的城乡二元社会结构的体制性障碍

学界肯定了现行户籍制度在特定历史条件下的必要性及其贡献，揭示了现

行户籍制度的弊端，主张取消户籍制度。蔡昉、王美艳（2001）认为现行户籍制度限制了劳动力人口的自由流动，使绝大多数农村劳动力和他们的家属不能得到城市永久居住的法律认可。也有学者认为，我国户籍制度限制了劳动力的自由流动，导致工业化发展缺乏劳动力持续的供应，从而影响工业化的进程，并使城市化与二元结构的转变滞后于工业化（陈学法，2009）。还有学者从制度公正角度批判现行户籍制度，认为户籍制度中的户口、籍地、迁移限制和附加费等核心要素与正义原则存在着距离，户籍制度导致了城乡居民的不公平性（陆益龙，2004）。杨礼琼（2009）、陈端红（2005）认为二元户口管理制度使户籍成为影响公民的社会保障待遇和福利的主要因素，户口性质不同，则所享受的待遇就不同，这种不同的待遇就是户籍所包含的歧视，影响城乡公民的公平。丁玮、王卓（2010）从公民身份和享受权利平等中揭示户籍制度对农业户籍与非农业户籍的社会经济权利的保护以及公民文化教育权利等方面的不平等。也有学者从户籍制度与城乡二元结构的关系出发，主张取消户籍制度。景天魁（2006）认为，我国城乡关系的复杂性是由于长时段的因素所产生的，这些因素逐渐导致了中时段的一些结构性矛盾，50年代推行的城乡户籍制度正是中时段的一些体制因素，这些体制因素导致了城乡二元结构的矛盾。赵振军（2007）认为，户籍制度是一种重要的体制性障碍，农村的土地制度是这种二元结构矛盾的根源，户籍制度改革必须以土地制度为基础，否则这种制度性障碍将继续制造社会分化，恶化城乡关系，导致城乡二元结构矛盾的突出。也有学者反对取消户籍制度，杨风禄、俞德鹏（2002）认为，马上取消户籍制度会对社会稳定和社会治理带来严峻压力，导致"城市病"产生。这种观点遭到批驳，反对者认为，取消现行户籍制度不会加剧"城市病"，应该取消户籍制度。

2. 剥离户籍粘附的隐形福利功能，还原其人口登记的基本功能

专家学者普遍认为，功能的异化是城乡二元户籍制度弊病的根源。因此，户籍制度改革就是要剥离户籍制度粘附的经济权利与福利分配功能，回归其登记、人口信息等本来面目。温铁军（2010）、蔡昉（2001）等认为户籍制度本身并不复杂，但附加在户籍制度相关的经济政策以及由此导致的社会利益分配模式是复杂的。景天魁（2006）认为，我国长期的二元户籍结构已经造成了城乡之间的不同的既得利益者。郝加华（2008）认为，我国户籍制度改革的路径是对现行户籍制度进行功能重整，剥离其利益分配功能，取消因为户籍对人口流动的限制功能及加强户籍作为行政管理手段的服务功能。赵航飞（2009）认为，

我国户籍制度改革的关键是要解决城乡户籍制度涉及基本公共产品与社会福利的均等化问题。黄明（2013）认为，户籍管理制度改革的核心问题在于许多公共服务和社会福利政策与户籍挂钩，而且形成的时间久，涉及的领域多，协调的难度大，需要配套改革、协力攻坚。

3. "有条件放开论"：降低落户门槛，设置准入条件

目前，政府决策层和学界已经基本达成共识，普遍认为城市应当向流动人口特别是农民工开放，中小城镇应该无条件向农民工与流动人口开放，但是对于大城市特别是省会城市、中心城市如何开放，认识上并不一致。多数学者认为，考虑到城市经济发展水平和吸收不同素质劳动力的就业潜在能力，鉴于目前大城市的就业压力，一些城市应设置高低范围不同的"阈值"，适度开放"城门"，实现规范有序和适度的人口转移。李静（2002）认为，户籍制度改革应坚持循序渐进的原则，通过设置城市落户门槛来规避人口短时间内大量涌入城市。王海光（2005）认为，设置门槛的目的主要是保护城市，降低人口流动的风险。蔡昉（2005）、李慧娟（2009）、马瑞（2010）认为，全面放开户籍制度会导致城市化过度膨胀，超出城市的承受能力，因此，需要渐进性推进户籍制度改革。宁越敏（2010）认为，应稳妥有序地改革户籍管理制度，逐步分批、有条件地解决长期在城镇务工就业的流动人口进城定居问题，特别是允许携家眷长期在城镇务工就业的外来人口办理城镇落户手续。《国家新型城镇化规划（2014—2020)》已经明确提出，全面放开中小城镇，有序放开中等城市落户限制，逐步放宽大城市落户条件，合理限定特大城市落户条件。

（二）对于户籍制度"怎么改"的争论

户籍制度改革不是一般的改革创新，而是创造条件逐步让二元户籍制度退出历史舞台，以实现社会公平。因此，学界对于"怎么改"分歧较大，主要表现在三个方面：

1. 户籍制度改革是全国整体推进还是区域局部率先突破。一种观点认为，流动人口受到市场调节，在全国范围内自由流动，其中主要是跨省流动人口占很大比重，因此，户籍制度改革单靠某个省份或地区难以实现，必须立足顶层设计，全国一盘棋，从国家层面整体推进。王太元（2005）认为，要解决户籍问题，就要统一考虑，全国一盘棋，不能分部门、分地区、分单位解决。杨礼琼、张康林（2009）认为，户籍制度改革的短期目标是为改革做必要的准备和配套，长期目标是取消农业户口与非农业户口的区别，实行统一的户口登记制

度，建立全国统一的、可流动性的户籍制度。这种观点引起了一些学者反对，反对者认为，户籍制度改革牵一发而动全身，涉及面广，要特别慎重，应当同早期经济体制改革一样，在某个地区或省市进行试点，逐步推进改革。孙中民（2007）认为，鉴于户籍制度复杂性，应当允许实行不同的改革模式。蔡昉2002年就已提出，户籍制度改革要遵循从小城镇、中等规模城市，到大城市乃至北京、上海等这些一线城市，从而实现城乡户籍制度一元化改革。

2. 户籍制度改革是逐步取消还是完全取消。一种观点认为，现行户籍制度是制约我国城乡二元结构的主要制度因素，随着城镇化、现代化发展，现行户籍制度越来越不适应生产力的解放与发展，作为计划经济时代产物的二元户籍制度，应该完全取消。傅鸣（2003）认为，取消二元户籍制度是消灭城乡差别的重要前提，农村和城市相比，农村被土地和户籍束缚着，命运永远没有城市人好，但付出的却比城市人多得多，而这种差别更多的是由一纸户籍决定的。陆益龙（2008）认为，现行的二元户籍制度除了生成社会差别外，对人口流动已经起不到调控作用，任何人都可以不迁户口而流动，因此，应该完全取消二元户籍制度。针对取消二元户籍会造成过度城镇化的担忧，岳立、张钦智（2009）认为，户口一元化不会导致过多的人口涌向城市，也不会造成新的城市贫困问题，从世界各国的城市化经验来看，在自由迁徙的前提下，城市无限扩张的情况并没有发生。反对者认为，户籍制度改革不可冒进，应该采取逐步取消的方式。冯华（2001）认为，户籍制度改革若坚持突击与冒进，可能会破坏农村和城市的原有经济秩序，引起经济大局波动和社会动荡，从而引发出一系列社会问题。周孝正（2005）认为，户籍制度改革的关键在于配套改革，假如相关配套的政策、设施、保障不完善，一刀切的方式必然损害农民权益，不利于改革的深入推进。

3. 土地换社保、宅基地换住房的争论。城乡户籍制度改革最大难处是城乡利益的调整，学界争论比较激烈的是"土地换社保、宅基地换住房"问题。陈学法、崔晓黎（2009）认为，城乡户籍的最大差别在于其附加利益的不同，城市居民享受教育、就业、住房等社会保障，而农村居民拥有承包地、宅基地等基本保障，以土地换社保、宅基地换住房的方式，既可以满足城镇化建设对土地需求，又可以解决进城农民的社保、住房问题。所以，要想根本解决农民的社会保障问题，关键推动农村的土地制度改革，即如何把农民的土地保障转化为社会保障。反对者认为，社会保障既是政府对公民应尽的义务，也是公民应该享受的基本权利，不能拿"资产"去交换（邹啸鸣、秋风，2010）。谢扬（2010）认为，土地不等同于社保，社保属于公共产品，不管是城市居民还是农民，公共产品理应由国家提供，如果用社保来换土地，就相当于用社保来剥夺农民的财产权利。陈锡文（2010）认为，若采用通过腾出的农民宅基地换取同等面积的城市建设用地指标的方式，维护的是城市利益，尽管增加了城市土地财政收入，但是，会引发一定的社会风险，"盲目的"城市化运动得不到有效遏制的话，"是要出大事的"。

（三）户籍制度改革存在的问题

户籍制度的新问题新情况。为促进统筹城乡发展，全国各地启动的户籍制度改革已经进行了很长时间，但总体来看效果并不十分理想，统一的居民户口仍然不能完全解决城乡居民在教育、住房、社会保障等方面享受的不公正问题，其主要原因在于配套制度改革的落后、利益固化的樊篱、政府财政压力的加大、城乡收入差距的扩大等原因。还有学者提出户籍制度改革至少需要三个方面制度的联动："1. 户籍制度与基本公共服务制度的联动改革，目标是尽快剥离户籍制度的福利分配功能；2. 户籍制度与农村土地制度的联动改革，重点是保障农民在保留农村各项财产权利的前提下进城落户；3. 户籍制度与等级化的城镇化管理体制的联动改革，目标是实现公共资源配置的均等化。"[1] 总之，当前的户籍制度改革出现了一些新问题，需要引起高度重视并加以解决。

一是户籍制度改革的配套制度滞后。全国各地自 2009 年以来，加大了户籍制度改革的力度，但效果并不理想，其主要原因在于户籍制度改革牵涉诸多方面，需要相应的配套制度改革同步推进。但是，从西部实践来看，城乡二元的劳动就业、土地房产、教育、卫生医疗、养老保险、财政税收等制度并没有得到根本改革，缺乏户籍制度与相关制度的联动互动，户籍制度改革就难以达到预期效果，推动相关配套改革，是深化户籍制度改革的关键。有学者认为，目前户籍制度改革存在着三大缺陷与误区："无法割舍的'户口情结'；将'保障'错当为'福利'；错判形势的'门槛'思维"。[2]

二是户籍制度改革中的土地城镇化还是人口城镇化？目前，我国的城镇化

① 夏锋. "以人为核心"推进户籍制度公平化改革 [N]. 上海证卷报，2013 - 12 - 18.
② 张林山. 户籍制度改革：争议、误区与下一步改革方向 [J]. 中国经贸导刊，2012
（6）：17 ~ 19.

主要依靠土地城镇化，一些城市"摊大饼"式扩张，新城新区、大广场、宽马路、工业新区占地面积大，人口密度低，地方政府过度依赖土地财政，加剧用地粗放低效，威胁国家粮食安全。近年来，城镇建设用地增长速度远远高于城镇人口增长速度，截至2013年末，我国常住人口城镇化率达到53.73%，户籍人口城镇化率只有35.3%，这既说明有大量经常住在城镇的农业转移人口还不是城镇户口，也说明我国的城镇化是土地城区面积的城镇化。经过三十多年的城镇化建设，我国的城镇面积已扩大4倍，但城镇人口只增加了1.6倍，这也证明，我国的城镇化在一定程度上只是城市数量增加的行政建制城镇化，是城市占地面积不断扩大的土地城镇化，而没有做到人口的城镇化，户籍背后所包含的福利在地域与城乡间悬殊极大。

三是农业流动人口不愿意放弃农业户口，甚至早期转户人口希望"转回农业户口"的现象。课题组的调查表明：大部分农民工一方面希望留在城市就业工作生活，另一方面又不愿意放弃农业户口。同时，早期转户人口在住房、医疗、就业等方面丧失了原先享有的各种福利，而农民则在土地使用、宅基地审批、计划生育政策等方面享有优于非农户口的利益，特别是涉及征地或拆迁的农民可以获得丰厚的收益，一些原来已经转成非农户口的居民希望再转回农业户口。

四是流动人口管理存在"真空"。由于城市入户门槛过高，农民工处境尴尬，成为"农村管不到，城市管不着"的非农非工境地。计划生育工作、就业、社保等情况，原户籍所在地和现居住地无法完全掌握，甚至人口的死亡和非正常消失也难以统计，出现户籍管理的"漏洞"，甚至部分人有籍无户，难以管理。

五是农业和农村发展后继无人。中国社会转型一个悖论现象是：农民工不愿意放弃农业户口，又不愿意待在农村种田，农村主要劳动力老龄化。笔者的调查表明，在西部地区的农民工中，愿意回农村定居的不到10%。其中，超过9成的新生代农民工不愿意回到农村。农村劳动力的主体是50—65岁之间的老年人，"空心村"、"留守儿童"、"孤寡老人"问题在农村越来越突出，"谁来种地"成为户籍制度改革和城镇化所面临的严峻挑战。

三、创新人口管理，建立新型户籍制度

户籍制度改革是一次城乡之间利益格局的深刻调整，表面上是保障流动人

口特别是农民工的迁徙自由，赋予农民与城镇居民相等的权利，实质上是提供农民自由全面发展的机会与可能，保障他们自由发展的权利与能力。因此，户籍制度改革应注重处理好三个方面的问题，即如何破除现有利益格局又不造成新的群体冲突与对立，如何破除户籍的经济功能和社会福利分配功能而回归人口登记功能，以及如何配套推进教育、医疗和社会保障等均等化等公共服务又不给地方财政造成沉重负担。这三个方面的实质是打破城乡由于户籍制度带来的不平等权利与待遇，破除利益固化的樊篱，通过改革释放和激发社会活力，为全面深化改革，实现人的自由平等与全面发展提供制度性保障。

中国现行的户籍制度主要由户口登记、户口迁移和居民身份证三项制度构成，这种城乡二元结构的户籍管理制度的弊端随着全面深化改革的深入，对经济社会发展转型的制约性越来越明显，已经成为束缚城乡协调发展的体制性障碍，这种制度已经走到了必须要改、不得不改的地步。党和政府高度重视户籍制度改革，把户籍制度改革同"三农"问题的解决联系起来，提高到事关全面建成小康社会、实现"两个百年"奋斗目标成败的高度，去重视和推进户籍制度改革。《国家新型城镇化规划（2014—2020年)》与《国务院关于进一步推进户籍制度改革的意见》的出台颁布，标志我国户籍制度改革进入整体实施、全面推进、综合配套改革协同推进的新阶段，这对于从制度上破除城乡二元结构和统筹城乡发展具有重要意义。西部地区的户籍制改革要在国家相关政策的指导下，立足区域发展实际，把户籍制度改革同创新人口管理相结合，因地制宜，逐步取消传统人口管理体制，建立"以人为核心"新型人口管理制度。

1. 要改革现行户籍管理制度，逐步剥离户籍的分配功能与经济功能，回归户籍登记本质

二元户籍制度是特定历史条件下的产物，粘附在户籍上的分配功能与经济功能具有一定的时代性与积极性，是一定时期生产力发展不平衡的产物，其消灭具有客观规律性。我们可以从政策上、制度上建立城乡一体的户籍制度，但是，没有一定生产力的发展，没有一定的经济基础，很难实现真正意义上的城乡发展的一体化和基本公共服务的均等化。对于西部来说，要在不断解放发展生产力的基础上，推动美丽乡村建设，改善民生，是破解城乡二元经济社会结构的根本。因此，要构建城乡一体化的劳动就业机制、基本公共服务机制和社会保障机制，缩小城乡发展差距，不断提高农业、农民、农村的现代化水平。以户籍制度改革为契机，逐步剥离户籍制度的分配与经济功能，复归户籍登记

的本质功能，抢占人才，储备人才，把各方面创新型人才留在西部，以人才推动创新，以创新驱动发展，以发展缩小差距，是西部地区户籍制度改革联动的必由之路。2015年9月2日，重庆市人民政府公布了《重庆市人民政府关于进一步推进户籍制度改革的实施意见》，对于推动重庆户籍制度改革做了详细规定，这对于西部地区的户籍制度改革具有重要借鉴意义。

西部地区户籍制度改革要坚持以人为本，推动人口有序流动和产业优化布局，完善研究适合本区域实际的落户政策。首先，分类实施，调整大城市和中小城市的关系。对于重庆、西安、成都等直辖市、省会城市，要适度控制人口规模，积极探索积分落户政策，有序放开中等城市落户条件，完全放开小城镇落户限制。其次，要大力实施高山生态移民。西部地区农村人口居住相对分散，特别是零星分散的高山居民，不仅加大基本公共资源和服务的成本，也不利于脱贫致富和生态保护，因此，要加大高山生态移民的力度，实施人口有序的梯度转移。最后，要按照《全国主体功能区规划》的要求，大力推进产业布局和人口流动的匹配。推动成渝城市群、黔中地区、滇中地区、藏中南地区、关中—天水地区、兰州—西宁地区、宁夏沿黄经济区、天山北坡地区的产业发展和人口聚集，发挥经济区、城市群的辐射带动作用。有序引导一部分人口向城市转移，一部分人口向区域内的县城和中心镇转移。生态移民点应尽量集中布局到县城和中心镇，避免新建孤立的村落式移民社区。要有序推进外来人口扎根西部的落户工作，鼓励具有专业技术职称、取得国家职业资格、具有国民教育大学本科及以上学历的人员扎根西部，服务西部。构建规范有序、公正透明的落户通道，并针对不同类型人群科学制定积分分值和落户标准，保障稳定就业和稳定居住的人员落户。

2. 建立城乡统一的户口登记制度

对于西部大多数地区来说，取消城乡二元户籍制度正当其时。西部地区大多是经济社会发展相对落后地区，自然环境条件恶劣，民族情况复杂，部分边疆地区，吸引人才留住人才的能力不强。因此，西部地区除了少数城市如西安、成都、重庆主城等少数省会城市、中心城市和大城市可以考虑落户门槛外，其余中小城市完全可以取消城市的落户限制，建立以居住地登记户口为主要形式的城乡一体化户口登记制度。这是因为，西部大多数城市的竞争力不强，影响力与吸引力有限，即使完全放开城市户口，也不一定会出现东部的"城市病"。因为，西部本身外来人口特别是农民工相对较少，主要集中在省会城市和旅游城市，即使城市不设门槛，很多地方也难以吸引到人才落户。课题组的调查表明，在西部民族聚集地，由于受到生活习惯和文化习俗影响，即使全部放开城市户籍，很多民族地区的农业人口落户城市的积极性也不高，除非整个民族实施搬迁。有人担心完全放开城镇户口会出现大量农业人口涌入城市，从而导致诸多城市公共资源短缺与紧张，甚至影响城市稳定。从市场对资源配置起决定作用来看，这种担心是完全没有必要的，城市生存成本高于农村，如果没有稳定收入来源和固定的住所，即使进了城，也稳不住，能够在城市稳得住的，必定有自己的生存之道，每个迁徙人员都会根据自己的实际情况进行评估。决定人员流动与迁徙的因素绝不是单一的户口政策，与其担心放开城镇户口会导致大量农民涌入城市，不如加大美丽乡村建设，改善农村生产、生活、居住条件，取消身份差别。总之，西部城镇户口含金量相对较低，区分农业户口和城镇户口意义不大，除少部分省会城市、大城市外，西部地区完全可以无条件放开城镇户口，建立以居住地作为登记落户的城乡统一的户口登记制度。

首先，取消农业户口与非农业户口性质区分，统一登记为居民户口。逐步取消依附在户籍上的福利标准和经济功能，完善教育、就业、医疗卫生、社会保障、住房等政策，逐步建立城乡统一的社会保障和公共服务制度体系。其次，西部地区有条件的地方可率先探索实行居住证制度。居住证制度是最终建立城乡统一的户籍制度的一项过渡性制度，坚持公开、公正、科学合理原则推进居住证制度，居住证持有者享有与本地户籍同等的教育、医疗卫生、基本公共服务等权利，通过一定年限的居住和参加社会保险等为条件，最终享有本地户籍同等的就业扶持、住房保障、养老服务、社会福利、社会救助等权利，对于符合条件的居住证持有人，可在居住地申请落户，同时享有对等的权利和履行义务。最后，健全创新人口信息管理制度，提高服务水平与质量。当前，流动人口在时间与空间上，跨度与范围日益扩大，跨省流动频率日益频繁。然而，现行户籍在信息反映和人口管理方面滞后，出现了假身份证、双重身份、双重户口、黑户等诸多问题，甚至包括一些游离于管理之外的人。因此，要进一步加强和完善人口统计、普查制度，准确反映流动人口规模、结构和变化情况。加快建设以省（市、区）为单位的自然人信息数据库，建立和完善流动人口动态监测机制以及人口信息共享机制，以便全面了解流动人口的就业、生存和发展状况，为政府制定或完善相关决策提供数据支持，实现流动人口服务管理的信息化。

3. 建立人口与产业匹配的评价指标体系和相应的分类考核评价机制

户籍制度的改革是和城镇化进程紧密联系在一起的，城镇化的核心是人口就业结构、经济产业结构的转化过程和城乡空间社会结构的变迁过程。城镇化的过程也是人口与资源要素与产业的聚集过程，产业的转型升级不是静态的，而是动态的过程。人口与产业是否匹配，不仅决定着城镇化的速度，也是户籍制度改革成败的关键。原因很简单，户籍制度改革不是简单的转户，而是牵涉就业、产业布局、基本公共服务、社会保障等相关配套制度的改革。其中一个重要方面是人口流动与产业布局是否匹配，这一匹配决定了人口有序流动的方向，也决定了城市的功能结构、用地布局、交通导向、基础设施、公共服务设施配套、房地产功能复合化开发、景观格局等战略。因此，必须确立一套科学合理、导向明确的评价机制体系，这是检验和评估人口与产业实施进度、效果的参照物，同时也是自觉矫正人口流动与产业布局发展过程中出现的偏差与失误的需要，通过数据反馈，及时修正，检验人口流动是否有序和产业布局是否达到最优。人口与产业相匹配的评价指标体系与分类考核评价机制既有联系，又有差别，前者主要是针对人口与产业关联度、匹配度的评价，这个指标体系，应该是科学、客观、量化的，适用于西部地区的每个区域。人口有序流动与产业优化布局的分类考核评价机制是对区域的人口与产业分布状况、产生的效益进行评价，受制于经济发展水平、区域环境等多种因素影响，要因地制宜，分类实施。制定科学合理的人口与产业评价指标体系和分类考核评价机制指标体系是一项艰巨任务，不能简单地用国民经济指标体系去衡量人口分布与产业发展程度，应该根据人口流动与产业发展规律制定新的标准，以便更好地推动户籍制度改革。

4. 加快构建城乡一体化的基本公共服务体制

推动建立城乡一体化的基本公共服务体制，是最终解决户籍制度改革的根本。城乡二元的户籍制度，与城乡二元经济社会结构一样，是城乡发展不均衡的产物。根据市场规律，大城市预期收益以及发展机会要高于农村和中小城市，人才向大城市聚集是市场规律的体现。因此，解决城镇化和户籍问题，其根本不在于限制大城市规模，也不在于限制和提高大城市的入户门槛，从长远看，要大力发展中小城镇和农村的基础设施、基本公共服务与社会保障。只有当中小城镇和农村在基本公共服务与发展机会方面同大城市等值化、均等化时，才能实现真正意义上的城乡融合，那时，户籍制度的问题也就不复存在。在此之前相当长的一段时间内，城乡的这种二元结构与对立不但不会减少，相反还会加剧，这是市场规律所决定，不以户籍制度改革为转移。我们所要做的，就是缩短这一时间、过程，顺应发展需要，实现发展均衡。大力推进西部美丽乡村建设，不断提高农村以及中小城市的基本公共服务水平与质量，推动各种资源要素平等交换和自由流通，提供城乡居民平等的发展权利与机会，是西部户籍制度配套改革与城镇化的关键和根本。第一步，先实现城乡基本公共服务制度对接，取消二元制，把实现城镇基本公共服务常住人口全覆盖作为硬性目标，重点推进农民工就业、养老、医疗和社会保险方面的制度衔接；第二步，逐步实现区域间、群体间、阶层间的基本公共服务的制度对接，并不断提高其水平，最终实现城乡之间、区域之间的基本公共服务均等化。完善的基础设施建设，便捷的交通服务，完备的社会保障体系，是人口流动有序和产业布局优化的根本保障，但是，基本公共服务投入大、周期长单靠政府财政投入，难以满足需要。因此，可以大力推广PPP投融资模式，利益共享，风险共担，推动建立基本公共服务供给的社会参与机制。

5. 完善权益保障机制

户籍制度改革是城乡之间利益格局的重新调整，牵涉面大，涉及部门多，完善权益保障机制，保障相关人员的权利，是户籍制度改革的重要内容。首先，推动完善农村产权制度，依法保障农民权益。党的十八届三中全会对于推动农村产权改革进行了部署，要因地制宜，在坚持原则前提下，推动农村产权制度改革，加快新型农业经营主体培育，有序转移农村富余劳动力，依法保障农民的土地承包经营权、宅基地使用权。加快推动建立农村产权交易市场，引导农民有序流转土地经营权，在坚持依法、自愿、有偿原则的前提下，探索农民退出土地承包经营权、宅基地使用权、集体收益分配权的改革试点，依法保障农民权益，解决退耕农户的后顾之忧。再次，探索建立人口与财政转移相匹配的财政机制。户籍制度改革不能仅仅理解为转户进城，有条件的地方要就地转户，要从财政上引导人口合理分布，将承接人口增减同财政转移支付联系起来，注重引导资金、要素、产业向农村和中小城镇倾斜布局，探索建设用地与吸纳转移人口和产业的挂钩制度，积极鼓励农村和中小城镇发展，实现转户人员省内和就地就业。户籍制度改革关键在于配套服务要跟得上，逐步建立城乡统一的就业、教育、医疗、住房、社会保障、基本公共服务制度，实现城乡居民平等、公正的权利和义务。

第七章

生产力的解放：西部农村土地制度改革

生产关系一定要适应生产力发展是人类社会发展的一般规律，生产力与生产关系、经济基础与上层建筑这一基本矛盾是人类社会发展的基本动力，生产力和生产关系矛盾的形成和发展是由生产力的发展状况决定的，生产力是人类社会发展的最终决定力量，是人类全部历史的基础。生产关系反作用于生产力，这种反作用是有限的，归根结底依赖于生产力的状况。土地制度作为一种经济制度，属于生产关系的范畴，是在一定社会经济条件下，人们围绕土地的归属和利用问题而产生的所有土地关系的总和，包括土地管理、所有权归属、用途、税收、保护、规划、征用等一切和土地问题有关的制度。土地制度是反映一定社会形态下人与人、人与地之间的经济关系和法权关系。从历史的长河来看，中华民族五千年的文明史实质就是一部农耕文明的发展史，也是一部土地制度变迁的思想史。土地制度是整个社会的经济基础，具有根本性、基础性和全局性的影响作用，土地制度的变迁往往会引发社会的政治、经济、文化乃至于整个社会结构的深刻变革，成为社会转型与革命的先导，推动社会的发展与进步。

一、土地制度变迁：生产力的解放与社会转型

土地资源作为基本的劳动资料和生产资料，是人类生存发展的根基，为人类的生产生活提供客观的物质条件，土地的分布、状态、质量等决定着人们的生活质量和人口的分布空间。在人类谋求改造自然的过程中，围绕生产关系和土地关系结成的人与人之间的社会关系中，土地关系处于核心地位，这是由于土地的所有制性质所决定的。土地的所有制性质决定了社会的基本生产关系，即社会再生产过程中人与人之间的分配关系及其他关系。随着科技和信息的深入发展，人类改造世界的能力逐步增强，但这丝毫没有影响土地资源的重要性，

对于土地的争夺，就是对于生存空间与发展权利的争夺。中国长期的农耕文明，蕴含着丰富的土地经济思想，凝结成浓郁的土地文化，成为影响社会变革与制度变迁的最重要影响因素。

（一）中国古代社会的土地经济思想及其制度变迁

中华民族是世界上古老文明民族，有着源远流长的重农传统，土地所有制是中国古代社会的经济基础，是封建社会统治的根本，对于国家经济发展与政治稳定具有重要作用。《管子》认为，"地者，万物之本源"。在古代社会，土地所有权一般与国家主权相联系，对土地所有权的控制，就是对国家政权和政治的控制。商朝的井田制是中国古代社会较早出现的土地制度，成为商、周土地管理的基本方式。周朝的土地制度实行土地国有制，公元前594年，鲁国"初税亩"打破了奴隶社会的土地国有制，承认土地私有，最终确立了封建社会的土地关系和土地制度。耕地是封建社会税赋最主要的来源和物质基础，分为官田和民田两个部分，官田主要被皇帝以及皇亲国戚、达官显贵、封建地主占有，民田为自耕农所有，但产权不稳定，随时可以被易主。围绕土地关系，封建社会从下到上形成一个金字塔，皇帝作为最高统治者对所有土地包括皇亲国戚、豪族地主、富商等各级地主的土地拥有最终的所有权与处置权。土地所有制成为封建国家政权的根基，对于土地所有权的争夺成为阶级矛盾与斗争的重要根源。

中国古代社会土地兼并与反兼并的斗争引起的土地制度变革与朝代更迭。权力参与分配是中国古代土地所有制的一个显著特色，封建权贵利用权力强行兼并土地，导致大量自耕农流离失所，民生凋敝，生产关系遭到极大破坏，阶级矛盾尖锐，引发农民起义，对应的是朝代更迭的周而复始，成为历史周期律。北宋末年的"西城括田"、两宋时期的"公田法"、清代前期的"圈地令"等都是封建政权利用国家权力对土地与财富的公然掠夺。结果土地高度集中在以皇帝为首的官僚体系阶层，土地的兼并集中导致大量农民流离失所，衣不蔽体、食不果腹，如果再加上天灾人祸，往往成为诱发社会动荡和阶级统治危机的根源。封建地主阶级的开明人士看到了土地的兼并所诱发的政治危机和社会危机，主张通过土地制度改革来限制土地兼并，缓和阶级矛盾，从根本上维护封建地主阶级的统治。隋唐的均田制、宋朝的王安石变法、明朝的一条鞭法、清朝的摊丁入亩制度等土地制度改革，归根结底是为了遏制土地兼并，缓和当时紧张的阶级矛盾，维护封建统治和地主阶级的利益。在中国古代社会，土地买卖也会成为土地兼并的偶然方式，总体上呈现出的是权力对土地的公然掠夺，权力参与土地分配最本质地体现了中国古代土地所有制的王权主义本质。

（二）中国近代社会的土地政策及其实践

近代中国革命的重要问题之一是农民问题，农民问题的实质与核心是土地问题。新中国成立前，中国社会处于大变革前夕，不同阶级不同阶层面对半殖民地半封建社会的现实，纷纷提出不同的革命理论与土地政策，主要由资产阶级革命派孙中山提出"三民主义"革命纲领的土地经济理论和政策、国民党领导下的土地政策以及共产党领导下的新民主主义土地革命理论。由于对农民问题、土地问题的不同理解及实践，导致中国革命的不同结果。中国共产党领导下的新民主主义革命，实行了正确的土地革命路线，抓住和解决了中国革命的基本问题，取得了新民主主义革命的胜利。回顾革命时期国共不同的土地政策及其路线，对于我们解决和推进转型时期中国所面临的土地制度改革具有重要的启示意义。

孙中山领导下的资产阶级革命提出的土地经济理论。从中国近代史来看，孙中山先生是中国较早思考农村的土地问题并付诸社会实践的先驱。孙中山领导的中国资产阶级革命看到了中国社会贫富分化以及外国资本对中国经济命脉的操纵，孙中山试图通过"核定地价、涨价归公"理论来解决近代中国农村的土地问题。但这一思想并没有付诸实践，蒋介石领导下的南京政府背离了"三民主义"，1930年颁布的《土地法》，根本否认中国存在农民的土地问题，这为中国共产党提出和实践符合国情的土地政策提供了机会。

新民主主义革命时期中国共产党领导的土地革命理论及实践。在早期的革命实践活动中，中国共产党人逐渐意识到土地问题对于革命的极端重要性，"八七会议"确定了土地革命和武装反抗国民党的总方针。1927年4月，中共中央第五次全国代表大会通过的《土地问题决议案》提出了土地国有的政策主张；1931年江西革命根据地通过的《土地问题提纲》提出土地归农民私有，农民获得了土地的所有权和使用权，并形成了土地革命路线，获得了农民对新民主主义革命的支持；1947年10月颁布的《中国土地法大纲》，从法律上确保"耕者有其田"；1948年毛泽东《在晋绥干部会议上的讲话》中，明确提出了土地改革总路线，获得了最大多数中国人即农民的支持，为人民解放战争的胜利奠定了物质基础。中国共产党在新民主主义革命中对土地制度进行的探索与创新，几乎涵盖了农村土地关系的所有方面，特别是土地所有权与使用权问题的探索，对于推动今天的土地制度改革具有重要意义。

（三）新中国成立后的农村土地制度变革

从近代中国社会各阶级和阶层所提出的土地理论和施政纲领来看，作为农业大国，土地问题对于制度变迁和社会转型具有重要作用，在某种程度上决定人心向背。土地制度变革关系到农业生产力的解放与人的解放，耕者有其田的土地文化传统根深蒂固，耕地是农民的命根，是农民生存养老的基本依靠力量。新中国成立后，党在总结新民主主义革命时期经验的基础上，推进农村土地制度改革，继续探索新时期农村土地关系，前后经历了三个阶段：

第一阶段：新解放区的土地改革（1949—1953 年）。新中国成立后，为解决新解放区广大农民对土地需求，1950 年 6 月，中央人民政府通过了《中华人民共和国土地改革法（草案）》，土地改革全面展开。通过没收地主的土地分给贫苦农民，劳动者和劳动对象即土地相结合，极大地释放了农业生产力，调动了广大人民群众的劳动激情。到 1953 年春，中国大陆的土地改革基本完成（除了部分少数民族外），3 亿多少地或无地的贫苦农民获得了 7 亿多亩土地，实现了历史上几代人"耕者有其田"的夙愿。如果说新民主主义革命是解决了农民生存发展的外部环境的话，土地改革则进一步解放了生产力，增强了农民的自我发展能力，激发了农民的积极性，为巩固新政权和抗美援朝战争的胜利奠定了基础。

第二阶段：土地制度改革的创新与挫折发展：从互助组到人民公社的农村土地产权制度变革（1953—1978 年）。为了迅速恢复国民经济，打破外部封锁，从 1953 年起，中国开始了一场从上到下由政府引导的农村合作化运动，逐步建立了土地的公有制，这一过程的演变经历了四个时期：农业生产互助组、初级农业生产合作社、高级农业生产合作社和人民公社时期。这四个时期党和政府对于农村土地制度改革的探索，既有创新和成功的经验，也有失败的教训。人民公社试图通过生产者和生产资料的集中，由集体统一安排生产劳动、统一分配，直接实现向社会主义和共产主义的过渡。但是，由于小农经济的现实，主观的美好意愿忽视了客观的发展规律，不顾实际的"穷过渡"不仅违背了生产关系与生产力相适应的规律，也严重挫伤了农民的生产积极性。

第三阶段：家庭联产承包责任制的完善与发展（1978 至今）。在实现党和国家中心转移的"拨乱反正"之后，党和政府停止了"以阶级斗争为纲"，取消了人民公社，建立以家庭联产承包为主、统分结合的新型集体所有制，解放了农业生产力，拉开了中国改革开放的序幕。改革开放以来，家庭联产承包责任制随着农村经济社会结构的新变化以及市场经济的深化而不断发展完善，又可以细分为四个时期：第一个时期（1978—1986），稳定巩固家庭联产承包责任制，释放农村发展活力。家庭联产承包责任制建立后，党和政府以此为契机对农村改革与发展进行部署，1982 年至 1986 年连续五年的"中央一号文件"，从制度政策上稳定和巩固家庭联产承包责任制，推动农村的全面改革。第二个时期（1987—2002），确立新型农村土地制度。随着社会主义市场经济体制的确立和发展，我国农村农业出现了新的变化和新的特点，主要表现为土地流转和流动人口的增多，对土地制度的改革完善势在必行。党和政府一方面从制度上稳定土地承包长期不变，另一方面，又积极探索新时期的土地承包经营权的流转。第三个时期（2003—2012），统筹城乡发展，推动社会主义新农村建设。进入 21 世纪以来，市场经济体制的作用与机制的决定性作用得到了充分发挥，加速了以农民工为主体的人口流动，但是，城乡发展的差距越来越成为影响和制约经济社会健康发展的瓶颈，特别是面对土地流转、征地拆迁中暴露出来的问题，影响到了社会的和谐稳定。2004 年到 2014 年，中央每年（2010 年除外）都要发布"中央一号文件"，来指导解决"三农"问题，推动农村生产力解放，激发农村发展活力。第四个时期（2013 至今），全面深化农村和土地制度改革。党的十八大、十八届三中全会以及中央城镇化工作会议，全面部署农村发展的各项事业，把农村的土地制度改革作为重中之重，对承包地、宅基地和集体建设用地的流转入市、担保权能进行制度改革与创新。农村发展迎来了新的机遇，进入全面改革与全面发展的新阶段，必将进一步释放农村经济发展活力，是一次解放和发展农村生产力的新革命。

二、机遇与选择：西部地区的土地制度改革

土地制度作为一项基础制度，关系到社会稳定与科学发展。推动土地制度改革，是完善家庭联产承包责任的必然要求，是进一步解放生产力、释放农村发展活力的需要，事关发展方式转变与社会稳定。西部地区自然条件丰富多彩，地形地貌的区域性、地域性特点明显，"三农"问题突出，土地制度改革情况复杂。因此，必须立足西部的实际，积极稳妥推进西部地区的土地制度改革。

（一）土地制度改革的必要性与紧迫性

西部地区的土地制度改革，必须在国家整体部署条件下灵活推进。我国现

行的土地制度，是一定历史条件下生产力发展的必然结果，既有客观因素，也有特殊的主观因素。随着经济社会发展，城镇化、现代化、信息化推进，特别是转型时期中国发展方式的转变，迫切要求改革现有土地制度，释放土地生产力，增强发展的动力，推动发展转型升级，全面解决"三农"问题，实现区域、城乡之间的包容性发展。

生产力发展与发展方式转变迫切要求推进土地制度改革创新。随着改革开放 30 多年的深入推进，我国经济增速保持高速增长，生产力得到不断解放与发展。但是，随着劳动力成本上升、资源短缺、环境污染等问题出现，传统的发展观与发展方式难以维持，特别是城市发展对土地财政依赖的弊端日益凸显，转变发展方式成为时代的必然要求，而对土地制度的改革也迫在眉睫。土地财政导致城市房价居高不下，社会风险不断加大，群体性事件不断增多，"群体性上访事件 60% 与土地有关，土地纠纷上访占社会上访总量的 40%，其中征地补偿纠纷占到土地纠纷的 84.7%，每年因征地拆迁引发的纠纷达 400 万件左右。"[1] 农民承包地由于规模小，难以实现科学化、规模化、机械化经营导致农业效率不高，种地解决温饱有余、致富能力不足，农民种地积极性不高，甚至某些地方出现耕地荒芜现象，农业发展面临巨大挑战。因此，推动土地制度改革，是生产力发展与发展方式转变的迫切要求。

推动土地制度改革是促进城镇化发展，统筹解决"三农问题"的必然要求。城镇化是工业化和现代化的必然结果，城镇化一方面要求大量农业人口转移出来，另一方面，城市不断扩大规模，拓展城市空间，就需要更多的城市建设用地指标，城市用地由于受到国家法律法规限制，出现了用地紧张，制约了城市发展。同时，农村用地浪费情况严重，农村很多地方是一男孩一处宅基地，由于外出务工，平时没人住，造成资源浪费。"三农问题"的关键与核心在于提高农民的收入，农户承包地和宅基地是农民的唯一资产，由于法律法规限制，不能用于抵押、贷款和流转抵押，不能成为农民致富的资本。因此，加快土地确权颁证，创新承包地与宅基地使用权的流转入市、扩大土地权能、维护农民利益，成为推动农村发展、解决"三农问题"的关键。

（二）西部土地制度改革的目标与原则

推动土地制度改革关系到发展方式转变和国家的长治久安，对于解决中国

---

① 群体上访 60% 与土地有关专家：现行土地制度不可持续［EB/OL］. http：//news. xinhuanet. com/local/2013 – 10/14/c_ 125532180. htm.

社会转型时期的问题，全面建成小康社会意义重大。但是，由于土地制度的基础性与敏感性，土地制度改革决不能急于求成、盲目求快，在重大问题上犯原则性错误。国土资源部部长姜大明2014年1月在召开的全国国土资源工作会议上明确指出："土地管理制度是一项基础制度，改革要遵循问题导向，坚持原则，严守底线，积极稳妥审慎进行，在重大问题上不能出现颠覆性错误。"姜大明部长提出，当前土地制度改革的重点是扩大土地权能、完善征地制度、维护好广大农民群众的权益。土地制度改革的根本目标是为经济社会转型、解决"三农问题"和城镇化的持续发展提供制度保障，维护发展群众权益，增强农民的平等自由的发展能力。

土地制度改革的基本方向：一是扩大土地权能，稳定农村土地承包关系长期不变；二是改革完善农村宅基地管理制度，积极探索和推动宅基地和承包地使用权与经营权的流转抵押；三是盘活农村集体经营性用地流转入市，建立科学合理的增值分配制度；四是改革完善征地制度，建立兼顾国家、集体、个人三方的土地增值收益分配机制；五是建立城乡统一建设用地制度，推动城乡土地平等入市与公平交易，最终建立以权属管理和用途管制为核心的现代土地管理体制。

土地制度改革的基本原则。土地制度改革作为重要的经济制度，必须谨慎推进，坚守底线、坚持原则是土地制度改革顺利推进的重要保障。2014年1月22日上午，中央农村工作领导小组副组长陈锡文在国务院新闻办发布会明确提出土地制度改革必须坚守的底线，即"四个不能"：土地制度改革"怎么改"都不能把农村集体经济组织给改垮了，不能把耕地给改少了，不能把粮食给改滑坡了，不能把农民的利益损害了。陈锡文提出的"四个不能"，应该说是符合目前土地制度改革的实际，杜绝和避免一些地方借土地改革的名义，去圈占土地，损害农民利益。"四个不能"是西部地区推动土地制度改革的根本底线，是必须坚持的基本原则，必须明确土地制度改革"改什么"和"不能改什么"的问题，在坚持原则的基础上，积极推动土地制度改革。

（三）西部土地制度改革的探析

土地制度是农村最基本的制度，土地制度改革是农村改革的核心内容。笔者通过调研，依据党的十八大和十八届三中全会的有关精神，在坚持土地制度改革的基本原则与底线的基础上，立足西部地区实际，梳理归纳影响和制约西部地区城乡经济社会发展特别是农村发展的主要制约因素，对西部地区土地制度改革在六个方面进行探析。

1. 深化农村土地制度改革

调研表明，农村土地制度是制约西部农村发展的首要因素，是西部农民呼声最高、反映最强烈、最急需改革的一项制度。深化农村土地制度改革，要在坚持国家政策的基础上，积极推进。一是坚持农村集体所有权。坚持农村集体土地所有权，既是坚持走中国特色社会主义道路的应有之义，也是稳定农村土地制度改革的最基本保障。长期实践表明，农村集体土地所有制维护了农村土地占有和分配的基本公平，保障了长期的政治稳定和社会和谐，成为中国特色社会主义的重要制度特征。二是完善家庭联产承包经营责任制。以家庭承包经营为基础的联产承包责任制，是中国农民的一项伟大土地制度创新，成功实现土地所有权和承包经营权分离，不仅为农村经济发展注入了活力，也对整个国民经济的发展发挥了极其重要的推动和支撑作用。深化农村土地制度改革，要在坚持农村土地集体所有权的基础上，根据新时期新阶段新特征不断完善农村土地承包政策，巩固农村集体土地所有制，稳定农村土地承包关系。三是坚持完善耕地保护和土地用途管制的制度。坚守18亿亩耕地红线，严格限定土地用途，对于维护国家粮食安全、稳定社会和谐具有重要作用。四是扩大土地权能。西部地区要全面开展承包地和宅基地的确权颁证工作，积极推动农村土地使用权和经营权流转、抵押、入市，可以先行试点，完善相关法律制度以及配套设施服务。

2. 改革农村宅基地管理制度

土地和宅基地是农民的基本财产，所有权属于集体，无法流转、抵押、转让，也无法作为资本为农民提供财产性收入，在城市建设用地日渐短缺的同时，农村建设用地却利用粗放。受制于法律法规的制约，农民耕地、宅基地等住房财产权没有得到足够体现，既不能抵押贷款，也不能转让，更谈不上入市流转。改革农村宅基地制度，要与目前正在开展的农村集体建设用地和宅基地确权登记颁证紧紧结合起来，根据实际探索农民住房财产权抵押、担保、流转、转让，建立农村宅基地有偿退出机制，盘活农村闲置土地，增加农民的财产性收入。

3. 探索建立农村集体经营性建设用地产权流转和增值收益分配制度

盘活农村集体经营性建设用地，实现城乡同权、同价是土地制度改革的一个重点。党的十八届三中全会就农村集体经营性建设用地做出规定，允许农村集体经营性建设用地出让、租赁、入股，解决"同地不同价"的问题。这就为全面深化农村集体建设用地提供了依据，西部地区应当紧紧抓住这一机会，全面推进农村集体经营性建设用地改革，重点探索流转交易管理制度和增值收益分配机制。开展集体经营性建设用地出让、租赁、入股试点，可以先确权，以合法空间进入城市规划，建立统一、公开、公平的交易市场，形成合理的价格机制，改革税收体系，探索土地增值收益分配机制。

4. 完善征地制度改革

推进征地制度改革是土地制度改革的重要内容，也是广大农民群众最为期盼的制度改革之一。近年来，由于征地拆迁引发的群体性事件呈上升趋势，主要原因是现行征地制度存在征地补偿低、征地程序不透明、损害农民利益等弊端。专家学者和政府决策层对于深化征地制度改革基本达成共识，但对于如何改革存在三个方面的争议：一是征地补偿标准的确定问题。征地补偿标准如何确定，特别是如何最大限度保护被征地户的利益，是征地制度改革的关键与核心问题，也是征地制度改革争议最大的问题。现行征地的补偿标准主要是土地补偿费、安置人口补助费、青苗和附着物补偿三个部分构成。西部地区农村土地的产出效率较低，平均产值也就 1000—1500 元/亩，自然补偿费用也不高，平均每亩补偿费用2.7 万—3 万元，由于截留等多重原因，被征地户实际拿到的补偿更低，导致强征强拆引发的流血冲突与群体性事件层出不穷。对于征地补偿标准过低的问题，要综合考虑多种因素，比如，土地的未来预期与升值、市场稀缺度、区域经济发展水平等，从而建立科学合理的土地增值收益机制，保障被征地户的长远生计，加快完善对被征地户的多元保障机制。二是如何调整各方利益关系。征地不仅牵涉到当事人双方，也牵涉到农村集体组织和当地政府的利益。调研结果显示，西部地区的地方政府对于土地财政的依赖性很高，是主要的税收来源，土地出让金收入能占到本地财政预算外收入的60% 以上。相对于政府和农村集体组织而言，被征地农户获得一次性"补偿"标准低，缺乏长远生计的保障，土地财政带来的风险越来越大，必须进行调整。三是规范合理的征地程序。征地拆迁是一桩重大的产权变动，必须要符合《物权法》规定的物权变动合意加公示的规则模式，征地当事人双方必须就产权转移取得合意，避免强征强拆，特别是要保证被征地农民的知情权、话语权，集体土地征收的政策要透明，保障征地与被征地双方有平等的谈判权。

5. 建立公平共享的土地增值收益分配制度

据国务院发展研究中心的调查显示，现行征地收益分配机制对于征地户来说，处于弱势地位，征地户获得的征地补偿款仅占土地增值收益的5%到10%，而投资方获利却高达40%到50%，还有一部分被政府和村集体组织截留，前者占20%到30%，后者获利25%到30%。可见，现行征地制度分配机制是强资本、政府、集体组织，弱个体、劳动，因征地拆迁引发的群体性事件日益增多的现实也凸显改革的必要性与迫切性。首先，要依据土地增值收益的产生原理，确定科学合理的土地增值分配原则。明确投资者、农户、村级组织、政府四者的分配关系，确保被征地户获得公平补偿和土地级差地租，解决"一次性补偿"的后顾之忧，杜绝强征强拆现象。在此基础上，合理调整投资方、政府和村级组织的分配标准。其次，合理提高个人收益。要把农户利益放在首位，建立被征地户、投资方、村集体组织以及地方政府科学合理的收益分配机制。最后，建立被征地农户的多元保障机制。失地农户对征地制度改革的最大期盼是保障他们生活的长远之计，解决"一次性补偿"的问题。要把土地增值的一部分用于支付被征地农户的养老、医疗等生存性保障，想方设法解决被征地农户的就业问题，切实承担起社会保障的职责，提高被征地农户的生活水平，确保社会和谐稳定。

6. 建立科学合理的城乡统一建设用地制度

建立科学合理的城乡统一建设用地制度是推进土地制度改革的重要内容，主要是解决城乡土地"不能平等入市、同地不同价"的问题。首先，要规范农村集体经营性建设用地流转入市，特别要防止和规避借助土地改革进行变相"圈地"的做法。同时，要加强对农村耕地承包经营权和宅基地流转的监督与管理，规范流转过程，搭建流转平台，培育相关的信息咨询和服务组织与机构。其次，充分发挥市场对土地资源配置的决定作用。要让集体经营性建设用地和国有土地同等入市、公平竞争，发挥市场的作用。完善相关服务，培育发展和规范完善抵押、转让、租赁等二级市场。最后，完善相关制度。全面推进土地制度改革需要完善和修改相关法律法规，修改完善《物权法》、《土地管理法》、《担保法》等相关法律法规的某些条款，健全土地法治体系，科学立法、严格执法、公正司法，为全面深化土地制度改革和农村各项改革提供完善的法制保障。

三、突破与创新：重庆的地票交易制度

创新一般是指人们为了某种需要利用现有信息突破常规发现或产生某种带有重大影响的新事物、新思想的活动，哲学意义上的创新是新事物产生。创新是人类实践活动范畴的创造性发现，创新的社会化形成整体的社会生产力进步。任何一项创新都带有一定的风险，尤其是社会制度的创新，从理论设想到运用再到完善，需要时间和实践的过程。重庆首创的地票交易制度是土地制度改革的一项重大制度创新，笔者多次到重庆农村土地交易所实地调研，并走访土地交易农户，从理论上总结和反思重庆的地票交易制度，对于推动西部地区乃至全国的土地制度改革无疑具有重要的启示意义。

（一）重庆地票交易制度的基本做法

重庆位于中国内陆西南部、长江上游地区，是集大城市、大农村、大山区、大库区于一体，幅员面积8.24万平方公里，农村面积占95%以上，山地丘陵占94%。重庆城乡发展情况复杂，发展极不平衡，既有"都市功能核心区、拓展区"等发展条件相对较好的地区，也有渝东北生态涵养区、渝东南生态保护区等发展较为落后的地区，总体上仍然处于欠发达阶段、欠发达地区。截至2013年末，全市常住人口2970万人，城镇化率58.34%。全市有14个国家级扶贫工作重点县、4个省级扶贫工作重点县，秦巴山区、武陵山区为全国连片特困地区，脱贫致富的压力巨大。为解决城乡发展特别是农村发展的难题，深入推动统筹城乡综合配套试验区改革，2008年12月4日，重庆农村土地交易所挂牌成立，地票交易制度就此诞生。

重庆农村土地交易所的挂牌成立，是中国土地制度改革和农村全面深化改革中出现的新事物，处在不断的完善中。为规范和指导农村土地交易所工作，2008年，重庆人民政府发布《重庆农村土地交易所管理暂行办法》（以下简称《办法》），该《办法》明确提出土地交易的范围、程序以及交易品种。规定了实物交易与指标交易两种交易品种以及六种交易方式。"地票交易"主要是指标交易，可以通过农村土地交易所进行全市交易。

重庆地票交易制度的基本做法。为推动土地制度改革，重庆市人民政府2008年12月出台《重庆市农村土地交易所管理暂行办法》，规定了地票交易的基本程序与运作模式。1.规划布局。主要是市国土资源行政主管部门依据城乡建设规划编制城乡建设用地挂钩专项规划，包括挂钩的规模和布局，报市人民政府批准后才能实施。2.立项申请。土地权利人向所在区县国土资源行政主管部门提出土地复垦立项申请。3.土地管理部门验收。在立项申请获得批准后，进行土地复垦，经相关部门严格验收后，核发城乡建设用地挂钩指标凭证，即地票。4.地票交易价格的确定。地票的交易价格是关键环节，主要由土地行政主管部门制定，这个价格是综合考虑开垦费以及土地有偿使用费等多种因素基础上的结果。5. 规范交易程序。为保障地票交易的公平公正，《办法》规定了严格的交易流程，包括招投标、场所以及交易量的控制等。6. 确定地票交易收益分配。科学合理的收益分配，关系到地票交易的生存发展，《办法》对于农户、集体经济组织、地方政府的收益进行合理分配，大部分收益归农户所有，交易所收取交易额 1% 比例的服务费。7. 地票兑现。《办法》规定了地票兑现的程序、时间以及方式，强调"招、拍、挂"等法定程序。"截至 2013 年 12 月底，重庆农村土地交易所共交易地票 13.15 万亩，成交额 267.26 亿元，成交均价 20.2 万元/亩。"①

（二）地票交易制度的创新与突破

重庆地票交易制度这一改革试验出炉之后，引起国内外广泛关注，被视为中国在土地改革上的重大探索性实验。作为土地制度改革的创举，地票交易制度备受的争议与质疑从未中断，正确看待这项制度的创新与存在的问题，对于推动土地制度改革，统筹城乡发展具有重要意义。

重庆地票交易制度的创新之处。第一，为解决城乡建设用地矛盾提供了一种致思进路。随着城镇化进程的加快，一方面，城市建设用地由于受制于土地用途管制供应紧张，严重制约城市发展；另一方面，农村土地特别是宅基地浪费严重，重庆地票交易对于缓解城市扩张用地紧张与农村粗放式用地的矛盾提供了改革的一种思路。"'地票'交易制度创新可以有效解决当前城镇化和工业化加速期，城市建设用地紧张的矛盾，而城乡建设用地总量不增加、耕地总量不减少。"② 第二，有效盘活了农村闲置建设用地，增加了农民财产性收入。如何盘活农村闲置建设用地，增加农民财产性收入，是解决"三农"问题的关键。一边是城市发展与扩张不断变相侵占耕地，挑战 18 亿亩耕地红线，一边是农村大量闲置用地，无法成为农民增收的资本。重庆的地票交易制度，严格土地用途管制和耕地保护政策，盘活农村闲置用地，缓解城市发展带来的用地短缺局面。第三，地票交易对于土地使用权流转、农村宅基地改革、解决强征强拆、建立城乡统一建设用地制度改革的瓶颈问题是一个突破。国务院发展研究中心

① 重庆"地票"实验五年成交 267 亿元 ［EB/OL］. http：//news. xinhuanet. com/local/ 2014 - 02/08/c_ 119242093. htm.

② 李妍，夏一仁. 专访全国人大代表、重庆市市长黄奇帆：重庆没有模式，只有智慧型改革的深入和探索 ［J］. 中国经济周刊，2013（10）30~34.

农村经济研究部刘守英研究员认为，重庆的地票交易制度设计属全国首创，对于盘活农村土地资源，推进农村土地制度改革具有政策创新的意义。重庆地票交易制度的诞生，对于破解当前土地制度改革和农村全面深化改革的难题，具有重要意义，对于统筹城乡发展、推动以人为中心的新型城镇化建设中存在的瓶颈性、关键性问题上的创新突破，同样具有借鉴意义。

重庆的地票交易制度需要不断丰富完善。作为一种新生事物，"地票"的诞生，引起国内外的高度关注，有赞扬肯定的，也有质疑批评的，"重庆在摸索这种新型土地流转模式过程中，存在着一些诸如操作不透明、农民不了解政策、补偿过低，政策不完善等诸多问题。"① 在各种质疑声中，重庆顶着压力探路的决心并没有改变，坚持推动户籍制度改革、公租房建设、房产税等重大改革实验。据中国经营报的数据显示，"2008 年至 2012 年，重庆'地票'年交易量分别为 1100 亩、1.24 万亩、2.22 万亩、5.29 万亩和 2.23 万亩，2013 年已交易 7400 亩，预计全年交易量两万亩左右。据重庆市农委计算，如果未来 10 年重庆有 1000 万农民转户进城，理论上讲，其退出的宅基地复垦后，就可以形成 250 万亩'地票'。"② 重庆地票交易制度的出现，为解决城镇化进程中的矛盾与问题提供了一种可选择的方式，尽管这种方式还不完善，还存在一些问题，但是，新生事物代表着发展的趋势。党的十八大及十八届三中全会通过的《决定》，对于土地制度改革进行原则性部署，但是具体怎么改，还要靠各地实践，重庆的地票制度就是全面深化改革与积极探索创新的结果。当然，对于存在和暴露出来的问题，必须予以足够重视。首先，要不断健全制度建设，加强监督管理，特别是对当事人的权利与利益的保护，让整个地票交易制度全程处于阳光下运作。其次，重庆地票交易制度需要不断总结提升，需要从更高层次和宏观视野予以推进，需要各方面配套协同改革，特别是法律法规的完善。最后，重庆地票交易制度离不开宽松开放和包容的环境，任何制度的改革创新，初期都不可避免地存在一定的漏洞与不足，其丰富完善需要一个过程，离不开社会各界关心支持。

---

① 重庆"地票"调查（上）［N］．中国经济时报，2011 – 5 – 30.
② 重庆多项改革获重视［N］．中国经营报，2013 – 11 – 30.

第八章

西部城乡基本公共服务均等化制度建设

　　制度是人的实践活动的产物，理应为了人、关怀人，制度不是通过柔性而是以刚性方式规范人的行为，确立人们之间的社会关系，维护生产生活正常进行，保证自由与秩序共存，这本身就蕴含着对制度公平正义的要求。马克思主义的正义观是建立在唯物史观的基础上的，它从科学与价值相统一的维度审视社会的制度。马克思主义创始人批判继承了空想社会主义者提出的"实业制度"、"和谐制度"与"共产主义公社"的思想，主张在消灭私有制的基础上消灭奴役以及各种不平等，使得社会成员都能够平等地享有劳动的权利与机会，平等地占有自己的劳动成果，平等地享有政治权利以及受教育的权利等。西部地区城乡发展的差距，很大程度上和基本公共服务有关，城乡之间基本公共服务的差异，是城乡二元制度结构的必然结果。基本公共服务是由政府主导和提供，旨在保障全体公民基本生活需求的公共产品。西部地区城乡在基本公共服务方面差距较大，提高农村的基本公共服务水平是西部大开发转型升级的重要任务。笔者的问卷调查和实地走访表明，大部分农民不愿意交出土地换取"城镇户口"的前三位原因分别是：养老、社会保障、基本公共服务。因此，建立西部城乡基本公共服务均等化制度体系，是统筹城乡发展的重要内容

一、基本公共服务均等化的价值论意义

　　基本公共服务作为人生存发展的基础，是人的全面发展的基本条件和重要内容。基本公共服务是政府最基本的职能，主要是通过国家权力介入或公共资源投入直接提供给公民与社会发展需要的服务如基础设施、教育、医疗、社会保障等。基本公共服务分为两个部分：第一部分是满足社会成员生活和生产的基础公共服务，如交通、水、电、气、通信、网络、广播电视、邮电、气象服

务等基础性服务；第二部分是保障社会成员的基本生存权需要政府及社会为每个人都提供基本社会性公共服务，具有基础性、广泛性、迫切性的特点，这部分基本公共服务和民生息息相关，同广大人民群众的切身利益密不可分，是我国基本公共服务建设和推动的重点。《国家基本公共服务体系"十二五"规划》（以下简称《规划》）根据我国社会发展实践，界定我国的基本公共服务范围和项目主要集中在住房、教育、社会服务、劳动就业、社会保险、医疗卫生、人口和计划生育、公共文化体育及残疾人基本公共服务等领域，成为新阶段新时期我国基本公共服务的主要内容。从《规划》的出台可以看出，党和政府高度重视城乡区域之间基本公共服务的差距，把促进基本公共服务均等化从理念上升为国家实践。在全面深化改革、加速推动社会转型的关键期，《规划》的出台是国家治理体系和治理能力现代化的一次重大飞跃。

基本公共服务大都由政府主导提供，是政府最基本的职责。作为公共产品，基本公共服务理应向全体公民服务，但是由于历史和政策原因，我国基本公共服务与户籍挂钩，城乡居民因户籍不同产生很大的差异，特别是农村基本公共服务短缺，城乡、区域、群体之间基本公共服务差距较大，资源分配不均衡，导致社会发展失衡，公平正义问题凸显，进而带来一系列社会问题，加深了转型时期的社会矛盾。基本公共服务均等化，指全体公民都能公平获得大致均等的基本公共服务，强调的是权利与机会均等，不能简单地理解为平均化。推动城乡区域之间基本公共服务均等化，对于促进区域城乡经济社会发展、缩小发展差距、维护社会和谐稳定，确保人民共享发展成果，实现民族复兴的中国梦具有重大意义。

推动基本公共服务均等化是缩小城乡发展差距的基础性条件。西部地区城乡的基本公共服务差距主要是由于农村基本公共服务供给不足、严重滞后于城市，成为农村与农业发展的最主要制约因素。主要表现在两个方面：一是基础性公共服务与公共产品供给不足。党和政府高度重视发展基本公共服务，在一系列财政支持下，西部农村地区基础性公共服务得到迅速发展，基本实现村村通公路、邮电、广播电视以及通信网络的全覆盖。但是，西部由于区位原因，基础性公共服务滞后仍是影响农村、山区、贫困地区发展的最大制约瓶颈，要想富，先修路的问题在西部农村地区普遍存在。城乡基础性公共服务发展差距也带来城乡发展的不同机遇，政府在工业与产业的设置和资金投入的优先方向上，包括引导外资的投入大都聚集在城市，农村和小城镇缺乏产业支撑，发展的动力不强，人员聚集与流动性较弱，发展的活力不足。如果不解决这个问题，农村发展与小城镇建设就会举步维艰，城乡差距也难以流转。二是城乡社会性公共服务差距形成的制度固化以及路径依赖，是造成城乡发展失衡的主要原因。由户籍二元制度所引发的城乡在教育、医疗卫生、劳动就业服务、社会保险等方面的差别，农村的基本公共服务的水平与质量明显低于城镇，农村难以吸引投资与人才，发展的动力与后劲不足。身份的歧视与待遇的差别，造成大量农民不愿意从事农业，也不愿意留在农村，特别是新生代农民工，更不愿意返乡务农。有人主张限制大城市人口规模，这是一种治标不治本的方法，只要我们承认市场的作用，只要我们不改变农村的基础性与社会性公共服务，大城市就无法阻挡农民工的进城热情，城乡发展的差距就不会缩小，统筹城乡发展也难以实现。

推动基本公共服务均等化是加速社会转型的重要保障。世界各国特别是"发展中国家陷阱"启示人们，没有发达完善的基本公共服务作为保障的城镇化既不能持续健康发展，也难以实现社会的成功转型。据中国社科院发布的2013年《城市蓝皮书》的数据表明，到2020年前和2030年前我国流动人口中有3.0亿和3.9亿人口需要转移，解决庞大农业转移人口的关键在于基本公共服务均等化和户籍制度改革，必须协调推进，避免陷入"发展中国家陷阱"。基于制度变迁引发的社会转型，必然会引起社会利益的深刻调整，社会风险与付出成本增加，社会不稳定因素增多。社会转型速度越快，社会风险与不稳定因素就会越大。近年来群体性事件上升，很大程度上与发展和分配的不均衡有关。入托难、上学难、看病难、住房难、社会保障等问题成为人民群众反映强烈的社会问题，也成为影响社会发展与稳定的重大问题。从社会转型的动力来看，实现基本公共服务均等化是发展的动力。改革开放30多年来，我们依靠资源、人口红利，实现经济社会高速发展，但这种发展所付出的代价不容忽视，粗放式、高消耗的发展方式难以为继，发展动力不足问题开始凸显。美丽乡村与新型城镇化是未来中国经济社会发展的重要推动力，是实现农村生产力解放的内在要求，必须协调推进，同时并重。

推动基本公共服务均等化是国家治理体系和治理能力现代化的重要体现。推进国家治理体系和治理能力现代化是当前和今后一段时期政府体制改革的重要目标，也是推进政府职能转变、建设服务型政府的必然要求。服务型政府本质上要求将人民群众的需求和期盼作为政府追求的目标，任何时候都要坚持为民务实清廉，都要关注和解决广大人民群众的民生问题。提供优质便捷的公共产品，大力发展社会事业和公共产业，不仅是政府的应有职能，也是推动政府行政体制改革的优先方向。要充分发挥政府的主体地位和主导作用，强化其公共服务职能和公共服务能力，为社会成员提供平等的发展权利与机会，为促进人的自由全面发展提供基本条件。

推动基本公共服务均等化是实现社会公平正义的必然要求。公正是制度建构的重要原则，也是制度建构的基本价值与内在灵魂，罗尔斯在《正义论》中开篇提出："正义是社会制度的首要价值，正像真理是思想体系的首要价值一样。一种理论，无论它多么精致和简洁，只要它不真实，就必须加以拒绝或修正；同样，某些法律和制度，不管它们如何有效率和有条理，只要它们不正义，就必须加以改造或废除。"① 城乡居民在基本公共服务方面的不平等，导致诸多社会矛盾与问题，严重影响到社会的和谐与稳定。当前，对于因为贫富差距引起的社会思潮争论，反映出人们对社会发展机会不公以及城乡、区域、群体之间发展失衡和分配不公的极大愤慨和强烈不满，要求构建社会公平体系，共享改革发展成果。思想危机的出现以及改革开放继续深化的阻力，表面上看是社会利益多元化追求的结果，实质是社会公平和正义的缺失。要想形成社会各阶层一致的意见和看法，就必须对社会利益分配和政治权力进行改革，破除利益集团利益固化的樊篱，防止出现资本向权力的渗透，资本与权力的结合，造成社会政策的过度市场化。由于某些地方政府的"缺位"、"错位"，在公共服务和公共产品中没能承担起相应的责任，甚至出现与民争利的情况。因此，推动基本公共服务均等化，促进基本公共服务资源优化均衡配置，对于西部地区实现符合经济规律的科学发展、符合自然规律的可持续发展、符合社会规律的包容性发展具有不可替代的作用。

二、西部城乡基本公共服务的成就与挑战

西部地区党和政府高度重视基本公共服务建设，在坚持促进经济发展的同时，不断改善西部地区的基本公共服务，但受制于经济水平、区位劣势、历史基础等原因，西部地区的基本公共服务从整体上与东部地区依然存在较大差距。

---

① ［美］约翰·罗尔斯. 正义论［M］. 何怀宏等译，北京：中国社会科学出版社，1988：3.

提升西部地区城乡基本公共服务的水平与质量，推动基本公共服务均等化，是扎实推进统筹城乡发展的重要内容。

（一）西部地区基本公共服务取得的成就

基本公共服务作为基础的民生工程，受到西部地区党和政府的高度重视，西部地区党和政府坚持经济发展与基本公共服务并重，不断加大对基础设施、医疗卫生、社会保障等基本公共服务的投入力度，改善了西部地区城乡的发展环境，加大了基本公共服务的供给力度，提升了基本公共服务的水平和质量。

城乡基础设施进一步改善，增强了西部自我发展能力。"蜀道难，难于上青天"表明了交通基础设施对于西部发展的制约性，尤其是云贵高原、青藏高原地区，海拔高，自然环境差，交通基础设施对经济社会发展的制约作用明显。西部地区各级党和政府交通基础设施建设视为经济实现跨越式发展的基础工程，也是西部地区公共财政支出的一个重要方向，2012年西部地区投入交通运输资金达971亿元。郑西高铁、兰西高铁、宝兰高铁、西成高铁、贵广高铁等极大地改善了西部交通环境，促进了区域经济发展。

教育投入持续加大，教育竞争力不断增强，人力资源开发得以提升。西部地区高度重视教育事业，基础教育从全面普及到巩固提高，基础教育经费投入大幅增长，高等教育发展迅猛，2012年西部11省区（不包括西藏）教育投入共5497亿元（见表1），办学条件与办学质量不断提高，教育服务社会发展的能力明显提升。农村中小学实现了远程教育工程，农村师资队伍的水平和质量不断提升，彻底改变了西部地区教育落后的面貌。

医疗卫生发展迅速，基本建立城乡全覆盖的医疗卫生保障体系。随着工业化、城市化和现代化水平的快速提升，西部地区医疗卫生事业进入全面改革和深化阶段，不断加大投入。2012年除四川和西藏外，其余10省份共实现医疗卫生方面的支出1682亿元（见表1）。近年来，西部地区加大了对医疗卫生体制改革的力度，不断缩小城乡公共医疗服务差距，城乡居民医疗保险实现了全覆盖，医疗卫生服务的水平和质量在不断增强。

就业和社会保障方面。西部地区党和政府将就业和社会保障作为重要的工作来抓，基本建立起以社会保险为核心覆盖城乡的社会保障体系。2012年共投入社会保障与就业资金2776亿元（见表1）。西部12省（市、区）高度重视社会保险工作，养老保险、医疗保险等成效显著，实现了城乡全覆盖；生育保险、工伤保险、失业保险稳步推进。重庆市医疗保险城乡统筹走在了西部地区的前列，截至 2013 年末，重庆城镇职工医疗保险参保人数是 539.53 万人，城乡居民合作医疗保险参保人数是 2695.26 万人，重庆市医疗保险人数 2013 年共计 3234.79 万人。西部地区不断加大对困难生活群体的救助力度，加大对企业退休人员养老金水平、城乡低保、"五保户"和优抚对象的生活补助力度，并不断提高社会救助和社会福利标准，有力地维护了社会稳定。

社会保障性住房建设。西部 12 省（市、区）积极响应党的号召，高度重视社会保障性住房建设，将其作为重要的民生工程来抓，千方百计筹措资金，不断加大财政支出。一方面，加速社会保障性住房的开工和建成的速度，另一方面，不断加大对农村危房、城市棚户区的改造进度，进一步改善了西部地区城乡居民的住房条件。

表 1　2012 年西部地区民生投入及财政民生投入情况①

单位：亿元，%

地区	民生投入	占财政支出比	教育支出	农林水事物支出	社保和就业支出	医疗卫生支出	住房保障支出
重庆	1606	52.57	473.2	256.29	399.00	166.90	176.1
四川	3465	63.80	998.7	649.60	—	—	—
贵州	2157	78.35	495.9	356.54	234.73	199.63	127.3
云南	2615	73.18	674.9	—	438.90	267.10	231.7
西藏	614	68.22	—	—	—	—	—
陕西	2262	67.99	693.3	377.53	424.45	219.26	—
甘肃	1571	76.14	362.2	302.30	296.22	149.45	103.4
青海	896	75.42	171.8	134.36	179.45	60.10	112.9
宁夏	635	72.81	106.9	132.16	89.45	45.80	56.4
新疆	1975	64.13	489.0	—	—	145.40	235.6
内蒙古	2271	66.22	442.9	525.10	432.70	176.30	163.6
广西	2251	75.91	588.3	367.20	281.40	252.50	132.9
西部	22318	68.38	5497.0	3101.00	2776.00	1682.00	1340.0

（二）西部城乡基本公共服务存在的问题

西部地区的基本公共服务随着经济社会的发展取得巨大成就，全国主体功能区和国家新型城镇化战略的颁布，更加明确了基本公共服务的地位与作用，极大地促进了西部地区基本公共服务的发展。但是，西部地区的基本公共服务

---

① 姚慧琴，徐璋勇主编．西部蓝皮书：中国西部发展报告（2013）——新形势下的西部地区小康社会建设［M］．北京：社会科学文献出版社，2013：23.

由于历史欠账较多，区域经济发展水平不高，政府对于基本公共服务的财政投入有限，不能满足人们群众对基本公共服务需求。同时，由于城乡区域之间制度设计不衔接，管理条块分割，资源配置不合理，农村、牧区、边疆地区和民族地区以及针对社会弱势群体的基本公共服务尚未得到充分保障。农民增收以及脱贫致富压力大，生态环境脆弱，教育、医疗、就业、社保、食品药品安全、社会治安等还存在不少问题，社会治理体系亟待加强。西部地区基本公共服务基本由政府全部提供，提供方式和渠道单一，特别是县、乡受制于财政制约，缺乏实力提供高质量的基本公共服务，城乡基本公共服务的差距依然较大。

1. 交通运输设施瓶颈制约依然突出

西部地区疆域辽阔，面积广大，远离海洋，深居内陆，"三高原四盆地"的基本地势特征，造成西部地区交通基础设施建设成本高、周期长、难度大，成为经济社会发展最大制约瓶颈。笔者在西部地区调研时，讨论最多的话题是西部交通基础设施落后，受访者最为一致的呼声就是要求修路，改善出行环境。西部地区交通不仅数量少，而且质量差，公路、铁路、民航、水运等运输方式规模效益不高。受制于地理区位，西部地区公里网行车条件差，高级、次高级路面不仅里程较低，而且大都限制在较低的行车速度，省道及以下道路普遍存在路况差、抗灾能力弱，行车速度慢的特点。西部地区公路技术等级低和通达水平低，行路难问题在西部地区仍较为突出。西部地区地质条件恶劣，铁路多在深山大川中穿行，其建设投入大、难度强、技术要求高。比如，被誉为"天路"的青藏铁路，全长 1956 公里，其中海拔 4000 米以上的路段 960 公里，多年冻土地段 550 公里，翻越唐古拉山的铁路最高点海拔 5072 米。从 2001 年动工到 2006 年 3 月，青藏铁路工程累计完成投资 285 亿元，相当于西藏"九五"基础设施建设投资的总和。宜万铁路全长 377 公里，全线共有隧道 159 座，其中 10 公里以上隧道 5 座，总长 338.7 公里，全线有桥梁 253 座，涵洞 600 多座，平均每公里耗资约 6000 万元。基本上由海拔 4000 米以上的路段和多年的冻土地段构成，从开始动工到 2006 年 3 月，整个工程累计投资 285 亿元。西部地区的铁路、公路、航空等基础设施建设的投资成本和开发难度，都远远高于东部和中部地区。自西部大开发战略以来，党和政府加大了对西部地区交通基础设施建设的投入力度，十多年来累计完成投资近 13000 多亿元人民币。截止 2012 年底，西部地区公路总里程已达 142 万多公里，是十年前的 3 倍，其中高速公路里程达 16400 多公里。县乡公路里程达 60 万公里，乡镇公路通达率达到 98% 以上，是新中国成立以来，交通建设投资增长幅度最大的时期。但是，与东部的交通网络相比，西部地区的交通基础设施仍然落后，远远不能满足人民群众对出行便捷的期盼。同时，西部12省（市、区）运输能力差异很大，四川的高速公路及总里程位居西部前列；内蒙古和新疆的铁路里程西部领先；青海、宁夏、重庆的高速公路里程西部垫底；西藏在铁路、内河航道、公路里程等方面相对落后。交通基础公共服务建设滞后一直是制约西部地区经济发展的重要瓶颈，特别是农村地区，更加需要加大对交通运输基础性公共服务的投入与建设力度，为西部地区增强自我发展能力奠定基础。

2. 农村社会性基本公共服务薄弱

西部地区城乡基本公共服务差距较大，农村地区在教育、医疗卫生、社会保障、公共文化服务等社会性公共服务方面尽管有所改善，但是，与城市相比，仍然处于落后的境况，实现城乡基本公共服务均等化的任务依然艰巨。从课题组的调研来看，西部农民反映最强烈的社会性基本公共服务主要集中在养老、教育、医疗卫生等方面。如教育，西部农村尽管实行义务教育、两免一补等优惠政策，但是农村办学条件差、师资队伍不稳定、流失现象严重，贫困地区临时代课的民办教师为数不少。从受教育程度来看，6岁及以上人口平均受教育年限为8.36年，低于全国平均的8.85年以及东部的9.19年，初中、高中、大专及以上人口占全国同类人口比重分别为23.78%、22.17%、24.97%，均低于其人口在全国人口中的占比。西部地区党和政府想方设法提高农村教师待遇，稳定农村教师队伍，2014年6月甘肃58个集中连片特困地区中15个县已经启动实施乡村教师生活补助工作，共为2149所学校的33405名教师发放生活补助，补助金额共计近2亿元。从医疗卫生来看，西部地区农村医疗卫生条件差、资金不足、设备简陋、医疗卫生人员不足，尽管有新农合以及大病补助制度，但由于报销比例、认定程序等问题，仍然不能解决村民的看病难问题。"结果显示，超过40.00%的西部地区居民认为近3年来医疗费用负担明显或略有增加。调查发现'看病贵'可能存在的七大类医疗服务中，西部地区居民认为费用高或较高的比例超过50.00%的有5类，其中近80.00%居民认为住院手术费、住院药品费费用高或较高，超过70.00%居民认为住院检查/化验费费用高或较高，认为门诊药品费、门诊检查/化验费费用高或较高的居民比例则超过50.00%。此外，城乡居民认为费用高或较高的医疗服务类别的排序相同，均认为'看病贵'突出体现在住院医疗服务的费用高上，西部地区城乡居民存在'看病贵'

的共性原因,即医疗保障水平较低、医疗费用控制不力等,导致居民自付医疗服务,尤其是住院服务的费用超出居民的主观期望值。"[①] 据 2012 年 8 月卫生部发布的《"健康中国 2020"战略研究报告》数据显示:我国人均寿命尽管已经提高到 2005 年的 73 岁,但东西部省份人均预期寿命相差高达 15 岁。一些东部城市的人均预期寿命已超过 80 岁,如北京、上海。西部城市人均预期寿命相对较低。卫生体制方面的挑战突出表现为医疗卫生服务和公共卫生政策与实际需求之间的较大差距,卫生资源总量仍然不足,结构不合理,也在一定程度上造成看病难、看病贵。

3. 社会保障制度不健全,农村的社会保障质量有待提高

西部地区已经建立覆盖城乡的社会保障体系,新型合作医疗制度已经深入农村,基本实现农村居民全覆盖,但存在保障水平低、农民在工伤保险、意外保险等社会保障方面参保意识不强、参保率低等问题。例如,社会保障工作走在西部前列的重庆,在养老保险、基本医疗保险、大病保险基本实现了全覆盖,参加工伤保险、生育保险、失业保险人数逐年增加,但是与庞大的农民工队伍相比,占比仍然较低。截至 2014 年末,重庆参加城乡居民基本养老保险人数 1112.54 万人,下降 0.9%,城乡居民合作医疗保险参保人数 2681.07 万人,下降 0.5%。工伤保险参保人数 426.09 万人,增长 4.8%。其中参加工伤保险的农民工人数 136.65 万人,增长 1.4%。生育保险参保人数 347.52 万人,增长 23.9%;12.53 万人次享受生育保险待遇,增长 22.3%。失业保险参保人数 439.07 万人,增长 12.7%。西部地区类似情况普遍存在,基本养老保险和医疗保险已经深入人心,基本实现了全覆盖,但是,工伤保险、生育保险和失业保险投保比例有待进一步提高。城乡居民基本养老保险和医疗保险尽管实现了全覆盖,部分地区把大病救治也纳入了全覆盖,但是,农民养老保险大部分只缴纳了基础养老金,而个人账户养老金缴纳者占比不高,达到 60 岁以上就只能领取基础养老保险金,而基础养老保险金一般是 60—90 元/月,远远不能达到"养老"目的。同样,农村医疗保险中全额报销项目的比例偏低,自费项目和部分自费项目比例过高,特别对于"三高"类的长期慢性疾病,得不到很好的治疗,因患重大疾病而致贫的家庭为数不少。西部农村聚集了全国大部分的贫困

[①] 孙群,刘超.2012 年西部地区城乡居民"看病难、看病贵"现状研究 [J]. 中国初级卫生保健,2014 (1):5～8.

人口，但是，由于受到财力的限制，西部农村社会救助存在不完善、标准低等问题。

4. 农村生产生活环境堪忧

西部地区农业生产形势不容乐观。主要表现在地势陡峭，大部分耕地无法推行大型机械设备，还有部分地区以人力畜力为主；农业抵御自然灾害能力低，农业生产效益低，农民种粮的积极性不高，甚至出现耕地抛荒现象。农民的生活环境不容乐观，突出表现在居住环境恶劣，自然灾害频发，社会治安压力大。经济结构的转型升级以及西部大开发的深入实施，对于西部地区来说，既是机遇，也面临环境的挑战，西部地区承接产业转移一方面促进了当地经济的快速发展，但也伴随着一些高污染，环境有恶化的风险。统计显示，1999—2006年间，广西、贵州、宁夏、新疆等四个能矿资源丰富的西部省区，石油加工及炼焦、黑色金属冶炼、有色金属冶炼、化学原料及化学制品制造、非金属矿物制品、电力热力供应等六大高耗能产业对地区工业总产值的贡献份额平均增长了40%左右，但其高消耗、高排放、高污染的产业特征也使其成为污染西部环境的主要力量。"2011年，西部地区二氧化碳排放量、氮氧化物排放量、烟（粉）尘排放量占全国排放量的比重分别为36.48%、28.22%和30.31%，2000—2010年西部地区草原面积减少约400万公顷，从综合环境指数来看，2000—2010年西部地区平均环境综合指数为95，与2000年相比，西部地区环境质量有恶化趋势。"[①] 环境的污染，严重影响西部地区人民群众的身心健康，甚至激化社会矛盾。2006年的甘肃徽县的"铅污染事件"，2008年8月云南丽江兴泉村水污染引发村民冲突事件，2009年《中国国家地理》中的文章《宁夏、内蒙古交界处：中国西部的"百里污染带"》引发的社会关注，2011年云南曲靖的铬渣污染事件、2012年四川什邡事件等，由于环境污染引发的社会冲突应当引起高度重视。党的十八大提出美丽中国，党中央和西部地方政府也提出"再造一个山川秀美的新西部"，为西部地区生态保护和经济发展指明了方向。

5. 社会治理体系亟待加强

西部地区由于特殊的地理位置和错综复杂的民族关系，自然灾害、利益纠纷、文化习俗、宗教问题等层出不穷，社会矛盾与群体性事件增多，处理事件

---

① 姚慧琴，徐璋勇主编．西部蓝皮书：中国西部发展报告（2013）—新形势下的西部地区小康社会建设［M］．北京：社会科学文献出版社，2013：41.

的敏感性越来越强，影响越来越大，加强社会治理体系创新迫在眉睫。西部地区气候多样，变化异常，自然灾害频繁，干旱、洪水、地震、泥石流等极端灾害严重威胁到人民群众的生命财产安全。地震、泥石流、干旱、洪涝、滑坡等极端天气，造成重大的生命和财产损失。统计表明，"2011 年全国共发生 16 次地震灾害，发生在西部地区的四川、云南、甘肃、青海、新疆占了 13 次，人员伤亡 385 人，全部在西部，直接经济损失达 4349623 万元，西部损失 4109997 万元，占 94.49%"①。西部地区与 10 多个国家接壤，聚集了 50 多个民族，民族问题复杂。西部地区无论是受灾频率、受灾面还是受灾程度，均居全国之首，灾害多发生在贫困地区，连锁反应与叠加效应显著，必须引起高度重视。西部地区特别是农村，地域辽阔，社会治理面临的压力比较大，财力不足、人员不足、思想上不重视，导致一系列社会问题。西部农村治安形势不容乐观，基层警力不足，民间纠纷缺乏协调机制，部分地区农村存在家族式管理，文化生活单调，黄赌毒现象抬头，农村的社会治安与治理面临挑战。

三、城乡基本公共服务均等化的制度安排

西部地区经过改革开放 30 多年的发展，经济文化社会事业取得长足进步，基础设施与基本公共服务发展迅速，但是，西部人民对基本公共服务需求的增加与基本公共服务不到位之间的矛盾逐渐凸显，成为新时期新阶段西部发展面临的新问题。基本公共服务均等化的制度设计与安排既要着眼于社会公平正义，又要和区域经济发展、公共财政支出能力相匹配。要按照党的十八大和十八届三中全会关于对社会事业全面改革的要求，结合区域实际，加快推进城乡基本公共服务均等化，重点在老有所养、学有所教、病有所医、劳有所得、住有所居上不断突破创新。

（一）推动政府职能转变，强化社会治理和基本公共服务机制

加快推动政府职能转变，是我国政府行政体制改革的重点，是推进国家治理能力和治理体系现代化的关键，也是全面深化改革的必然要求。面对新时期新阶段新挑战和新要求，客观上亟须政府提供高效的公共服务，有效调节日趋复杂和多样化的社会利益关系。完善高效的基本公共服务既是社会成功转型的

---

① 姚慧琴，徐璋勇主编．西部蓝皮书：中国西部发展报告（2013）—新形势下的西部地区小康社会建设［M］．北京：社会科学文献出版社，2013：53.

重要标志，又是转变政府职能，推进社会治理体制和基本公共服务体系创新的重要方向。

自20世纪80年代中期提出转变政府职能以来，西部地方政府在转变政府职能方面取得了一定的成效，但总体进展缓慢，政府"缺位"与"越位"状况普遍存在，基本公共服务产品短缺、供给不足。针对基础公共设施和社会公共服务领域投资周期长、回收慢、非竞争性的特点，政府理应担当主要责任，以此作为推动政府职能转变的优先方向。首先，建立城乡基本公共服务规划一体化机制。要把农村的基本公共服务建设纳入区域经济发展的整体规划中，贯彻区域覆盖与制度城乡统筹，以服务人口为依据，统筹城乡基本公共服务的空间布局，制定分布科学、功能完善、结构合理的服务设施配置和建设标准。其次，均衡配置城乡基本公共服务资源机制。要从空间布局、服务设施、建设标准、后勤保障等方面统筹发展城乡基本公共服务，实行城乡管理、标准、服务的均等化与一体化。最后，要建立与区域经济发展相适应的资金投入和财政支持增长机制。资金持续性投入是缩小城乡基本公共服务差距的关键，政府要承担主要责任，扩大财政支出用于基本公共服务，健全财力保障机制，切实增强各级财政特别是地方政府提供基本公共服务的保障能力。要创新城乡基本公共服务的管理运行机制，制定科学合理的监督评价机制，通过城乡基本公共服务建设和管理一体化机制，不断缩小城乡基本公共服务水平差距，为西部地区经济社会的发展转型提供有力保障。

（二）推进城乡基本公共服务制度衔接机制

西部城乡基本公共服务的差距由来已久，原因错综复杂，其中的利益盘根错节。因此，全面深化城乡基本公共服务制度改革不可能一蹴而就，必须立足区域实际，以重点突破带动全局发展，重点是推动城乡基本公共服务的制度衔接。

首先，推动重点领域的制度衔接。重点领域一般具有全局性、基础性与关键性的特点，存在于西部地区城市居民和农村居民之间公共服务的巨大鸿沟主要是基础性基本公共服务和社会性基础公共服务的差距，二者又具有一致性，相互影响，相互制约。因此，西部地区要首先在交通基础设施和社会保障等社会性公共服务方面率先实现城乡制度对接。重点是加大对农村和弱势群体的基本公共服务财政投入和公共资源配置力度，从制度上统一规划管理、统一标准、统一布局配置，鼓励区域之间、城乡之间、群体之间采用对口支援、定向援助和对口帮扶等多种形式发展基本公共服务，并形成长效机制。

其次，做好重点群体基本公共服务的制度衔接。重点群体主要是指那些常年居住生活在城镇，但户籍在农村的流动人员，根据课题组的调研，基本公共服务制度衔接的重点群体主要有四类：第一类是大学毕业后未能实现体制内就业的大学生。这部分群体最应该受到关注，他们有知识、有能力，但很多未能进入体制内，也无法落户城镇，近些年全国各地尤其是大城市、直辖市和中心城市出现的"柜族"、"漂族"、"蚁族"现象值得深思，必须引起高度重视，防止这类群体被边缘化、弱势化。第二类是个体户。个体户对于繁荣城乡经济发展与吸纳劳动就业方面占有重要地位。由于经济规模小、实力不强，很大一部分个体户尽管居住城市，从事非农经营，但不符合现有的城镇落户条件，却面临子女教育、养老保险、住房等方面的制度性壁垒。第三类是农民工。这类群体比较复杂，要具体分析，对于那些在城镇有稳定工作和收入的农民工，基本公共服务要尽快实现城乡制度对接，暂不具备条件的，也要坚持基本公共服务从户籍人口向常住人口全覆盖。第四类是城乡接合部以及纳入城镇规划的城市近郊农民。这部分群体是城镇化的重要群体，要把这部分群体纳入城镇基本公共服务保障范围，暂不具备条件的，要预留制度对接空间。

再次，制度对接的方式可以采取从区县到省城再到区域乃至全国的渐进式方式。西部各地经济发展水平不同，推动基本公共服务均等化应当考虑政府财政的可承受能力，可以先从实现县域内的基本公共服务均等化开始，然后逐步扩展到地区，再到省内的基本公共服务均等化。

最后，建立流动人口基本公共服务制度。随着人口流动规模越来越大、流动越来越频繁的现实，要加快建立对农民工为主体的流动人口基本公共服务制度，逐步实现基本公共服务由户籍人口向常住人口扩展。同时，加快推动农业转移人口市民化进程，以深化户籍制度改革为契机，剥去户籍制度的经济福利功能，将基本公共服务领域各项法律法规与政策同户口相脱离，保障符合条件的流动人口及其子女与城市居民享有同等的基本公共服务。

(三) 加快完善农村基本公共服务体系机制

农村基本公共服务是推动城乡基本公共服务均等化的重要内容和优先发展方向，这是缩小城乡基本公共服务差距，统筹城乡发展，促进西部大开发转型升级的必然要求。

一是构建以政府为主导的多元化资金投入机制。西部地区农村基本公共服务严重滞后，基础性公共服务城乡差距明显。多年来，西部地区政府的公共财政大多投入城镇，导致农村在交通、饮水、教育、医疗卫生、社会保障等基本公共服务方面的投入明显不足。政府作为基本公共产品的提供主体，理应承担起应有的责任，通过合理规划和主导作用，加大公共资源向农村倾斜，优先安排新增预算内的固定资产投资面向农村服务项目。政府的主导作用并不是要大包大揽，不要市场，相反，应该充分发挥市场的作用，积极引入社会资本对农村基本公共服务的投资力度，建立与财政收入相适应的长期、稳定的农村基本公共服务投入机制。

二是产业转移带动发展的动力机制。西部农村发展滞后的因素很多，但与基本公共服务和配套设施不健全、缺乏产业支撑、缺乏发展的动力密不可分。农村大多数集体经济组织缺乏财力和实力，从而不能承担农村发展所必需的基本公共服务。华西村、大邱庄等事实证明：发展壮大农村集体组织的经济实力，是解决包括农村基本公共服务在内"三农"问题的有效路径。一方面，要鼓励更多企业到小城镇落户，鼓励和引导更多的城市资源向农村延伸，带动农村发展；另一方面，农村要借助土地改革的机会，在保证粮食生产的基础上，大力发展乡村服务业、养殖业和畜牧业，特别是农产品加工业，壮大农村集体组织的经济实力。

三是建立以农民为主体的基本公共服务参与机制。农村的基本公共服务与发展，必须尊重农民意愿，政府不能代替农民行使。首先，应充分发挥村委会的作用，由村委会牵头决定农村重大事项。当然，农村所有重大事项必须由全体村民讨论决定，充分满足和保障农民的知情权、参与权、表达权，真正发挥农民的智慧和激情，发挥农民的主人翁地位。其次，鼓励引导农村资金参与基本公共服务，通过制定政策，让农民投资基本公共服务获得稳定的收益权，解决国家资金投入不足的缺陷，盘活农民的资产，增加农民的收入，让农民的利益与农村发展息息相关，最大限度地激发农村发展的活力。

（四）创新基本公共服务供给机制

基本公共服务具有投资大、回报周期长、效益低的特点，同时，基本公共服务受制于区域经济发展水平，单靠政府的财政投入，难以满足人民群众的需要。因此，在坚持政府主导的前提下，要充分发挥市场机制的作用，积极发挥社会组织和社会力量的作用，构建以政府主导、社会参与、多元保障的基本公共服务供给机制。

首先，充分政府的主导作用。政府主导作用主要体现在基础性和社会性公共服务不仅由政府推动和主导，而且主要是政府财政投资，强调服务性、普惠性、公平性。政府不能完全把教育、医疗卫生、社会保障、住房等公共产品推向市场，这会造成入学难、看病难、房价高等民生问题。

其次，政府应减政放权，完善政府购买社会服务的体制机制。政府在基本公共服务问题上起主导作用，绝不是否定市场和社会力量，相反，政府应该加大向社会简政放权力度，深化政府购买社会服务改革。自从 1996 年政府对外采购基本公共服务试点以来，取得的效果不明显，未能真正解决人民群众对于基本公共服务增长的需求。2013 年国务院办公厅公布《关于政府向社会力量购买服务的指导意见》，就解决目前基本公共服务短缺问题明确要求构建政府向社会力量购买服务制度，这不仅是世界各国的普遍经验，也是国家治理能力现代化的基本要求，同时可以遏制腐败与权力寻租。政府向社会购买服务需要有完善、发达的社会组织参与其中，特别要注重培育一些非政府组织、社会性公益组织，引导鼓励更多的社会组织和社会资本投入基本公共服务领域，同时要严格监督管理，不断提升城乡基本公共服务的水平与质量。

再次，推动建立基本公共服务供给的社会参与机制。基本公共服务中，政府的主导作用与社会参与并不矛盾，二者相互补充，互相支持，社会参与对于提高基本公共服务的质量和效率，缓解政府供给能力不足，具有重要作用。企业、社会组织、社区、非政府组织参与社会基本公共服务供给，已有大量的国际经验，西部地区完全可以选择借鉴适合自己的模式，不断提高基本公共服务的供给质量。一是要逐步扩大民间社会组织在基本公共服务供给中的作用，理顺政府与民间社会组织之间的关系，对于难以通过市场主体提供的公共服务，政府可以通过减税、免税、财政补贴和财政转移支付等多种方式鼓励民间社会组织参与公共服务的供给，从而形成基本公共服务供给和监督的多种利益相关者共同参与的机制。二是要注意发挥社区在基本公共服务供给中的作用，特别是在学前教育、医疗卫生、就业服务、养老等基本公共服务方面的作用，社区更具有灵活性和应变能力。三是社会参与还要尽快引入民意征询机制，在基本公共服务决策领域要充分发挥民众群策群力、集思广益的力量，不断提高社会公众对政府提供基本公共服务的认可度和满意度。

第九章

西部城乡社会保障制度创新

　　每一种制度的变革，必须考虑和满足人民大众的利益需求，这种利益需求是维持人们基本生存与发展权利的需求，也是维护社会稳定的需求。如果一项制度的创新与广大人民群众的利益相违背，就不会得到人民群众的支持，而缺少群众基础的制度创新是难以取得成功的。在社会转型与制度创新过程中，要充分考虑各种利益群体的感受，最大限度地减少阻力，以最广大人民群众的利益为目标，依靠人民群众的力量，实现制度的创新。社会保障和人民群众的利益密切相关，成熟完备的社会保障是保障人民基本权利、促进社会发展、维护社会公正、体现社会文明的重要标志，也是衡量一个国家或地区经济社会发展和公民生活幸福的重要指标。随着经济社会发展水平的不断提高，我国已经初步建立起以社会保险为核心、覆盖全社会的基本社会保障制度体系，实现了人人享有基本社会保障的目标。但是，随着社会转型与城镇化加速，我国的社会保障制度面临严峻挑战，特别是老龄化社会的到来，更加凸显出社会保障制度改革的必要性与迫切性。党的十八大和十八届三中全会明确提出全面建成覆盖城乡居民的社会保障体系，建立更加公平可持续的社会保障制度，为西部地区的社会保障制度改革与创新指明了方向。

一、新时期社会保障制度改革的必要性

　　社会保障一般是指国家和社会对全体社会成员主要是对生活困难群体的基本生存权利给予保障，由以社会保险为核心的社会救济、社会福利、优抚安置等构成。改革开放以来，伴随着经济的高速发展，我国的社会保障水平在不断提高。目前，我国经济社会转型发展面临的诸多新问题、新挑战，在一定程度上都与社会保障制度的不健全有关，这就迫切要求推动社会保障制度的改革与

创新。

社会保障制度改革是维护社会公平正义、促进和谐发展的需要。公正是社会制度的首要价值,是评价社会制度的一种道德标准,是社会制度安排的依据,也是协调社会关系的基本准则。维护社会公平正义,是社会保障制度的根本原则。社会保障主要是通过制度设计与安排,对社会成员特别是生活困难群体提供帮助以维持其基本生活,使得社会成员不因为出身、地位、身份而遭受歧视。人们基于出身、社会分工与天生原因造成的差别绝不是他们发展权利和机会以及社会待遇、人格尊严、规则之间的差别,社会保障就是要通过制度设计与安排保障全体社会成员不因为家庭、性别、身份的差别而享受同等的发展权利与机会。罗尔斯在《正义论》中提出作为公平正义的两个原则:"第一个原则是:每个人对与其他人所拥有的最广泛的基本自由体系相容的类似自由体系都应有一种平等的权利。第二个原则是:社会的和经济的不平等应这样安排,使它们被合理地期望适合每一个人的利益;并且依系于地位和职务向所有人开放。"[①]社会保障制度担负着为全体社会成员提供公正社会服务的职责。但是,由于城乡二元的经济社会结构,农民的社会保障在标准、待遇、机会和规则以及权利享受等方面低于城镇人口,还有一部分人游离于社会保障制度之外。近年来,国家政策不断向农村倾斜,农民的收入有了一定增长,但农民相对来说仍是弱势群体。由于机会和权利不公,引发社会资源和财富向一部分人、一部分地区集中,造成社会保障服务的不平衡。因此,推动社会保障制度改革,是保障制度公正、法治公共的基本要求,是减少社会矛盾、促进社会和谐的迫切需要。

社会保障制度的公正主要体现在四个方面:一是权利公平。权利公平就是社会保障制度不因人的出身、地域、职业、性别、年龄的不同而有所差别。二是机会公平。机会公平就是社会成员在都应该获得等值化的社会保障,这种机会不因户籍、地域、出身、起点的差别而不同。大量的农民工创造出了城镇的巨大财富,支撑起中国 30 多年来改革开放的高速增长,却不能平等地享受改革开放的成果,不能同城镇居民享受平等的社会保障和基本公共服务,创造者却不是享受者,劳动和劳动成果的异化成为社会成员之间最大的不公平。三是保障规则公平。规则面前没有特权,规则面前人人平等,提倡"能力本位"。城乡

---

① ［美］约翰·罗尔斯. 正义论［M］. 何怀宏等译,北京:中国社会科学出版社,1988:60~61.

居民发展由于社会保障制度规则设定的二元性质，使得城乡居民获得的发展机会、个体"可行性能力"方面存在巨大差别。印度学者阿马蒂亚·森指出，一个人的"可行能力"是人各种可能实现的功能性组合，既包括诸如不受疾病之害威胁的低级要求，又包括获得自尊和参加各种活动的权利等高级要求。由于制度规则的不平等，城乡居民在教育、医疗保健、养老保险等方面的机会不均，农民"可行性能力"缺乏保障，造成普通民众特别是农村居民还处于为生存而奔波的状态。因此，规则公平是社会保障在激发个体"可行能力"，提升弱势群体自我发展能力的基础条件。四是调节分配公平的需要。分配公平是指每个劳动者都应当有获得正当利益和社会保障的权利，不因素质、知识、能力、性别、分工的差异而使其政治地位、生活享受等方面产生本质上的差异。阿马蒂亚·森看到了分配不均导致的危害，同时更加注重弱势群体等由于能力和天赋的不足而在分配地位中的弱势。我国贫富差距问题依然严峻，分配制度改革势在必行。社会保障制度通过收入再分配的功能进行调节，可以在一定程度上减少贫富差距，缓解社会矛盾，有利于社会稳定。

以人为核心的城镇化建设迫切要求推动社会保障制度的全面深化改革。推动以人为核心的城镇化建设是党的十八和十八届三中全会作出的一项重大战略决策。人是生产力与生产关系的核心因素，生产力发展与人的利益、生存需求和理想追求息息相关，正是为了维持最基本的生存需求，人与自然之间不断进行物质、能量、信息的交换，在与自然进行这种交换的过程中形成人与人之间的关系，最终构成生产力与生产关系、经济基础与上层建筑的矛盾运动，推动人类社会发展。可见，人是整个经济社会发展的核心原则与最终价值。城镇化是实现社会转型与现代化的必由之路，城镇化的过程，不仅是人的物质财富与生存条件改善的过程，也是人的情感体验、幸福指数不断提高的过程。要达到《国家新型城镇化规划（2014—2020年)》提出的2020年"常住人口城镇化率达到60%左右，户籍人口城镇化率达到45%左右"。实现这一目标的关键不仅在于转户籍、修楼房，而且相应的配套设施、配套服务要跟得上。城乡社会保障制度改革是城乡居民利益的一次深刻变更，必然会触动某些地方利益或部门行业利益而遭受阻力。新型城镇化的推进，又必须解决农业转移人口对社会保障和基本公共服务均等化的要求。对于大量流动人口来说，教育、医疗、社会保险等制度城乡分割，部分人口暂时处于社会保障的真空地带。因此，实现社会保障制度的城乡整合和对接，成为新型城镇化建设中一个重要问题。

推动社会保障制度改革是解决"三农"问题、统筹城乡经济社会健康发展的迫切需要。"中等收入陷阱"启示人们，缺乏完善的社会保障单纯转户进城的做法缺乏可持续性，不利于城镇化和城乡经济的健康发展。西部大开发以来，党和政府加大对农村农业的支持力度。近年来，农民收入增速超过城镇居民，2013 年西部农村居民人均纯收入 6744.43 元，比上年增长 13.63%，城镇居民人均可支配收入 21810.29 元，比上年增长 10.57%，农民收入增速高于城镇居民 3.06 个百分点。但是，农民收入总量与城镇居民仍有较大差距，从 2013 年来看，城镇居民人均可支配收入是农村居民人均纯收入的 3.23 倍多。西部新型农村合作医疗参保率为 99%，基本实现了社会全覆盖，但是，农村居民在生育保险、工伤保险、失业保险等方面的参保意识不强，参保比例较低。随着城镇化加速，农业人口流动更加频繁，西部农村出现了"留守儿童"和"空巢老人"现象，这种现象是城乡二元制经济社会结构以及社会保障制度对"农民工"不公平待遇的结果，也成为影响社会稳定与健康发展的重要民生问题。面对西部城乡出现的新问题，必须从制度设计与安排的角度予以解决，特别是要加快推进社会保障制度改革，对于老人、妇女、留守儿童、残疾人以及其他需要帮助的群体给予保障，构建全民覆盖、人人共享的社会保障制度。

二、西部城乡社会保障制度的现状

改革开放以来，西部地区的工业化、城市化、现代化水平快速提升，民生和社会保障事业也进入全面改革阶段，已经初步建立起覆盖城乡的社会保障体系。企业退休人员养老金水平、城乡低保、"五保户"和优抚对象的生活补助标准不断提高，由城乡居民的基本医疗保险制度实现了全覆盖，社会救助制度、社会福利与优抚安置工作取得明显进步。但是，由于多头管理、制度分割等原因，导致西部城乡社会保障发展失衡。因此，统筹推动西部城乡社会保障制度改革，为城乡居民提供均等化的公平社会保障，是新时期新阶段下推动西部城乡科学发展、可持续发展、包容性发展的根本要求。

（一）取得的成就

西部地区党和政府高度重视民生社会保障事业，不断加大资金和政策支持力度，积极推动社会主义新农村建设，在推动经济社会发展转型的同时，社会保障事业取得巨大成就，社会保障体系不断完善，社会保障范围不断扩大，社会保障水平不断提高，主要体现在以下方面：

1. 农村养老保险不断完善，城乡基本养老保险实现了全覆盖

"老有所养"是中华民族的优良传统之一，也是城乡居民最为关注的社会保障之一，是社会保险项目中最重要的险种之一。养老保险分为社会养老保险和商业养老保险，社会养老保险是我国现行主要养老方式，商业养老保险是社会养老的补充，正处于探索阶段，基本养老保险主要是指社会养老保险，具有强制性、互济性和普遍性的特点。西部12省（市、区）高度重视基本养老保险制度特别是农村社会养老保险的制度建设，参与各类养老保险的人数逐年增加，已经逐步建立起项目齐全的城乡养老保障体系，实现了城乡养老保险制度的全覆盖。

2. 城乡基本医疗保险制度的保障水平与质量不断提高

"病有所医"是一个国家社会成员的基本权利，也是政府提供给公民的基本公共服务之一。随着党和政府对于医疗保险的高度重视，西部地区基本建立了由城镇职工基本医疗保险、城镇居民医疗保险和新型农村合作医疗保险构成的基本医疗保险制度体系，不仅实现了城乡全覆盖，而且保障的水平与质量不断提升。西部地区城乡医疗救助制度也在不断完善，城乡居民大病保险制度以及疾病应急救助制度也开始建立，基本实现了全民医保，在城乡基本医疗保险制度方面取得了巨大成就。西部地区2013年新农合、城镇居民和职工三项基本医疗保险参保率稳定在95%以上，基本做到了应保尽保。

3. 西部城乡的社会救助制度逐渐完善健全

西部地区不仅集中了全国大部分的贫困人口，而且是自然灾害、三股分裂势力受威胁程度最高的地区。因此，完善西部地区城乡社会救助制度意义重大。西部地区党和政府高度重视城乡社会救助工作，把社会救助当作重要的民生工程来抓，已经初步建立起覆盖城乡的社会救助制度。重庆2013年城市居民享受政府最低生活保障人数为45.81万人，农村居民享受政府最低生活保障人数为62.66万人，城乡居民最低生活保障标准分别为350元/月和200元/月。2013年云南启动城乡居民大病保险制度试点一年来，解决了城镇103万低收入人口和农村467万贫困人口的生活问题。西部地区已经构建了以社会保险为核心的社会保障制度体系，为保障人民的基本生活，解除劳动者的后顾之忧，促进社会稳定做出了重要贡献。

表 1 2013 年西部 12 省市社会保险基本情况①

单位：万人，%

	城镇职工基本养老保险		城镇基本医疗保险		失业保险		工伤保险		生育保险	
	人数	增长率	人数	增长率	人数	增长率	人数	增长率	人数	增长率
重庆	760.90	8.2	539.53	8.7	389.67	20.4	406.76	8.5	280.44	10.6
四川	1720.6	6.57	2490.9	4.4	604.4	4.6	690.1	1.4	689.1	5.3
贵州	337.24	9.0	671.71	3.6	185.17	6.8	260.39	9.3	238.75	7.7
云南	384.55	5.5	1118.75	26.79	232.52	3.8	333.85	—	271.13	—
西藏	13.83	—	28.30	—	11.70	—	14.55	—	18.46	—
陕西	684.51	17.44	1244.26	11.21	339.67	0.2	378.06	7.9	240.25	7.4
甘肃	288.4	3.98	622.77	0.96	163	0.4	167.72	5.8	135.06	4.28
青海	90.3	4.99	181.31	5.2	38.51	1.7	52.26	6.2	41.82	23.87
宁夏	143.77	10.4	565.52	—	69.86	8.4	—	—	—	—
新疆	326.04	4.44	650.34	3.4	218.52	4.6	239.87	6.2	230.22	5.6
内蒙古	496.48	5.1	986.21	1.9	233.41	—	—	—	—	—
广西	538.37	5.02	1030.98	1.9	252.26	3.6	325.62	4.2	270.24	0.6

（二）存在的问题

西部地区的社会保障体系已经基本实现城乡全覆盖，且保障的水平与质量在不断提高，有力地维护了社会稳定。但是，西部地区社会保障制度也存在一些问题，影响到社会保障制度的完善与发展，主要表现在以下几个方面：

1. 农村社会保障发展滞后，保障的水平与质量亟待提高

西部地区农业人口、贫困人口、山区人口、民族人口占比大，农村经济社会发展缓慢，城乡发展差距较大，农村社会保障面临严峻挑战。一是农村人口老龄化带给社会保障的巨大压力。受制于经济发展水平的制约，本不宽裕的社会保障支出更显得捉襟见肘，难以满足不断增多的老龄人口需求，社会保障资金缺口较大。二是社会救助体系亟待完善。西部地区的贫困人口、"五保户"、"低保户"等困难群体人数总量大，频繁的自然灾害和人为灾害，都对现有的社会救助体系提出了严峻挑战。三是西部农村社会保障发展不均衡。农民对工伤、生育、失业保险的认识不足，参保人数少，大多数农民只缴纳国家规定的强制性养老保险，商业保险或者高档次保险参保人数比例低，靠地养老和家庭养老传统意识仍然强烈。因此，基于西部人口老龄化及转型期城乡社会风险趋于显

---

① 注：本表根据西部 12 省（市、区）2013 年国民经济和社会发展统计公报整理得出。

性化的背景，迫切需要加快社会保障体系建设。

2. 城乡社会保障的体制分散，效率不高

西部城乡社会保障实行二元制度，突出表现在机关事业单位职工与企业职工养老金"双轨制"问题、农村基本养老保险的覆盖面窄、保障水平低、待遇差别大的问题，这些问题是由社会保障的城乡分割、地区分割、群体分割的制度安排所造成。这种城乡二元的社会保障制度，一方面，造成社会资源配置不公，在一定程度上加剧了社会转型时期的社会矛盾与社会风险，另一方面，也严重影响到西部地区经济社会的科学发展、可持续发展与包容性发展。从城乡居民医疗保障制度来看，城镇职工基本医疗保险制度和城镇居民医疗保险制度由人力资源与社会保障部门负责，而新型农村合作医疗保险制度由当地卫生部门负责，社会救助与医疗救助则由民政部门负责。这种分散管理与多头管理的方式加大了管理成本，甚至造成相互推诿扯皮现象。同时，城乡二元的社会保障制度，使得大量农民工养老保险、社会保险、医疗保险不能异地转移，存在制度衔接的真空。

3. 社会保障基金收支缺口明显，结构性收入问题突出

社会保障基金收支缺口问题与民生息息相关，一直备受社会各界的关注。养老保险基金收入占比大，医疗、失业、工伤、生育保险不被重视，社会保险收支结构不合理。西部地区社会保障资金来源渠道非常单一，有限的财政收入对于庞大的社会保障支出显得力不从心。部分企业主要是民营企业、私营企业和小企业，规避《劳动法》，不愿意为职工按时足额缴纳保险费用，再加上人口老龄化到来及其灾害增多，社会保险基金缺口较大。社会保险构成不合理，养老保险与医疗保险占据绝对优势，失业保险、工伤保险、生育保险参保率低，说明西部地区社会保险主要以保生存为主，社会保障的结构不合理。

4. 社会保障对调节城乡收入分配的作用有限，城乡发展差距明显

社会保障作为一种经济分配制度，对于调节城乡收入具有重要作用。但由于制度的不健全，保障水平偏低，社会保障动用的公共资源的有限，对于收入分配的功能还没完全发挥作用，作为收入分配调控手段有限。据西部 12 省（市、区）2013 年国民经济和社会发展的统计公报数据显示，西部城乡发展不平衡现象依然突出。比如贵州 2013 年城镇居民人均可支配收入 20667.07 元，农村居民人均纯收入 5434.00 元，城镇居民可支配收入是农村居民的 3.8 倍，位居西部各省（市、区）的榜首，其余依次是甘肃 3.71 倍、陕西 3.51 倍、青海 3.1

倍、西藏 3.04 倍、重庆 3.02 倍、四川 2.8 倍，新疆这一比例最低，为 2.72 倍。因此，加快健全西部社会保障制度建设，充分发挥其调控财富收入分配的功能，对于城乡社会稳定，促进经济社会健康良性发展具有重要意义。

5. 社会保障法制性不强，需要加强社会保障法制服务

社会保障的法制建设，是社会保障制度体系的重要构成部分。我国社会保障法律体系已经形成，但法律实施过程中确实存在一些问题，一些法律没有得到很好的执行，一个很重要的原因就在于缺乏相应的法律服务。西部地区的社会保障已经基本实现普惠性，但是公平性有待进一步提高，法制建设的滞后不能给政府解决社会保障面临的复杂问题提供充分的政策和法律支持。现行的实践主要依靠行政法规和规范性的政策文件来指导，社会保险费用的征缴、支付、运营、统筹管理很不规范，在一定程度上影响到社会保障的作用发挥。

三、推动西部地区社会保障制度建设

社会保障是作为调节社会分配的一项基本制度，对于经济社会发展和解决民生问题具有重要作用。目前，西部地区的社会保障从选择性制度安排实现全民覆盖的阶段正逐步向普惠性制度安排过渡。西部地区社会保障制度要以党的十八大和十八届三中、四中、五中、六中全会精神为指导，通过整合和优化社会制度，提升制度的公平性，最终构建符合西部地区实际与特点的社会保障制度。

（一）西部特色社会保障制度构建的基本原则

加快构建与社会主义市场经济体制相适应的公平可持续社会保障制度，全面推进社会保障改革完善，是应对我国社会转型、体制转轨和人口老龄化趋势的必然要求。建设有西部特色的社会保障制度，既要遵循社会保障制度内在规律的一般要求，又要充分考虑西部地区的经济、文化、地理和民族特色，坚持以人为本，从以下原则推动西部地区社会保障制度建设。

一是功能性原则。保障全体社会成员的基本生存权是社会保障最基本的功能，在为全体公民提供最基本的社会保障的同时，要重点关注那些生活困难的群体，主要集中在以农民工为主体的流动人口、失业大学生、空巢老人、留守儿童、残疾人以及生活困难的群体。重点向民族地区、贫困地区、农村的困难群体倾斜，帮助社会成员抗御各种靠个人、家庭和雇员单位等难以抗拒的风险，保障他们最基本的生活权利，在此基础上，社会保障才谈得上公平性。

二是公平性原则。生存权是社会保障制度构建的基础，是社会保障制度最基本的功能，在实现全覆盖的基础上，要以发展权为取向，注重公平性。实现公平性是西部地区当前和今后一段时期社会保障制度建设的重点和核心。西部地区发展的不平衡仍然突出，人民群众对公平性的诉求越来越强烈。突出表现在更多的群众从当初要求保基本转向要求城乡、地区、群体之间的公平权利，要求社会保障对所有成员一视同仁，运作程序平等、公正和透明，共享改革发展成果。因此，社会保障制度的构建不仅要注重发展规模和进度，更要注重公平公正的程序设计与制度安排，以适应新时期新阶段对社会保障工作的新要求。

三是可持续原则。可持续性原则就是要求社会保障制度要与区域经济发展水平相适应，既要考虑人们的需求，又要考虑财政的承受能力，把二者更好地结合起来。事实表明，超越经济发展水平和财政承受力的高福利社会保障国家，面临财政不堪重负的尴尬，一旦削减社会保障福利开支，往往诱发社会动荡。正如人力资源和社会保障部副部长胡晓义在出席"2014 中国发展高层论坛——构建公平可持续的社会保障体系"时表示要以百年为期来审视和安排社会保障体系的建设，不能因一时之需，或者满足部分群体的诉求而扭曲了社会保障制度的发展方向。因此，西部地区要根据可持续性原则推动社会保障制度改革。

四是经济性原则。社会保障是国民收入的再分配手段，本身不直接创造财富，因此，推动社会保障制度全面深化改革，就要尽量减少运行成本，提高效率。推动社会保障制度改革要尽可能避免推倒重来，而是在现有制度基础上进行创新，不折腾，加快推动城乡、行业、区域之间的社会保障的制度衔接，是深化社会保障制度改革经济性原则的基本要求。人社部、财政部 2014 年 2 月 24日联合印发了《城乡养老保险制度衔接暂行办法》，该办法就推动养老保险制度城乡衔接作出了具体规定，就制度名称、政策标准、管理服务和信息等实现城乡统一，参保人员可以跨越时间、地区和制度进行参保，这一办法是经济性原则的基本运用。

五是经济保障、社会服务、精神慰藉相一致原则。社会保障主要是根据保障对象的需求提供不同服务。长期以来，人们习惯把社会保障三个层次单一化，即把社会保障经济化。固然，通过现金给付或物质援助的方式保障国民的生活，是社会保障工作的重要内容。但是，随着社会变迁的加剧与社会风险的增多，对社会保障服务的精神需求与特色服务的要求与日俱增。西部地区的汶川地震、舟曲泥石流的自然灾害和云南昆明"3·1"恐怖暴力事件、乌鲁木齐"5·22"

恐怖暴力事件等，要求我们在提供基本经济保障的同时，也要注重关注受助群体的心理和精神需求，通过相关服务和精神慰藉，帮助他们早日走出阴影，融入正常生活。同时，由于生活节奏的加快，不平衡发展的现实，导致部分群体特别是困难群体心理失衡，出现了弱势者心态，社会心理烦躁，都需要从精神上予以疏导。因此，西部地区需要通过社会保障的经济、服务和精神三位一体来共同疏导民众心理，维护社会稳定，缓解社会焦虑，满足人们多样化、个性化的需求。

（二）西部特色社会保障制度的改革

改革开放以来，特别是西部大开发以来，西部地区的社会保障制度建设取得了显著成效，初步构建起覆盖城乡居民的保障网络，在分享发展成果方面迈出了一大步。但是，应当看到，西部地区的社会保障制度建设面临严峻挑战，必须坚持有所为、有所不为的方针，立足西部地区实际，在国家政策指导下，重点突破与全面推进相结合，重点是从普惠性向公平性转变，推动制度衔接转续，继续加大对农村社会保障的建设力度。

党的十八届三中全会提出建立更加公平可持续的社会保障制度，并从六个方面部署社会保障制度的改革任务。西部地区要依据区域经济发展实际和社会发展现状，全面推进城乡社会保障制度改革与创新，在2020年前，基本建立城乡均衡发展，经济保障、社会服务、精神慰藉为一体的公平性、多层次、高质量，与社会主义市场经济体制相适应城乡一体化的新型社会保障制度。根据课题组的调研，西部特色社会保障制度改革创新应重点在以下方面下功夫：

1. 坚持社会统筹和个人账户相结合，加快建立统一的城乡居民基本养老保险制度

"老有所养"是中华民族尊老爱幼的基本文化传统，也是一个国家或地区的公民应当享受的基本权利之一。西部现行的社会养老保险制度主要是新型农村养老保险、城市居民养老保险、机关事业单位养老保险和城镇职工基本养老保险四种，其中"新农保"和"城居保"彼此之间壁垒最小、制度衔接转续最容易，实现二者合并已是水到渠成。西部地区要以《关于建立统一的城乡居民基本养老保险制度的意见》为契机，探索城乡统一的养老保险制度改革，重点是解决城镇企业职工与机关事业单位基本养老保险的"双轨制"问题。同时，要从制度上将社会统筹与个人账户分开，提高个人账户比重。推动实行企业年金制度，企业年金划归个人账户，应当争取国家允许西部企业将此项费用计入生

产成本，从应纳税收中扣除。同时，个人账户保险费中由企业缴纳的部分，应改为全部并入职工工资中，按月支付，再由个人缴入自己的社保账户，从而降低企业负担，特别是私营企业和民营企业的负担，不断激发社会活力。

2. 进一步推进医疗保险制度改革，建立统一的城乡居民基本医疗保险制度

医疗保险和养老保险，是社会保障最基本的构成部分，也是老百姓普遍关注的民生问题。国家已经决定合并实施新农保，建立统一的城乡居民基本养老保险制度。西部地区要在此基础上，进一步推动城乡居民的基本医疗保险的改革，构建统一的城乡居民医疗保险制度。目前，西部医疗保险由城镇居民基本医疗保险、城镇职工基本医疗保险、新型农村合作医疗三项医疗保险制度构成，虽然基本实现了城乡全覆盖，但也存在着诸如农民工及其子女医疗保险、制度的实际收益率低、参保的可持续性弱和制度缺乏衔接以及认识不足的问题。因此，要积极推进城乡医疗保险制度改革，加强基本医疗制度保障力度，并不断提高其标准，完善健全城乡大病医疗保险制度，让城乡居民特别是生活困难群体"看得起病"。整合和优化城乡居民医保制度，让城乡居民在同一种医保制度下享受平等的医疗保障权益。

3. 整合制度，推动制度之间的衔接转续，为人口的自由流动扫清制度障碍

西部地区要实现经济社会转型升级与科学发展，就必须在人力资源开发与利用上下功夫。一方面，大力发展职业教育，培育职业中介，加大对农民工的文化和技能培训力度，增强其就业和生存能力。另一方面，整合和优化城乡各项制度，推动社会保障等各项制度的衔接转续，进一步增强西部地区吸引人才、留住人才的能力。第一，推动城乡基本养老保险的制度衔接。从目前看，养老保险制度的城乡、内部、行业之间缺乏衔接政策，不利于流动人口和农民工的权益保障。因此，整合规范城乡居民基本养老保险制度，建立社会保障待遇确定机制和随经济社会发展的正常调整机制。第二，优化整合城乡城镇职工基本医疗保险、城镇居民基本医疗保险以及新型农村合作医疗三项医疗保险制度之间衔接。建立卫生、社保、民政等部门的协同调节和优化整合机制，以便适应新时期城镇居民身份、工作变动频繁的需要。第三，西部地区应加强区域联动，建立起跨区域转账的医疗保险个人账户，以身份证号码作为公民参保的唯一账号，账户不受地域、职业限制，可以随工作迁转续交，终身拥有。

4. 完善社会救助制度，健全社会保障服务体系

完善社会救助制度，特别是农村的社会救助，对于西部地区来说具有重要

意义。西部地区集全国自然灾害之最，地震、干旱、泥石流等发生率都高于全国其他地区，贫困群体和低收入群体多，社会救助压力大。西部的社会救助要在继续做好城乡居民最低生活保障的同时，适应风险社会和人口老龄化需要，大力发展社会保障事业，完善社会保障制度，全面实施城乡居民最低生活保障制度，健全特殊群体社会保障和服务体系。

5. 健全社会保障多元投入机制，构建多层次的社会保障体系

西部地区社会保障制度改革的关键是资金短缺的问题，鉴于西部发展实际，单靠地方政府财政投入难以缓解西部社会保障的资金压力，因此，健全社会保障多元投入机制，是推动西部社会保障制度持续健康发展的基础。要充分发挥市场对资源配置的决定作用和更好地发挥政府的作用，政府通过创造良好投资环境，采取免税、延期征税等优惠政策，鼓励引导社会资金投入社会保障，加快发展企业年金、职业年金、商业保险，构建社会保障多元化投入机制，不断满足人民多样化的社会需求，构建西部特色社会保障制度体系。

第十章

美丽西部：生态文明制度建设

人的生存发展与自然界和生态环境的动态平衡密切相关，人来自于自然界，为了维持生存，必然同自然界进行物质、能量与信息的交换。人把自然界作为人的直接的生活资料，自然界就它自身不是人的身体而言是人的无机的身体。从将发展等同于经济增长的发展观到综合发展观，再到可持续发展，以及今天的以自由看待发展。发展价值观的转变，使得人类重新看待社会发展与自然的关系。这就要求我们必须建立系统完整的生态文明制度体系，实行最严格的源头保护制度、损害赔偿制度、责任追究制度，完善环境治理和生态修复制度，用制度保护生态环境。人类生存与发展必须在一定的空间系统支撑下才能实现，生产空间、生活空间、生态空间构成人类社会完整的生存链系统，体现出人与自然、人与社会的关系。统筹城乡发展就是要构建生产、生活、生态协调合理的空间布局，促进人与自然、人与社会的可持续发展与包容性发展。"美丽中国"的提出，生态文明建设作为"五位一体"重要内容，构成中国特色社会主义建设总布局，这一概念提出和总布局的形成，是党对中国特色社会主义发展方式和发展理念的重大创新，标志着党对共产党执政规律、社会主义建设规律、人类社会发展规律认识的深化。西部地区作为全国生态安全的屏障，生态文明建设面临着严峻挑战，推动生态文明建设是促进经济社会转型和统筹城乡发展的重要内容，也是升级版西部大开发的必然要求，对于促进我国生态安全和环境保护，促进经济社会的全面健康可持续发展具有重大意义。

一、生态文明的哲学意蕴

生态文明作为一种发展理念和价值追求，体现出的是人与自然的道德伦理关系，是人类对自身和世界关系认识的不断深化。马克思主义经典作家非常重视生态保护和生态建设，他们从人与自然关系的角度，提出人对生态环境的依赖性与能动性，并从生存论出发，揭示出人与自然相互依赖、不可分割的关系，探讨了人与自然和谐统一的可能性路径。理解马克思、恩格斯的生态伦理思想，对于解决目前的生态问题，建设美丽西部具有重要意义。

（一）马克思主义的生态文明观

马克思认为，人的肉体属于自然界，人在肉体上只靠自然产品才能生活，自然界是人的生产和生活的一部分。人的普遍性正表现在他把整个自然界——首先作为人的直接的生活资料，然后是作为表征人的本质的材料即对象和工具——变成人的无机的身体。对于人类而言，自然是人生存发展的基础，是人的社会活动和实践活动的对象性存在，是人的无机身体。对于自然界而言，自然界的存在、价值只有纳入人的实践活动范围，成为实践性的存在，才能凸显出自身的价值，"人化自然"就是自然最大的价值所在，因为只有人才能把自己同自然有意识有目的地联系起来。正是在"人化自然"的社会实践活动中，人才真正体现出特有的能动性与创造性，把自己同自然界与动物界相区分，建构以生产关系为核心的社会关系。人类通过实践的方式、理论认识的方式、价值关系的方式和艺术方式来把握和改造自然。

人来自于自然界，依靠自然界，是一个自然存在物。人来源于自然界这一现实，决定了人的生存、发展、实践活动离不开自然界，人只是自然界的一个构成部分而已。相对于自然界而言，自然界是整体，人是部分，部分是不能离开整体而存在的。"所谓人的肉体生活和精神生活同自然界相联系，不外是说自然界同自身相联系，因为人是自然界的一部分。"① 人是自然界的能动性存在，也是受动性的存在。人类借助于实践的中介力量，在改造自然、社会的过程中创造出了灿烂的文明，沉淀了丰富的物质财富，为人类的更高发展打下了坚实的基础。人类作为整体中的部分，无论怎么发展创新，都离不开自然这个整体，这是人类发展进步的根基。

人类作为有意识有目的的存在，在遵循自然界规律基础上认识和改造自然。但是，人与自然的关系不是单纯的主客体、改造与被改造的关系，而是一种相互依赖、相互影响双向互动的关系。人类沙文主义，盲目迷信理性和科技的力量，尽管取得了改造自然的巨大成就，但是无视自然规律的实践，最终只会遭

---

① 马克思恩格斯全集 第 3 卷 [M]．北京：人民出版社，2002：272．

受到大自然的报复，"我们不要过分陶醉于我们人类对自然界的胜利。对于每一次这样的胜利，自然界都对我们进行报复。每一次胜利，起初确实取得了我们预期的结果，但是往后和再往后却发生完全不同的、出乎预料的影响，常常把最初的结果又取消了。"①

从马克思主义生态文明观可以看出：第一，人来源于自然界，自然界是人类一切实践活动的前提基础，人的生存发展必须依赖这个基础；第二，人与自然的关系不是单纯的改造与被改造、主体与客体关系，而是互为主客体，是主体间性关系，是相互依赖、相互影响的双向互动过程；第三，人类能动性与主体性作用发挥的前提是遵循自然规律，否则会遭受到自然界的惩罚，人要像爱护自己的身体一样爱护自然界这个人的无机身体；第四，人作为有意识有目的的创造性存在，能够在遵循自然规律的基础上，不断解决人与自然的矛盾，从而推动生产力发展和人类社会的进步。

(二) 生态文明的提出及意义

在人类社会发展的历史长河中，生态危机是伴随着现代科技的大规模应用和工业文明的产生而产生，是生产力发展到一定阶段、工业发展的副产品。传统的工业文明饮鸩止渴掠夺式的发展方式，消耗子孙后代的自然资源，并伴随着大量污染破坏人们的生态空间环境，从而引发人类生存发展的生态危机，生态文明应运而生。生态文明是一种继工业文明后人们不断自我反思人与自然关系、科学与理性以及传统发展观的基础上形成的文明范式，也是人类文明发展的高级阶段。

人类社会早期，受制于生产力的限制，人类对自然的开发与利用能力有限，自然完全支配人，人类对自然的基本态度是敬畏、崇拜和被动服从。到农业文明时期，生产力的发展，人类的自我意识和理性思维开始觉醒，便不安于自然的庇护和统治，希望从自然的压迫中解放，在利用自然的同时试图改造和改变自然。从希腊哲学家普罗泰戈拉提出人是万物（存在的和不存在）的尺度，到工业文明时期，培根提出"知识就是力量"，人类对自然由"利用"变为"征服"，认为"人是自然的主宰"。人的主体性地位的确立以及科技革命的运用和推动，社会生产力实现了前所未有的发展，人类开发和利用自然的能力为其创造了以往社会文明无法媲美的舒适、便捷的生活方式。然而，传统的工业文明

---

① 马克思恩格斯选集 第4卷 [M]．北京：人民出版社，1995：383.

付出了巨大的资源环境成本与代价，在创造巨大物质财富的同时，导致资源短缺和生态环境恶化，人与自然关系紧张。

反思传统工业文明的基础上生态文明应运而生。1962 年，美国科学家卡逊发表了《寂静的春天》，标志着人类开始关心生态环境问题，被认为是"生态文明"时代的开始。20 世纪 70 年代，罗马俱乐部出版《增长的极限》提出了人口和经济无限增长与地球的资源和空间有限性的矛盾，这一理论引起了人们对当代环境和未来前景的关心和思考。随后联合国发表了《人类环境宣言》，强调了人类发展与自然环境的关系，保护环境是人类共同的责任。1987 年，联合国"环境与发展会议"发表的《我们共同的未来》报告，该报告以"持续发展"为主题，论述了发展与环境的关系，标志着人类发展理念与发展价值观的重大变革。1992 年，联合国又发表《21 世纪议程》，提出世界范围内可持续发展目标，为生态文明建设提供行动蓝图。2002 年可持续国家首脑会议把经济发展、社会进步、环境保护作为人类可持续发展的三大支柱，标志着实现人与自然和谐发展与可持续发展已成为全球共识，推动生态文明建设，成为人类社会和平发展的共同选择。

生态文明以保护生态环境为目标，强调发展的可持续性，从系统论角度将人、自然、环境、发展有机联系起来，生态文明的提出具有重要意义。首先，在文化价值观上，生态文明反对将人与自然看成认识与被认识、改造与被改造的关系，主张人与自然和谐共生。理解生态文明，必须也只能从人的生存的角度去做阐释，要求我们在发展生产力的同时要突出生态的重要性，要尊重和保护环境，坚持走可持续发展道路。

其次，在生产方式上，生态文明摒弃早期现代化采取"三高一低"发展方式和"先污染后治理"发展道路。生态文明追求经济、发展、生态、环境之间的相互依赖与良性互动，要求不断进行产业结构的优化升级与消费方式、习惯的不断变革，走低碳、绿色、循环经济道路，建设资源节约与环境友好型社会。

再次，从生活方式和消费习惯来看，生态文明倡导绿色消费理念和生活方式，反对以任何理由和形式浪费资源和污染环境。生态文明将环境保护作为人自由全面发展的重要组成部分，反对人性中的奢侈享乐和无度的索取，主张人们过节俭、绿色、环保、低碳生活，要求构建资源节约型、环境友好型社会。

最后，在社会发展上，生态文明摒弃传统工业文明社会"私人利润率至上"的市场经济理念，由于这种发展理念支配着企业家行为，使其只关心自己直接的利润效益，而忽略全社会的效益，导致人与人、人与自然之间的关系形成尖锐对立。生态文明是人、自然、社会和谐统一的文明，强调将生态理念渗透到社会治理、社会发展的各个方面，从而以对自然的最小损害获得人类福利乃至全社会的福利最大化，在公平与效率的统一、代内与代际公平的统一、社会群体之间在生态公平正义统一的基础上，把生态文明纳入全面建成小康社会的总体目标之中，实现经济、生态和社会三者统一的效益最大化。

二、生态文明：西部大开发转型升级的新挑战

经济增长的目的不在于经济本身，而在于改善人的生存状态，生存状态的持续改善就是经济增长质量的体现，主要表现为四个方面：居民支配经济增长的大部分收入，经济增长的动力主要来源于居民的发展性消费增长，可持续发展主要依赖于不断提高资源利用率和科技进步，生活质量取决于环境持续向好。西部大开发以来，党和政府加大对生态环境的保护力度，经济发展和环境保护成效显著，但是，由于种种原因未能从根本上扭转生态恶化的趋势，环境保护的任务依然艰巨。因此，推进美丽西部生态文明建设是改善西部经济增长质量和发展方式转变的必然要求，也是升级版西部大开发和统筹城乡发展的重要内容。

（一）西部生态环境面临的挑战

西部地区作为我国生态安全屏障区，集中了全国大多数禁止开发区域，属于生态系统的敏感地区。西部地区党和政府不断加大对生态环境保护的力度，但由于历史欠账、特殊的自然地理因素以及一些人为因素，西部生态环境面临的挑战依然严峻，生态环境恶化的趋势并没有得到根本扭转，主要表现在：

一是水土流失严重。据《西部蓝皮书：中国西部发展报告（2013）》的统计显示，"2005—2010 年，西部地区累计水土流失面积增加 14.24%，高于全国1.41 个百分点，绝对面积占全国的 47%。水土流失治理面积绝对量相对较大的地区陕西和甘肃增加速度慢，而水土流失治理面积绝对量最小的西藏和新疆地区增加速度最快"[①]。水土的流失造成将中下游河床淤积，一些湖泊干枯，部分径流丧失调节能力，旱涝频繁无常，威胁西部地区人们的生产和生活。《西部大

---

① 姚慧琴，徐璋勇主编．西部蓝皮书：中国西部发展报告（2013）——新形势下的西部地区小康社会建设［M］．北京：社会科学文献出版社，2013：152 - 153.

开发"十二五"规划》明确了黄土高原水土保护区和青藏高原江河水源涵养区要解决水土流失的严重问题。

二是土地荒漠化加剧。全国每年土地荒漠化以 2460 平方公里的速度增加，其中在西北地区就达 2133 万公顷，主要集中在宁夏、新疆、内蒙、甘肃、青海等地。课题组从兰州到敦煌和西宁的调研发现，一路上基本全是荒漠化的土地，没有植被，没有粮食作物，常年的干旱，并且有趋向恶化的趋势。比如青海省沙漠化土地占全国21%，是近年来导致我国华北、东北、西北地区沙尘暴频发的不可忽视的原因。土地荒漠化不仅产生沙尘暴等气象灾害的频发，而且使得西部人均耕地少的局面更加捉襟见肘，导致土地生产力下降，严重威胁粮食安全和人们的日常生活。

三是植被破坏严重。西部大开发以来，地方党和政府积极响应国家号召，积极采取各种措施大力实施退耕还林、退牧还草、保护植被、严禁过度放牧和森林砍伐。但是，总的来看效果有限，特别是川西长江源头区域植被破坏更为严重。根据国家林业局 2014 年发布的全国第八次森林清查数据显示，我国属于缺林少绿、生态脆弱的国家。森林资源分布不均，西部地区占比重较大。我国的天然草原绝大部分在西部，是耕地面积的 3 倍多，林地面积的 2 倍多，然而，西部大部分的草原存在退化问题，甚至有些已经退化成了沙地、盐碱地。

四是污染问题日趋严重。西部大开发以来，中央和地方政府按照"再造一个山川秀美的西部"的总体要求，加大对西部地区环境整治的投入，但是，西部地区环境污染依然严重，主要污染物排放总量没有得到根本控制，固体废弃物综合利用率偏低，重点流域水污染依然严重。

（二）生态文明建设面临的主要障碍

西部地区生态文明建设面临的困境既有地理环境因素以及经济发展实力不强的客观原因，也有认识不到位，GDP 至上传统发展观的主观因素，更有制度的设计、执行、监督不到位的因素。因此，加强生态文明的制度建设，实现人、自然、社会之间的和谐相处，是建设美丽西部的必由之路。

1. 财政制度的制约

财政制度的制约主要体现在财权和事权不对称，事权重心下移、财权重心上移，不利于西部的生态文明制度建设。一是事权和支出范围越位，不利于生态文明建设的地区协调和综合治理。生态文明建设是一项关乎全局的系统工程，西部地区生态环境的外部性（正外部性使邻近地区收益、负外部性使邻近地区受害）非常明显，需要地区协作，综合治理等。但是出于地方利益的考虑，各扫门前雪的现象普遍存在，生态文明建设缺乏协同性和整体性。二是财权重心上移，地方税收体系不健全，不利于调动地方政府环境保护的积极性。西部地区属于欠发达地区，必然会导致地方政府产生重经济利益轻生态保护的发展理念，如果地方政府的财政收入连维持基本的公共产品和公共服务支出都有困难，甚至还有许多脱贫群体需要帮助，对于生态文明建设，就显得力不从心。笔者在西宁、兰州等地的调研证明了这一结论，显示出西部生态文明建设的尴尬境地。

2. 行政管理制度的制约

西部的环境治理过程中，政府更加偏重行政手段，而以市场调控为基础的环境政策却很少涉及，仅仅当作是对政府管制调控环境的补充和辅助，这种行政管理制度与生态文明建设存在悖论。主要体现在两个方面：一是干部的任期制度短与生态文明建设的长之间的矛盾。众所周知，生态文明建设不是一朝一夕就能完成，它是一项长期的系统工程，需要几代人的不懈努力，因此，需要政府制定的相关政策保持一定的稳定性和持续性。而干部的任期制，必然造成现任与前任的一些执政理念、方法、侧重点的变化，进而影响政策的稳定性和持续性。二是干部的考核制度与生态效益难以评估性之间的矛盾。生态效益关系到人类生存发展的根本利益和长远利益，在短期内难以量化评价，而现行的干部评价考核主要体现在可以量化的政绩观上，这种考核评价体系直接影响到政府的投资倾向和行为，当然不利于生态文明建设。课题组的调研表明，西部地区党员干部普遍认为，生态文明建设对于经济社会发展的极端重要，但是，如果不改革现行的干部评价考核体系，就难以树立正确的政绩观，也难以遏制经济增长的 GDP 冲动，更不利于生态环境的保护和建设。

3. 法律体系的制约

生态文明制度建设需要强有力的执行力作为前提，否则制度规制的约束力将无从实现，完善的环境保护法律体系将为生态文明建设保驾护航。西部地区尽管已初步形成了一系列关于环境保护的法律法规，但在环境保护的执行力方面存在一些问题：一是法律体系不完善。一方面，现行的有关环境法律法规仅注重污染防治的内容，缺乏跨区域等综合性、整体性保护的联动约束；另一方面，在新颁布的有关环境法律中缺乏协调性和衔接性。二是司法裁判有待加强。西部现行的司法裁判采用的是环境"直接利害关系"原则，而不支持"公益诉讼"，远远不能满足环境诉讼的需要。三是环境执法力度弱、阻力大。环境保护势必和一些地方或部门利益相冲突，基于对地方利益的保护，出现了执法不严、弹性执法、差别执法的现象，加大了环境执法的难度。

4. 公众生态保护意识不强，参与度不够的制约

西部经济文化发展落后的现实，客观上导致人们的关注重点在经济发展，而环境保护和生态治理的意识不强。作为高级形态的生态文明需要相应的制度文化来支撑，只有形成人人懂环保、人人参与环保，形成爱护环境、保护环境的良好社会氛围和文化氛围，走绿色、低碳、循环经济成为共识，生态文明建设才能真正取得成效，真正建成山清水秀、绿树青山的美丽新西部。

（三）美丽西部生态文明建设的迫切性与必要性

21 世纪，绿色革命已经渗透到世界各国的社会、经济等各个领域，美丽中国的提出，标志着人口众多的中国正式步入了追求经济发展与生态保护协调发展的绿色发展道路。西部独特的生态环境以及对全国的生态屏障作用，决定了美丽西部生态文明制度建设对促进新时期升级版的西部大开发、社会转型、国民经济持续快速健康发展以及人们的生产生活具有客观必然性和现实必要性。

1. 推进新时期升级版西部大开发的需要

西部大开发是党和政府为促进西部发展作出的重大战略决策，在西部大开发这一政策的推动下，西部经济社会发展不断缩小与东中部的差距。然而，西部大开发也存在一些诸如产业链条短、产品附加值低、重资源开发、轻生态保护等问题，迫切要求打造升级版的西部大开发。建设美丽西部，推动生态文明建设是升级版的西部大开发的重要内容。"新丝绸之路经济带"的提出，为打造升级版的西部大开发带来了难得的机遇，同时，也对西部生态安全和生态文明建设提出了更高的要求。升级版的西部大开发注定要承担更多的责任，既要关注经济发展和社会转型，以增加居民收入和发展性消费增长带动经济发展，又要注重经济发展的质量和人民幸福指数，更要注重提高资源利用率，保障生态环境持续向好，人与自然和谐相处、共荣共生，进而实现经济、生态和人的全面发展多赢局面。

2. 解决生态环境安全屏障和生态脆弱问题的必然要求

从国家功能区的规划来看，西部地区的生态环境保护具有双重性：一方面，西部生态安全事关中国生态安全，是全国生态的安全屏障。西部地区是长江、黄河、珠江的发源地，是中国的水源和生态涵养地，其生态安全具有全局性、

整体性与战略性。另一方面，西部生态环境脆弱，自然净化机制能力不强，一旦破坏其生态循环，将对整个中国的生态安全造成威胁。因此，从维护国家生态安全角度来看，尽快构建西部生态文明制度体系，是解决西部生态环境脆弱性和屏障作用的必然要求，也是保证人们生存质量和维护整个社会良好发展的必然要求。

3. 协调东、中、西部利益均衡的必然要求

西部地区由于其特殊地理位置和历史原因，不能为追求经济效益而牺牲生态效益。生态服务大多属于公共物品或准公共物品，很难做出评估，也难以制定合理的市场价格。西部的生态服务和生态安全是全国的公共物品，作为全国的生态安全屏障，为全国在生产、生活上提供了生态方面的服务，如涵养水源、生物多样性等。由于处于受限制开发区，西部地区自然会在一定程度上失去发展的一些权利和机会，理应得到东、中部地区给予的利益补偿。建立科学合理的生态补偿机制，不仅是缩小区域发展差距的需要，也是美丽西部生态文明制度建设的必然要求。因此，美丽西部建设所构建的生态文明制度体系，成为协调东、中、西部利益均衡的必然要求。

三、建设生态文明，打造美丽西部的制度体系

美丽西部建设是一项系统工程，必然要求更高层次的生态文明。西部生态文明建设错综复杂，受历史条件、地理因素、政治因素、区域文化和思想观念的影响，尤其是人为开发不当导致的生态环境恶化。在西部生态治理与环境保护的实践中，单纯依靠政府为主导的制度建设尽管成效显著，但也存在着一定的局限性，推动生态文明建设的制度创新，建立政府、市场、公众参与三方协同参与的治理机制，是升级版西部大开发和统筹城乡发展的迫切需要。

（一）制度在生态文明建设中的优先性

西部大开发升级转型关键在于转变发展方式，建立一套系统完备、科学规范、运行有效的制度体系，推进区域治理能力和治理体系的现代化。当前，西部地区的生态文明建设水平还不高，同样也具有很大空间释放生态文明制度建设的红利，即通过生态文明制度建设，制定相关法律法规，协调人们的行为，以实现最少的资金投入，收获最大的生态成效。因此，制度建设是生态文明建设的重要内容，对于美丽西部建设具有不可替代的作用。

1. 制度对于生态补偿的机制保障作用

处于一定社会中的人们，必然会以生产关系和交往关系为中心，建立起人与人之间全面丰富的社会联系，制度或体制机制是这种社会关系的一种本质体现。规范人们的行为，维护共同体的利益，离不开一定的制度或规则的约束，生态补偿机制的提出，就是让生态的受益者与受损者、消费者和销售者之间权利与义务更加对等。西部地区是全国生态屏障和水源涵养区，受益者不仅是西部地区，也是全国各地，理应由全国各地共同埋单，特别是受益地区，更要承担环境治理的更多责任。同时，生态补偿中交易的复杂性和多样性以及人们的认知水平有限，存在信息不完全和人为的信息不对称的情况，当环境存在正外部性时，会出现搭便车、偷懒情况；当环境存在负外部性时，会出现隐瞒、欺诈情况。这些机会主义行为会导致交易双方利益冲突，影响交易的顺利进行。因此，在生态补偿和保护中，需要加强制度建设，实质就是为建立一种保障机制去协调利益双方，消除双方摩擦，促使交易完成，保证双方乃至各方的权利与义务的公平、公正与对等。在课题组的调研过程中，西部地区强烈要求加快建立或完善落实生态补偿机制，加大国家对西部环境治理的支持力度，明确环境保护方和受益方的权利与责任，共同推动西部生态文明建设。

2. 制度对于主体间的生态利益分配和交易费用分摊的保障作用

现实中任何交易的交易成本都不可能为零，这就必然要求在生态保护的交易中，首先对环境资源进行产权界定，产权的归属是受制度保护的利益的归属，是制度规制的重要内容。只要有环境外部性，人们对环境污染的控制和环境的保护就会缺乏效率。这是由于当个人和企业不用承担自己所从事的活动的全部负外部性成本，此类活动就会过多；相反，个人和企业不能享受正外部性活动的全部利益，此类活动就会过少。可见，环境资源的产权如何界定，交易成本如何降低，需要制度在协调交易时进行规制并加以解决。通过制度设计去协调主体间的生态利益分配和交易费用分摊，是生态文明制度建设的重要内容。

3. 制度提供生态文明建设强有力的执行力

制度是政治文明上层建筑的组成部分，具有规范和约束人们行为的作用，但是，其作用的实现必须依靠强有力的执行。在生态文明制度建设的初步阶段，必须以有效的执行力作为前提，以保证生态文明建设的顺利进行，否则生态文明制度的规范作用和约束力将无从实现。依据制度经济学派的分类，制度分为正式制度和非正式制度，由此分类，生态文明制度的执行力保障也分为两类。

一类是生态文明正式制度的执行力保障，主要有国家、法律等提供的执行力，主要方式有"命令—控制"型、基于"成本—收益"的权衡利弊型；另一类是生态文明非正式制度的执行力保障，短期效果不明显，但却是制度建设的根基，主要方式有"道德教化"的引导型，即通过社会舆论、伦理道德、生态文化观念等意识形态提供的执行力，重构人与自然和谐共生的生态伦理价值观。

（二）美丽西部生态文明建设的制度体系构建

推进美丽西部生态文明建设是一项复杂的社会工程，需要相关政策的可持续性与连贯性，而制度就是为了保证生态文明建设的理念、政策、执行力等不因为相关领导人的改变而改变。生态文明制度建设既要继承被实践证明的有效制度，又要依据新变化新特点不断创新制度，建立系统完整的生态文明制度体系。西部生态文明大致可以分为三类制度体系：一是建立科学有效的政府规制体制。生态环境的公共物品属性，决定了政府必须担负起在生态文明建设中的主导地位。二是建立公平合理的市场规制体制。在美丽西部生态文明建设中，政府的主导作用代替不了市场的作用，市场机制依据生态环境资源的供求变化，起到优化资源配置的作用。因此，利用市场手段和经济激励策略可以提高生态效益。三是建立积极的公众参与机制。尤其对于人、财两缺的西部地区，更应该通过提高公众的认知度，促进生态的保护及改善。这三类任务构成了一个完整的制度体系，即建立政府—市场—公众参与三方协同的多元治理机制，为西部地区生态文明制度建设提供了指引和方向。

第一类：政府规制

政府作为公共权力和公众利益的代表，理所当然要成为推动生态文明建设的主体，把生态理念融入经济社会发展和人们的日常生活中，成为发展的核心价值理念。生态理念融入生产生活的实现必须依靠各种制度建设，生态文明制度建设是政府实施公共管理、维护公共利益的重要内容。

1. 构建生态文明取向的综合决策机制

在生态文明建设不断推进过程中，促进本地的经济发展和环境保护是西部地方政府努力实现的目标，要改变唯经济至上的决策机制，尽快构建以生态文明为价值取向的综合决策机制。具体途径：一是从国家战略层面对西部进行产业布局、产业结构调整，避免重复和高污染行业建设等，在重大决策的源头上控制生态环境问题的产生。二是西部地区生态环境治理中政府作为制度的供给者、实施者、监督者，应对生态环境的破坏承担责任，引入多元合作的治理模式，避免政府失灵的现象出现。三是建立西部环境保护机构且直接隶属国家，协调跨区域环境保护问题，可以避免地方政府的地方利益作梗，影响整体环境政策的实施。

2. 健全生态环境责任追究制度

西部生态环境管理体制存在管理分散、事权划分不明确、重复交叉等问题。多重交叉管理导致责任追究的主体模糊，给西部生态环境的治理带来困难，引发地方政府与国家、地方政府之间、地方政府与环保部门之间的矛盾与冲突。因此，针对这一现象，西部地区必须从国家环境政策的目标出发，摒弃地方观念和利益，健全生态环境责任追究制度，实现西部生态环境的根本改善。首先，要明确生态环境保护的责任主体。通过划分与环境有关的主管部门的权力界限，将事权集中在相应的职权上，做到权责分明，减少部门之间交叉管理、越权或多头管理等，以便责任追究，实现高效行政。其次，以法律的形式将各级主要领导干部的环境目标和责任规定下来，明确其在任期内对地方的生态环境担负起"保值增值"的责任，尤其在任期中或任期结束后对个人因重大决策失误造成的严重环境问题，不但要追究行政责任也要依法追究法律责任。最后，建立多方监督机制。建立包括司法机关、行政监察部门、社会舆论等生态环境保护的追究机制，切实将领导干部承担的生态保护责任落到实处。

3. 完善西部地区生态环境立法

生态环境立法是西部生态环境保护的基础，需要从立法理念、立法程序、立法内容、立法执行等方面加以完善。毋庸置疑，在西部大开发和生态文明建设的背景下，环境的法治建设还存在诸多需要改进的内容。西部地区必须立足于实际情况，合理构建西部的生态环境法律体系，促进西部经济社会的全面协调可持续发展。当前，西部地区生态环境立法应当着重从国家和地方两个层面进行完善。一方面，在国家层面上，强化主体功能区布局。尽快修订完善《中华人民共和国环境保护法》，将生态文明建设纳入法治轨道。另一方面，建立地方性环保法规。由于西部各地的生态状态复杂多样，生态环境建设中出现的情况和问题各不相同，因此，制定的环保法规必须根据本地实际需要，发挥地方立法的主动性，突出地方环境立法的特点。

4. 完善政府绩效考核评价机制

生态文明的建设离不开科学合理的政府绩效考核评价机制。将绿色 GDP 纳入西部领导干部的评测体系，也就是在 GDP 总量中扣除生态成本，增加相关的人文指标，使得各级政府降低经济攀比的势头，进而重视生态工作。通过增加生态、环保等要素的考核比例，体现了干部绩效考核体系的完善性和科学性，而且也从行动上规制领导干部，即防止"大家思想觉得很重要，但实际做起来就感觉不重要"的情况发生。另外，还需要注意的是要尽快建立一套切实可行的绿色 GDP 的评价内容及标准，为政府考核机制提供科学依据。

5. 强化生态环境执法力度

西部生态环境亟待改善，强化生态环境执法力度是推动生态环境保护的重要环节。必须在执法体制、执法监督、执法者素质等方面建立一种合理机制，严格执行相关法律法规。只有强化环境执法，才能有效遏制西部地区生态环境恶化的趋势。一是要严格环境保护执法。地方政府应牢固树立生态保护的法治理念，坚守底线，强化环境执法力度，公平执法，对于执法者和执法行为也应当严格监督。二是要加强环保执法队伍建设。环保执法人员的素质影响执法水平，进而决定环保法律能否被准确执行，影响执法效果。因此，提高执法人员的业务素质，增强服务水平，做到切实维护公众利益，尤其重要。

第二类：市场规制

市场规制就是对市场主体的行为进行监督和管理，对阻碍市场机制功能发挥的现象进行限制，制度建设中引入市场规制就是为解决政府规制存在的先天不足。市场是资源要素的分配者和协调者，在生态环境保护中，市场机制可以有效解决外部不经济性影响，使利益相关者综合考虑发展和保护的机会成本，协调经济发展和生态保护之间的关系。在经济活动中，政府和市场的作用是一个此消彼长的博弈过程。因此，在西部生态文明制度建设中，合理进行市场规制，要避免两种倾向：一种倾向是不利于环境持续的干预；另一种倾向是变市场干预为市场参与，否则，一旦生态资源的运行变为政府指令型或控制型，市场机制就难以发挥作用。

1. 完善资源产权制度

资源产权的界定是市场规制顺利进行的前提基础和必要条件。产权的界定意味着经济主体对资源的排他性占有和使用，西部地区资源产权界定不清，导致无法有效发挥产权交易制度配置资源的作用。因此，完善西部资源产权制度，发挥价格机制作用，是确保生态资源交易在市场机制中有效运行的重要手段。但是，并不是任何生态资源都能进行产权界定，大多数生态系统服务属于公共物品或准公共物品，其产权难以界定或界定成本极高，这就需要通过确定初始产权（初始排他性使用权和初始所有权）实现产权界定。一是产权界定清晰，交易成本为零，存在生态资源价格和市场；二是产权界定不清晰，交易成本大于零，不存在生态资源价格和市场；三是一、二的某种组合。根据三种类型进行生态保护的实行形式主要有：产权的分配与让渡、自由的市场交易、限额市场交易、政府转移支付、间接政策支持等等。

2. 建立资源有偿使用制度

很长时期，人们把自然资源作为没有价值的东西无偿地占有、利用和过度开发。然而，随着生态环境污染日益严重和生态环境危机的出现，人们开始意识到自然资源的价值，并在国家的法律和经济政策中加以保护和体现。建立环境资源的有偿使用制度，不仅可以缓解西部财力不足带来的环境治理的资金压力，而且有利于政府相关部门对资源进行有效的管理，实现治理环境的目标。首先，建立资源档案制度，为评定资源开发程度、保护管理效果及制定开发和保护措施，提供可靠的依据；其次，建立资源许可证制度，运用市场化手段解决生态资源的供需矛盾；最后，根据各地区的具体情况，选择合理的有偿使用方式，在市场经济比较发达的地区采取收税的形式，反之采用收费或两者结合的形式，无论采取哪种形式，目的是要保障西部资源的可持续利用，促进西部经济社会的可持续发展。

3. 健全生态补偿制度

西部地区拥有丰富的能源、矿产等资源，为全国的发展提供了廉价资源，建全科学合理的生态补偿制度，不仅是区域协调发展的需要，也是生态保护和生态安全可持续的需要。一是界定利益相关方。在市场交易中，主要从生态补偿实践中具体的利益相关方进行界定，即界定生态系统服务的购买者和生态系统服务的提供者。二是确定补偿金额。在考虑受益方有支付意愿且有支付能力和受损方有受偿意愿的基础上，双方通过博弈，从补偿成本和补偿价值两方面确定最终的补偿金额。三是制定补偿方式。一种方式是生态系统服务的供需双方通过市场的竞争机制确定交易价格，最终实现利益均衡；另一种方式是政府提供激励和分配限额。生态补偿机制要注重对西部地区发展机会成本的补偿，不仅体现在资金、产业等方面，更重要的体现在技术、人才等方面。

第三类：公众参与机制

从世界环保事业的发展来看，公众参与是推动环保工作发展的重要动力。有效的公众参与机制可以协调不同利益主体之间的关系，起到预防环境纠纷、体现社会民主的作用。随着西部大开发的转型升级，公民的环境意识逐渐加强，地方政府在制定政策的过程中，要广泛听取各方意见，集思广益，吸纳公众参与决策，确保环境政策目标的实现。

1. 建立环境信息公开制度

环境信息公开是在尊重公众知情权的基础上，政府、企业及其他社会行为主体定期向公众公开各自行为对环境的影响，以便公众更好地参与和监督，避免由于环境信息的不对称，使得弱势一方不能更好地维护自己的权益。首先，实现环境信息的双向沟通。既要以法律形式对环境信息公开进行规定，又要保障公众主动申请获得环境信息的权利，从而实现环境信息公开主体（一般包括政府及企业两大类）主动公开与公众申请公开相结合的双向公开体制。其次，保障公众参与环境决策的透明。公众参与的各个阶段给予公开，从而达到在公开中实现公众参与，在公众参与中扩大公开的目的，进而保护公民的环境利益。最后，针对环境污染突发事件要及时公开相关信息，及时向社会发布事件处理进程，主导社会舆论，有效遏制谣言，为突发事件的顺利处置创造有利的舆论环境。

2. 进一步提高西部公众的环境意识

任何制度的建立都需要与之匹配的文化作为支撑。西部地区受经济发展水平和历史原因等因素的影响，从整体上看，西部的生态文化较为匮乏，公众参与环保的意识相对较低，参与水平也不高。因此，提高西部公众的环境意识教育势在必行。一方面，依靠法律约束公众的行为，充分发挥法律的强制功能、教育功能、评价功能和指引功能，改变西部地区公众的观念、生产和生活方式。另一方面，加强环境教育。西部地区公众的环境意识薄弱与落后的教育水平直接相关，通过开展环境教育活动，引导公众树立良好的环境价值观，摈弃不利于环保的的消费方式和生产方式，进而鼓励公众积极参与环保活动。

3. 发挥社会团体或组织的积极作用

创新社会管理，加大公众参与力度，培育和发展依法自治的生态保护团体或组织，不仅可以调动公众配合政府工作的积极性，而且可以起到缓冲作用，有效防止、消除、缓解因环境问题带来的消极性的连锁反应。在发达国家，非政府团体或组织是一股影响力较强的政治力量，在环境管理方面发挥着积极作用，弥补了政府单一管理模式的缺陷。因此，加大培育环境保护的社会团体或组织，为公众参与环保提供制度、法律上的保障，鼓励公众积极主动的关心和支持，参与到环境保护中，让公众参与成为与政府规制、市场规制并行的第三方力量，是建设美丽西部、推动西部生态文明制度体系建设的重要内容。

第十一章

西部城乡社会治理制度建设

问题意识是创新的起点，对社会治理创新进行哲学思维，不仅是基于中国社会阶层急剧分化和社会矛盾错综交织的社会现实，更是基于实现稳定有序、公平正义、幸福平安的和谐社会的需要。注重运用哲学的思维，从整体上推动社会治理创新，实现国家治理体系和治理能力的现代化。破解西部城乡二元经济社会结构，单靠市场力量难以完成，必须发挥人的主观能动性，特别是党和政府的能动性，从政策和体制机制上进行突破。长期以来，城市和农村、工业和农业、城镇人口和农业人口在发展机会与权利等方面不能享受同等的待遇，重城市、工业，轻农村、农业的现象普遍存在，农村的社会治理相对薄弱，许多社会问题和利益纠纷没有得到及时处置，引发社会矛盾。因此，从体制机制上统一城乡社会治理，对城乡社会治理进行整体部署、统一规划和协同推进，才能真正实现城乡的一体化发展。课题组的调研表明，西部地区城乡社会治理制度建设，要重点在城乡规划体制、要素自由流通体制和收入分配体制三个方面进行突破创新。

一、统筹城乡规划建设体制

规划对于统筹城乡发展具有优先性，规划的目的主要是打破城乡因在政策、制度等方面的二元运行体系造成的发展差距，重点是将农村发展摆在同城市发展同样重要的地位，统筹安排城乡之间的要素分配以及发展政策、制度设计等。从而达到资源优化配置，缩小城乡发展差距，促进西部地区城乡经济社会协调、均衡、可持续发展。

（一）城乡规划管理中存在的问题

西部地区城乡规划覆盖范围小，重城市、轻农村现象突出。城市和农村从空间上被分割为两个不同的规划管理地域，二者之间独立分散，隶属不同部门，各自编各自的规划。相对于城镇而言，农村的整体布局、房屋结构、建设标准等缺乏长远规划和合理的空间规划，主要表现在农村民居住分散、办事效率低、土地资源利用率不高。同时，农村住房抗自然灾害能力低，特别是遇到地震、泥石流等极端灾害，往往会造成重大人员伤亡和财产损失，不利于在第一时间集中救助。相比较而言，城市建设用地规划相对科学，但也存在规划职能部门重叠交叉的现象。城乡规划的空间地域分割，造成空间上规划的空白区与重复，由于规划将农村分解为农村居民点与生产生活生态空间等不同类型，导致有的空间被重复规划，有的空间处于规划的空白区。

西部地区城乡规划存在的主要问题是规划编制质量不高，缺乏特色。规划的权威性来自规划的科学性与执行力，规划的科学性就要求规划者要综合考虑区域经济发展、文化特色、民族构成等多种因素，凸显特色，做出特色。西部地区居住50多个少数民族，每个民族文化形态各异，规划要尊重这种差异。西部文化形态的多样性与各个民族特色的生活方式、观念、习俗、宗教、艺术以及悠久历史、生存环境形成了中国最独特的文化生态群。这些文化生态群包含了器物文化、制度文化和意识文化，器物文化是反映和传承西部多样性文化的重要载体，如城市、村庄、建筑、道路、桥梁、机械、设备等一切人化的自然。遗憾的是，西部城乡规划未能体现出区域的地势地形、人文环境、民风民俗等特色，城市和农村的同质化现象严重。再加上编制程序的不科学，规划调查不详细，缺乏公众参与和专家论证，导致规划的操作难度大，前瞻性不高，经常出现前两年编制的规划很快就不能适应现实情况，需要重新修编。

城乡发展规划是一项严肃而权威的事情，事关该地区长远发展，具有前瞻性的特点。遗憾的是，西部地区城乡规划的长远性与政府官员任期的时效性和政绩性的矛盾导致规划的权威性不高，随意性与变动性大，一把手的个人决断明显。其根源在于两个方面：一是我国行政体制弊端的体现。一个地区一把手的更换往往意味着发展规划的变更，政策缺乏连续性是西部城乡发展规划的通病。由于任期有限，每一任主要官员上台，都要提出一套关于城乡发展的新思路，同时，为了突出政绩，往往会急于求成，短期效益明显，规划缺乏可持续性，造成资源浪费。二是地方规划围绕项目转。西部一些基层政府把招商引资作为重要的任务，规划要为项目让路，一旦有项目有资金，就会竭尽全力安排项目优先，造成规划的随意性大，持续性、权威性不够。

规划具有较强的专业性与技术性，西部城乡规划特别是农村和基层的规划管理人员素质不高，力量薄弱，投入有限。西部地区的规划存在的另一重要问题是从事规划的人员少，专业性不强，管理人员和决策者对专业技术和法律法规了解不够。同时，决策者对该地区文化习俗和人文背景缺乏了解，大多是靠经验决策，缺乏民众参与，因此，做出的规划没有特色，科学性不够，实用性不强。农村和基层社区、乡镇缺乏规划专业技术人员，规划要么来自上级的行政命令，缺乏主动性与创造性；要么是以城市规划理念规划农村，或者是从城市视角规划农村，并没有突出农村特色，具体表现在把社会主义新农村建设简单化为人口聚集、宽柏油路、农民住高楼，城镇化就是去农村化。因此，农村发展规划需要大批了解农业和农村的专业技术型人才，同时也需要尊重农村和农业发展规律，才能真正解决城乡发展的失衡问题。

二元经济社会结构是产生城乡规划建设问题的根本原因。受到经济社会二元体制影响，西部地区城乡规划主要是"城市规划"，城乡规划职责部门中没有专门负责乡村规划的部门。同时，由于城市和乡村在用地建设、土地管理等方面隶属不同职责部门，城乡规划管理与建设体制呈现出二元制的特点，城市和农村各行其是，各自制订自己的规划，城市规划错落有致，农村规划没有章法，特别是农民居住点的空间布局规划欠缺，造成城市和农村的空间分割。同时，法律法规按照城市、农村分别制定，但是，在建制镇和城乡接合部特别是城市郊区，城、乡属性界定不清晰，使得涉及建制镇的法律法规产生城乡交叉、相互矛盾。城市化的快速发展，城市土地资源的有限性，使得城市扩张往往通过行政的方式直接并乡、村入城，不断向城郊扩展空间，这种方式尽管加速了城镇化的发展，但是也带来一系列消极的影响。

（二）城乡规划建设的主要内容

西部地区的镇、乡和村庄规划由于制度的管理分割、专业规划人员缺乏以及法律法规和技术标准的不统一导致城乡规划管理的权限分散、空间分割，缺乏有效的统一管理，也难以实现城乡空间统筹和城乡空间全覆盖。产生这一结果既有历史原因，也有认识和体制、法规因素，要从城乡规划的思想认识、编制、管理、监督、保障等方面推进西部地区城乡规划管理的一体化，优化城乡空间布局合理化，促进城乡管理体制一体化。依据西部地区经济社会发展实际和城乡空间分布现状，结合西部文化传统及民族特点，城乡规划建设应当着重从以下三个方面入手：

1. 统筹规划城乡空间布局

统筹城乡空间布局，就是把城乡经济社会发展统一纳入政府宏观规划，通过对城乡发展和空间布局实行统一编制，合理布局城乡建设、住宅、农业和生态用地，实现城乡空间布局的统筹管理。城乡规划空间布局要着眼于生产、生活、生态，统筹规划城乡生产发展与居民生活空间布局，注重生态保护。

一是坚持以人为本，统筹城乡居住点空间布局，特别是合理规划农村居住点空间布局。生产发展、生活幸福、生态文明是西部地区城乡规划的出发点，温馨、舒适的居住环境是人们从事其他一切活动的前提与基础。西部地区要借鉴国际先进理念和经验，设立城乡统一的规划和建设职能部门，统一编制和推动规划建设。对于城市规划来说，要从人文和技术的双重标准来塑造城市精神，体现城市的特色，通过产业规划、城市战略规划、建筑和景观实现人类宏大的城市理想，突出城市的愿景目标。农村规划要考虑民族情况与民族特色，从村庄结构、人文景观、桥梁等硬件建设融入浓郁的民族文化，体现出鲜明的民族特色。城市和乡村规划要相互补充，相得益彰，只有空间的区别，没有身份、待遇、权利与机会的差别，共同构成美丽西部的精神内涵。

二是统筹城乡产业空间布局。统筹城乡规划的一个重要内容是调整城乡产业的空间布局，鼓励和支持产业结构从城市逐渐向乡镇和农村转移。城乡发展差距的主要原因之一是工业和农业产出值的巨大差异，农业是需要保护的产业，本身效益不高，而且投入大。农村缺乏产业支撑，发展动力不强，人才留不住，造成恶性循环，与城市发展差距进一步扩大。因此，合理调整城乡产业空间布局，引导产业向乡镇和农村流动，不仅是规划的主要内容，也是缩小城乡发展差距的重要途径。实现城市产业向农村转移的关键是推动农村改造，加大对农村基础设施和公共服务的投入力度，缩小城乡之间在基础设施和公共服务上存在的差距。

三是统筹城乡建筑和人文景观的空间布局。城镇化不是同质化，也不是城市的一体化。与全国一样，西部地区城镇的同质化现象日益严重，一方面是不断消灭农村，另一方面城市越来越没文化。避免这种情况的发生就需要在规划上下功夫，要注重城乡建筑和人文景观的空间布局，突出特色和文化，让文化渗透到每一处建筑风格和人文景观的布局上。对于城市来说，西部地区特别是中心城市和省会城市差别已经很小，但丰富独特的民族文化未能在城市建筑和人文景观上得以体现，民族特色旅游资源的优势没有发挥。反观西藏，尽管经济社会发展程度不高，甚至缺乏相应完善的城市设施和高楼大厦，但由于其独特藏文化以及曼妙生花的独特风情吸引了各地的人们前来观光旅游，布达拉宫、大昭寺等建筑更是驰名世界。课题组的调研显示，西部地区在推进城镇化进程中，大量的古建筑遭到拆迁和破坏，现代化的人文景观由于缺乏文化的内涵而显得黯然无光。古建筑和文物性人文景观是西部城镇规划需要特别加以保护的精神财产，要注意挖掘和保护农村的民族文化，特别是体现独特文化的建筑和人文景观，已经成为不同民族文化的"活化石"。因此，西部地区农村规划，既要保护好现有的桥梁、街道、房屋等建筑风格，又要在美丽乡村建设时注重引导同民族农民适当聚集，按照本民族风俗习惯来规划设计房屋建筑，既尊重了民族习惯，又保护了民族文化，体现了民族特色，也必将繁荣民族风俗旅游和民族文化研究。

2. 统筹规划城乡科学发展、可持续发展、包容性发展

规划的目的就是通过城乡一体化编制，实现新常态下的发展必须遵循经济规律的科学发展，遵循自然规律的科学发展以及遵循社会规律的包容性发展，不断缩小城乡发展差距，实现生产、生活、生态空间的和谐发展。

一是统筹城乡基础设施规划编制，促进基础设施向农村延伸，实现城乡基础设施的一体化。基础设施建设对于缩小城乡发展差距具有重要的地位，西部地区城乡发展机会的不平等与城乡基础设施巨大差距存在很大关系，根据国际经验，当一个国家处于社会转型期，解决城乡发展差距的基本经验就是推动农村的升级改造，其中改善农村基础设施建设是其成功的基本经验。当前，西部地区城市基础设施已经相当完备，而农村基础设施相对滞后，投资农村基础设施建设，不仅能够保持国民经济持续高速增长，也能改善农村生产生活条件，是释放农村生产力的重要条件。因此，要统筹城乡基础设施规划编制，建立省、市、县三级基础设施规划体系，明确各级政府的职责。省级规划部门要从全省的高度规划基础设施的主网，统一标准，具体制定全省的城乡基础设施规划编制。市级和县级部门按照全省规划编制，具体对接区域设施和主通道，编制本地规划，把农村基础设施建设纳入统一编制，形成城乡基础设施的总体规划。同时，明确落实各级编制的责任主体，尤其是农村的基础设施规划的责任主体应当明确为乡（镇）政府，区县各专业部门严格审查把关，保证规划编制的具体落实和权威性。

二是统筹城乡基本公共服务和社会保障的编制规划，实现城乡基本权利和

机会的"均等化"。城乡发展权利与机会的不平等，主要体现在城乡基本公共服务和基本社会保障的不平等。城乡统筹发展规划编制要从整体性角度，把农村的教育、就业、医疗卫生资源配置与资金投入全盘考虑，把农村的养老保险、医疗保险、社会救助与社会安抚政策实现城乡制度衔接，逐步实现城乡制度一体化。对于西部地区的农村来讲，教育、医疗卫生以及养老保险是最受关注的三大民生问题，也是最需要解决的问题。从长远来看，西部农村发展最终要从教育入手，不断提高西部人的自我发展能力，改变西部人的思想观念，推动西部人的现代转型，这是促进西部地区真正实现科学发展的根本。

三是统筹规划城乡产业布局，引导产业向乡镇转移。城乡发展差距的缩小，离不开产业结构的合理布局。西部地区乡镇缺乏产业支撑，对农村发展的带动能力有限，同时，农业现代化发展无序，同质化竞争严重。因此，统筹城乡产业结构调整要从两个方面入手：一方面，通过优惠政策加大对乡镇基础设施建设投入，改善乡镇物流落后现象，吸引企业到乡镇投资建厂。同时，政府要主动规划，引导城市产业分散分流，减少城市压力，减轻企业用工成本。产业转移需要创新，要探索从城市转移到乡镇和农村的道路。另一方面，从现代农业出发，通过编制规划，按照西部地区的农村特色，规划编制农业产业园、蔬菜基地、农业观光旅游、农家乐等现代农业，统一标准、管理，实现集约化、科学化发展，推动农业转型升级。山东寿光依托农业的丰富资源，通过规模化、标准化、现代化的蔬菜种植实现农业的现代转型，从而带动城镇发展的思路值得借鉴。西部地区农村具有丰富的特色农业资源，要大力推动功能区建设，按照各自特点划分不同功能，避免同质化竞争，实施差别化发展战略，在"特"字上下功夫，挖掘特色，营销特色，塑造品牌，是西部农村实现科学发展的必由之路。

3. 统筹规划城乡投入机制

稳定可靠的投入机制是实现城乡发展规划的根本保障。统筹规划城乡投入机制，就是要通过规划编制，平衡城乡发展投入，加大对农村、农业和农民的投入，引导城市资源向农村倾斜，缩小城市和农村在投入方面特别是资金投入的差别，改革政府"重城市和工业"的投资嗜好，促进城乡发展要素流通，促进人才、资金、政策等方面向农村倾斜，提升农村经济社会自我发展能力。

二、城乡要素自由流动机制改革

城乡发展差距的一个重要原因在于城乡生产要素交换关系不合理、不对等。必须从制度设计上改变农村劳动力、土地、资金等生产要素单向流动的特点，实现城乡要素的双向流动与平等交换，促进城乡资源优化配置。这不仅是缩小城乡发展差距的必然要求，也是城乡社会治理体制创新的重要内容。

（一）城乡要素自由流动的体制性障碍

统筹城乡改革，是统筹城乡发展的核心问题，而城乡要素自由流动，又是统筹城乡改革的核心问题。当前，统筹城乡改革的一项重要任务就是破除城乡要素自由流动的制度障碍，建立遵循市场规律的城乡要素自由流动体制，从制度上保障城乡要素的平等交换和资源的优化配置，逐步形成以市场机制为基础，城乡要素双向的自由流通、平等交换，促进城市与农村、工业与农业相互促进、良性互动，从而加快城乡一体化发展，推动西部地区全面建成小康社会。当前，西部地区的城乡要素自由流动主要存在以下问题：

从流动方向看，城乡要素的单向度流动导致农村发展动力不足。城乡二元结构和二元制度体系，造成城乡要素预期价值、身份不平等，农村劳动力、生产资料、资金、土地等要素持续流向城市，为城市繁荣发展做出了巨大贡献，特别是农业剩余劳动力提供的人口红利，是中国经济保持高速发展的基本条件。当前，农业现代化处于转型的关键时期，然而，农村却面临重重困难：其一，"谁来种地"是中国农村面临的突出问题。其二，农业的现代转型需要大量专业技术人员。推广科学种田是实现农业现代转型的必由之路，而掌握农业科技的专业技术人员包括农学类的大学生，宁可"漂"在城市，也不愿回村务农。科技的推广不足以及农业人才缺乏是制约农村发展的主要瓶颈。其三，农村资金缺乏。西部地区农民的绝大部分收入存入了银行，而农村储蓄的资金大都变相流入了城市，从而进一步制约了农村发展。

从交易方式看，城乡市场分割造成要素交换关系的不平等，农村面临发展权利与机会的不公。主要表现在：其一，工农业产品交换的"新剪刀差"的存在。工农业"剪刀差"的问题长期存在，是一定历史条件下的产物。近年来，党和政府采取各种措施，保护农民利益，不断提高农民种粮的积极性，在一定程度上对于农业发展产生了积极效果。但是，粮食价格的上涨幅度低于农资等工业品价格的上涨幅度，二者之间的差距有扩大趋势，严重损害了农民的种粮积极性。这种"新剪刀差"的存在根源于农产品形成机制的不完全市场化与农资、劳动力等要素价格形成机制的相对市场化之间的矛盾。其二，城乡之间要素的交换不平等。城乡要素交换的不平等是造成农村发展缓慢的重要原因之一，主要体现在农村的生产要素诸如建设用地的流转入市、农村宅基地不能用于抵押贷款等和城市的生产要素区别开来，产生"同工不同酬"、"同地不同价"交换不公现象。

城乡之间要素交易不公的后果。一方面，农村种什么，市场上什么都便宜，"粮贱伤农"经常发生。比如 2011 年央视关注的"内蒙古马铃薯销售难"现象，即使农业丰收，也不能够给农民带来高额收益，从事农业收益低，使得农业成为"看不到前途"的职业，严重打击了农民的种粮积极性，农民不愿种粮成为普遍现象。另一方面，城乡要素交易的不公，折射出的是城乡居民身份的歧视。来自农村的生产要素特别是劳动力被无形贴上身份的标签，社会的这种无形歧视留给乡村长期无法摆脱的"痛"，也是摆在城乡之间短期难以逾越的"鸿沟"。城乡之间在基础设施以及基本公共服务等硬件方面的差距可以通过制度变革很快得以弥补，而城乡之间在文化和社会心理的认同上却是一个长期的过程。

从资源要素的配置来看，重城市、轻农村导致城乡资源要素配置不公。优化城乡资源要素均衡配置，是建立城乡要素流通机制的重要方面。当前，西部地区城乡资源要素配置主要存在两个方面的问题：其一，以教育、医疗卫生、养老保险为中心的基本公共服务和基本社会保障资源配置城乡差距较大，农村基本公共服务的设施标准、待遇、运行管理等与城市存在较大差距。重视城市、轻视农村，不仅是思想认识误区的结果，也是现行制度设计不公的体现。其二，城镇资源要素流向农村的动力不足，渠道缺乏，成本较高。西部地区城镇要素鲜有流向农村的，其主要原因是农村配套服务跟不上，投入与产出不成比例，生产要素从城镇流向农村的风险比较大。比如，西部地区实行的"大学生村官"政策，可以看出是城镇人力资源向农村流动的有效尝试，为农村工作与农村发展提供人才支撑。但是，笔者的调研表明，多数"大学生村官"并没有真正发挥其智力作用，他们不能实际参与农村的决策，也不是村委会正式成员，再加上政策规定，大学生村官一般需要服务两年，两年后又面临重新就业的选择，这也严重影响到大学生毕业服务农村的积极性。城乡生产要素双向流动的成本较高，据中国证监会前主席郭树清在 2011 财新峰会上做主旨演讲时透露，城市要素向农村流动的实际成本高于跨国出境的成本，投向农村的资源成本要比投向国外的成本还要高。

（二）城乡要素自由流动机制的战略重点

推动基本公共服务向农村倾斜，促进城乡资源要素自由流动，不断优化城乡资源配置，实现城乡在发展规划、行政管理、科技安排、资本要素和人力要素等方面的统一安排，从制度上保障农村同城镇具有平等的发展权利与发展机会，是建立和完善西部地区城乡要素自由流动机制的主要内容。西部地区城乡要素自由流动面临的任务很多，在现有条件下，必须采取有所为、有所不为的战略，在关键环节和重点领域，特别是影响到农村发展的重要领域的体制机制创新上有所突破，抓住重点，以重点突破带动全面深化改革。这些重点突破主要集中在科技要素、资本要素和人力资源要素的体制机制创新上。

1. 科技要素自由流通：推动农业现代化进程

西部地区的农业发展已经进入必须依靠科技进步推动以实现农业现代化的新阶段。西部地区的农业基础薄弱，人均耕地面积少，可耕地绝对数量和相对数量少。要在有限的土地上提升农作物产量，维护国家粮食安全，就必须依靠科技实行科学种田。从受制于环境因素来看，西部大多处于国家级生态环境功能保护区，可开发的耕地有限。同时，山高坡陡不利于农作物成长，自然灾害高发频繁，农业抵御风险的能力差。因此，推广和应用现代科技，耕地适当集中和整理，走集约化、标准化的现代农业道路迫在眉睫。从西部社会转型来看，科技兴农是农业现代化的必由之路，大力推动科技种田，对于西部地区具有优先性。

西部地区的农业科技要素流通需要从城乡一体化发展的角度统筹安排。首先，从思想认识上，要把农业作为国民经济发展的基础地位落到实处，应成立农业发展与改革委员会，党和政府主要领导特别是一把手要兼任农业改革与发展委员会组长，并把对农业和农村发展与其升迁相挂钩，把国家惠农政策不折不扣地执行。其次，要在现有农业科技服务站的基础上，大力推广科技种粮。一方面，培训农村种粮能手，并予以适当补贴，形成科技种田的氛围，激发农民依靠科技种田的积极性。另一方面，要派驻农业科技人员长期入村，指导农业生产。农业科技人员既要负责该村的粮食生产、病虫害防治、科学灌溉施肥、优良粮种选择推广等，又要负责传播农业科技知识，培养该村科技能手，再让科技能手带动更多村民走科技种田之路。为了鼓励城镇科技人员长期入村住户，要从制度、政策、晋升等多方面采取措施，从物质和精神双重角度让他们切实感受到农村是他们的人生舞台，能够最大限度地发挥其自身的价值，从而激发广大农业科技人员入村住户的积极性。要建立奖罚分明的奖惩机制。前期以区县为单位，采取试点工作，选择发展大致相同的若干个自然村，给予相同的资金、优良品种、农业基础设施补贴，以农作物一个周期为界限，从耕种到收割归仓，最后以单位亩产作为科技推广力度的衡量标准。亩产多的，在第二个年份，政府可以给予更多的优惠与补贴；落后的自然村，则减少优惠与补贴，从而形成农村相互竞争态势，带动整个区域的农业科技推广，最终实现农业的现代转型。奖罚还要体现在每个自然村的种粮能手上。每个周期在每个自然村评选若干名种粮能手予以物质和精神奖励，并在下一次村委会选举中，着重推荐种粮能手担任村委会书记，发挥示范带动效应。

2. 资本要素的自由流通：为农村发展注入强大动力

西部地区"三农"问题的解决，城乡资本要素自由流通是关键。因此，通过全面深化农村土地制度、基本公共服务制度和户籍制度改革，推动资源要素流向农村和农业。通过体制机制创新，减少城乡要素流动成本，构建城乡双向的自由流动体制。当前，西部地区城乡资本要素的自由流动要抓住牛鼻子，在土地资本、资金投入、金融财政支持三个关键环节上下功夫，要做好这三方面的工作。

一是推动土地资本的自由流转。土地资本是生产要素中最重要的资源要素之一，是发展农村经济的关键。首先，积极推动农村土地制度改革。农村土地制度改革要慎重，必须在国家法规和政策范围内积极推动。加快农村土地主要是承包地和宅基地的确权办证工作，搭建多种平台规范土地流转，组建形式多样的新型农业经营体系，解决老人妇女种田的困难。其次，促进农村增收，增加农民的财产性收入。农民增收难的问题在西部普遍存在，要通过耕地经营权流转、宅基地担保、抵押、退出等改革，增加农民的财产性收入。再次，盘活面广量大的农村集体建设用地，推进流转入市，不断增强农村集体经济组织的财力。最后，建立统一的农村产权交易中心，规范土地交易行为，严格程序，维护农村发展稳定与农民利益。

二是统筹规划城乡资金投入平衡。目前，西部地区农村资金的投入力度不够，发展规划往往"重城市、轻农村"的现象没有得到根本改变。通过统筹资金投入规划，一方面，引导资金投入农村和农业的基础建设方面。根据农业特点，政府应当对农业和农村投资予以政策优惠，比如农村引进资金，在税收、用地等方面优惠，保证对农业投入的稳定来源。从课题组的调研来看，西部一些农村引资暴露出来的多是对农民权利的侵害，甚至一些地方出现了借土地制度改革之名变相圈地占田，侵害农民利益。要引导社会资金投入到农村基础设施建设和基本公共服务方面上来，发挥政府在政策制定、监督管理、资金用途等方面的主导作用，促进农业和农村的可持续发展。

三是金融财政自由流通，确保农村资金用于农村发展。西部地区农村金融资金不能自由流动，与金融财政政策有关。农村的金融机构如农村信用社、农村商业银行、农业银行等机构，只是起到为农民储蓄方便的作用，事实上，农民的储蓄通过农村金融机构，大都流向了城市，而不是用于农业和农村发展。要改变这一情况就必须改革农村金融财政制度。整合现有农村金融机构，设立农业发展银行。首先，保证农民的储蓄是用于农村和农业发展。同时，金融机构要探索新形势下适应发展需要的农民个体与农村集体贷款的路径，放宽对农村发展借贷的限制，加大对农业的扶持力度。其次，鼓励社会资金特别是城市资金流入农村和农业，采取保护性政策，保证流入农村和农业的本金安全增值，吸引社会闲散资金投入农村和农业，防止和杜绝农村私人集资和高息借贷，维护农村金融稳定，最大限度地维护农民利益。

3. 人力资源的自由流通：为农村发展提供智力支撑

人是生产力中的关键因素，是决定生产力高低的关键，人才的优势就是生产力的优势，人才对于西部地区发展具有重要作用。西部城乡发展差距与人才分布不均衡有关，中心城市、省会城市往往是各类人才的聚集地，相反，小城镇、农村地区发展长期受制于人才的制约。统筹城乡人才自由流通，就是要在资金、待遇、晋升等方面促进人才向小城镇和农村流动。西部地区农村最需要以下人才：一是专业技术类人才，主要是农学类专业技术人才。西部地区 12 省（市、自治区）的农业大学培养了大批农业技术人才，可由于待遇低、机会少以及思想认识等原因，真正回到农村、从事农业的专业技术大学生很少，一些农学类大学生，宁可"漂"在城市，也不愿意回农村。农村的发展，农业生产力的提高，离不开大量懂技术、有文化的专业技术人才，农村大有用武之地，可是，如果不解决思想认识问题、不改善农村生产生活条件、不提高从事农业技术人才的待遇、晋升等问题，人才不会自动光顾农村。所以，通过规划编制，从制度、待遇、晋升等方面吸引人才到农村，从事农业生产，事关"三农"问题的成败。第二种人才是懂市场能创新的村支部书记及其村委会班子成员。农村发展很大程度上取决于领导班子特别是一把手有没有魄力、会不会创新、能不能致富。从笔者的调研来看，西部地区村委会班子成员，特别是村支部书记，大多缺乏闯劲和魄力，墨守成规，创新不足。华西村、南街村等国内知名村庄的经验启示我们，村级集体经济实力强大是农村发展的关键，而壮大村级集体经济离不开领导班子特别是支部书记的创新和改革。当前，国家正在推动深化农村改革，特别是土地制度改革，这是一次解放农村生产力和农民的新的革命，也是促进农村发展的有利时机，要通过城乡发展编制规划，创造更多条件让那些有头脑、敢创新、有闯劲的农村实用性人才走上领导岗位，从资金、政策等方面支持他们改革创新，激发农村发展活力，带领农民共同致富。

三、城乡收入分配制度改革

收入分配制度对于经济社会发展和促进社会公平具有基础性意义，是当前城乡居民强烈呼吁改革的一项制度。随着我国经济的快速发展，收入分配领域的问题越来越突出，再加上人们的权利意识、平等意识和公民意识不断增强，强烈要求推进收入分配制度改革，构建公平、合理、规范的收入分配秩序。

（一）西部城乡收入分配制度改革的总体思路

改革开放以来，经过不断探索，我国建立了以按劳分配为主体、多种分配方式并存的分配制度，适应了中国国情，极大地解放和发展了生产力，提高了城乡居民生活水平。但是，由于社会主义市场经济体制的不完善，我国城乡居民的收入分配差距问题凸显，严重影响到社会的和谐稳定，深化收入分配体制改革成为社会关注的一个热点问题。西部地区的收入分配制度改革要全面贯彻落实党和政府相关政策，在《关于深化收入分配制度改革的若干意见》的指导下，突出重点，抓住关键，形成合理有序、规范健康的收入分配格局。

实施分类改革，建立符合区域实际的收入分配机制。西部地区的城乡、区域和群体的收入差距情况复杂，改革收入分配机制不能一刀切，必须视具体情况而定。在坚持全面深化改革的基础上，大力实施整体推进和重点突破相结合，按照职业和单位性质进行分类，明确重点。首先，要千方百计增加农民收入。农民增收，是西部地区统筹城乡发展的重要内容，尽管这些年农民的增速超过城镇居民的增速，但是由于底子薄、基础差、欠账多，农民收入总量与质量不高。要加大农村土地制度改革，不断加大对农业保护力度，提高农产品价格，完善农产品流通机制，大力实施科学种田、养殖，完善农村社会保障、基本公共服务体系。其次，对于劳动密集型行业以及机关事业单位要提高劳动者在初次分配中的报酬，特别是一线职工，应当建立工资增长机制，增幅向基层劳动者倾斜。当前，无论是机关事业单位还是企业职工，对于工资制度改革呼声很高，提高工资成为各个行业一线职工的普遍心声。当然，工资提高要和区域经济发展的实际相结合，与经济增长相一致。最后，要加大对弱势困难群体的帮助力度。这类群体主要集中在尚未就业的大学生、农民工、残疾人、城乡"五保"人员以及其他生活困难群体，根据情况进行分类，完善相应的救助制度，不断提高救助标准。

（二）西部城乡收入分配制度改革的重点任务

西部地区的收入分配改革要按照国务院批准的《关于深化收入分配制度改革的若干意见》的一般思路，结合西部区域经济社会发展实际，在收入分配的体制机制创新上进行突破，重点任务主要有以下方面：

1. 建立促进农民收入增长的长效机制

建立促进农民收入增长的长效机制，是西部收入分配制度改革的优先任务。西部农村集中了全国大部分的贫困人口，农民增收难度较大，这既和西部地区相对落后的经济发展有关，也与西部地理环境恶劣、可耕地人均占有量低、推广现代农业科技难度大、人才缺乏有关。因此，建立促进农民收入增长的长效机制对于西部地区缩小城乡收入差距具有重要意义。

第一，加大对农村和农业基础设施建设的投入力度，全面改善农村生产生活的落后状况。农村基础设施落后和农业基础设施的缺乏是西部地区农村发展的最大制约瓶颈，统筹城乡发展的重点是农村发展，农村发展的重点和关键是基础设施的完善，要想方设法加大资金投入，改善农业和农村的基础设施条件，增强农业抵御自然灾害的能力，方便农民出行。

第二，推动以科技兴农为主的现代农业发展。现代农业不仅是农业发展方式转变的必需，也是农民增收的重要途径。西部地区具有独特的农业资源和优势，但是，这种优势并没有得到充分发挥，主要表现在市场化程度低、自给自足传统农业发展方式仍然占主导地位。西部地区的农村发展应当采取差别化发展模式，充分发挥农村的文化特色、资源特色，在农产品加工、水果种植、畜牧业发展等方面做强做大，不断提高市场化程度，形塑地理标志品牌，是增加农民收入的必由之路。

第三，健全农村市场流通体制。西部地区农产品市场化程度低、农民增收缓慢的主要原因是农村市场流通能力不强,这里面既有交通不便的因素,也有思想认识的原因,但主要是市场流通渠道不畅、市场信息不对称造成的。西部地区农产品价格偏低,越是丰产的农产品,价格就越低,这里面除了由于盲目跟帮的因素外,主要原因是农户和消费者缺乏中间环节,特别是流通环节,由于缺乏引导,农产品大量积压,经销商趁机压低价格,造成农民实际利益受损。因此,引入中介或企业第三方,创新农产品销售模式,是健全完善市场流通体制的重要内容。

第四,推动农村土地制度改革,增加农民财产性收入。有无财产性收入是城乡居民收入差别的一个重要因素,农民收入来源主要是务农和打工,土地作为农民唯一财产,由于受到法律法规限制,不能用于抵押、贷款和流通,因此,无法作为农民增收的财产,同时造成土地实际利用率低,效益不高。西部地区要加快推动耕地、宅基地改革,推动农业集体用地积极上市,建立土地增值收益分配机制,增加农民的财产性收入。

2. 完善利益分配机制,缩小城乡收入差距

缩小城乡收入差距,不仅是回应西部民众热切期盼解决的民生问题,也是统筹城乡发展的重要内容。近年来,西部地区党和政府千方百计增加农民收入,农民增收速度的步伐加快,但是,由于历史欠账太多,与城市居民的绝对量收入仍有不小差距。2013 年西部地区城镇居民人均收入 21810.29 元,增速为 10.57%,农村居民人均收入 6744.43 元,增速为 13.63%,农村居民尽管增速高于城市居民,但是,城镇居民人均收入是农村居民的 2.23 倍。因此,改变收入分配格局失衡的现象,当务之急就是要缩小城乡居民的收入差距。首先,在坚持底线的基础上,引导农业走市场化道路。近年来,党和政府加大对农产品保护力度,比如实施最低粮食收购保护价,通过粮食补贴、农机补贴等多项惠农政策,抵消农资产品的过快增长,对于农民增收起到重要作用。但是,丰收不丰产,谷贱伤农情况仍有所发生。这里面主要有几个原因,一是农民缺乏对市场的了解,一窝蜂种植、养殖现象严重,农产品、水果等出现滞销,丰产不丰收。二是流通信息渠道不畅。受制于西部复杂的地理位置和恶劣的环境,农村交通不便,加大了农产品的物流成本。三是农产品与农资之间的价格剪刀差并没有完全消除。其次,完善城乡劳动力同工同酬的劳动分配关系。同工不同酬的分配关系已经引起社会关注,主要体现为体制内与非体制内、正式工与临时工之间在工资、福利、待遇之间的差别,非体制内和临时工大多是进城务工

的农民工，农民工的工资尽管也在上涨，甚至也有"五险一金"，但是，与正式工和体制内职工相比，还有很大差距。同工不同酬体现出区域发展差距，同一岗位，城市的收入待遇明显高于农村，比如，农村的教师、医生、农村村委会成员和社区班子成员之间，无论工资收入还是福利待遇，都有不小差距。三是城乡土地等要素平等的交换关系。同地不同价，是城乡土地资源要素交换关系的真实体现，比如在征地方面，由于级差地租关系，农村的土地和城市土地征收的价格差别很大。农村集体所有土地和城市国有土地在占有、使用、收益和处分权，也存在不平等的交换关系。因此，要积极探索农村非农用地进入市场的交易机制，打破由地方政府独家垄断土地交易的局面，实现城乡之间要素交换的公平对等。

3. 完善再分配调节机制，注重保障和改善民生

推动再分配改革要以保障和改善民生为重点，加大对社会保障、养老保险、教育、就业、医疗、扶贫开发等方面的支持。一方面，通过再分配机制，加大中央财政和地方财政对民生的资金投入。另一方面，又要通过教育培训、农村土地改革、转移农业剩余人口等多种举措，不断增强西部地区农村的自我发展能力。创造公平环境和平等的机会，提升西部人的素质，这是解决西部地区民生问题的长远之计。

完善以养老保险为核心的社会保障制度。养老保险是西部城乡社会保障的重要内容，改革完善的重点在于农村，要突出解决农村地区以养老保险为核心的社会保障问题。一方面，国家和地方政府通过财政投入不断提高农村养老金的水平，另一方面，要加大统筹个人账户的收缴力度，激发农民个体缴纳养老保险金的积极性。同时，也要关注城镇人口的养老保险，改革机关和事业单位养老保险制度，推动养老保险"双轨制"改革，加快推动城乡养老保险一体化。西部地区要加大社会救助的力度，健全完善城乡生活困难群体以及特殊群体的救助制度。

4. 推动形成公正的收入分配新秩序

城乡收入分配的不公，主要体现在人们对于权力寻租、权钱交易等参与分配获得的非法收入、隐性收入以及收入分配秩序不规范、不公平的强烈不满，加剧了社会分化，部分民众心理失衡。因此，改革完善收入分配调控机制以及相关政策，规范收入分配秩序，是西部地区收入分配制度改革的重要内容。要加大对重点群体的收入规范力度，杜绝权钱交易，这类群体主要集中在党政官

员和国企高官。要全面落实《关于领导干部报告个人有关事项的规定》，加快推动不动产统一登记制度。西部地区收入分配制度改革要坚持"提低、控高、扩中"，把收入差距控制在适当的范围之内，控制在广大民众心理认可的范围之内，创造公平合理的环境，给每个社会个体同等的发展权利与机会，从而形成科学合理、公正的收入分配秩序。

第四篇 04

| 路径选择 |

　　统筹城乡发展实质上就是通过制度的创新、变革与安排，为城乡居民提供平等的发展权利与机会，实现城乡一体化发展。对于西部的统筹城乡发展，该如何突破，是简单模仿复制发达地区成功的经验，还是依据区域实际，走西部特色统筹城乡发展道路，事关西部统筹城乡发展成败。笔者多次到重庆、四川、甘肃、青海以及西藏等地的农村调研，获得了大量的一手资料。同时，为了进行比较研究，笔者到发达地区北京、上海、杭州、福州、深圳以及中部地区的长沙、郑州、许昌等农村新区调研。通过借鉴国内外统筹城乡发展经验，综合比较东、中、西部地区统筹城乡发展的实践，结合西部地区实际，笔者最终选择将以人为核心的新型城镇化和美丽乡村建设作为西部统筹城乡发展路径，主要基于以下原因：一是基于国际经验，特别是亚洲的日本、韩国的经验，当一个国家跨入中等国家收入面临城乡发展失衡时，普遍的经验就是推动农村的建设和发展，以缩小城乡发展差距，避免陷入"中等收入陷阱"；二是基于西部农业人口多、城镇化率低的现实，新型城镇化仍是西部地区面临的艰巨任务，但是，单靠城镇化实现西部地区的社会转型既不现实，也不科学；三是基于综合考虑西部地区的地理区位、民族特色、发展现状等因素，单一的城镇化道路显得势单力薄，推动西部美丽乡村建设更加迫切、更加符合西部地区城乡发展的实际，是从根本上解决"三农"问题，实现统筹城乡发展的必由之路。四是基于新型城镇化和美丽乡村不可分割的关系，新型城镇化和美丽乡村建设作为统筹城乡发展的"两翼"，可以相互促进、互相补充、共同发展，共同为实现民族伟大复兴中国梦提供经久不衰的动力源泉。

第十二章

以人为核心的城镇化建设

唯物史观认为，人民群众是历史的创造者，创造出了丰富的物质财富和灿烂的精神文明，是社会发展和进步的推动力量。以人为核心的城镇化建设，明确地指明了人是城镇化的实践主体和核心动力，也是城镇化建设的根本目的和最高价值，城镇化不仅要依靠人民，而且是为了人民。城镇化与工业化、农业现代化、信息化共同构成中国特色社会主义现代化的必由之路，是实现社会转型的重要标志。党和政府高度重视城镇化建设，把城镇化作为国家整体发展规划的重大发展战略，对城镇化建设提出了新的要求。党的十八届三中全会提出以人为核心的城镇化，随后召开的中央城镇化工作会议，对建设以人为核心的城镇化进行整体战略部署，这对于西部地区推动以人为核心的新型城镇化建设具有重要指导意义。西部大开发是基于我国在未来获得更大发展空间的"顶层设计"，经过十多年实施，西部地区的经济社会发展取得了巨大成就，人民生活水平不断提高，经济社会发展活力进一步增强。但是，由于种种原因，西部地区同东中部的差距仍然明显。以人为核心的城镇化和美丽乡村建设是西部地区统筹城乡发展的"两翼"，二者同等重要，是西部地区城乡实现科学发展、可持续发展和包容性发展的必由之路。

一、西部地区的城镇化发展

城镇化建设不仅是人口、产业和城乡空间社会结构的变迁过程，也是社会制度、社会心理、人的现代转型的过程。一个国家或地区的发展前景既取决于原来的发展成就和发展优势，更取决于尚未成为现实的潜在发展能力和发展空间。一个国家的强盛也不在于部分地区的繁盛而在于所有地区的齐头并进的全面发展。对于中国整体发展而言，当改革开放 30 多年后东部地区经济社会获得突飞猛进的跃升时，就需要对相对落后的西部地区的发展予以国家宏观发展高度上应有的重视和自觉。中央城镇化工作会议将加快中西部地区城镇化发展列为推进我国新型城镇化建设的重点任务之一。推动建立以人为核心的城镇化，需要了解和把握西部城镇化的历史和过去，只有对历史有了如指掌的了解和把握，才能对未来的发展方向、发展道路的思考和抉择有一个清晰、理性而可行的绸缪和规划。对西部地区城镇化发展历史的坐标式的梳理和整体性的概括是当前推进新型城镇化建设的理论前提和实践基础。

（一）西部地区城镇化发展的历史

发展战略是总体思路、整体规划，发展战略的实现需要有转化的中间环节并基于不同历史时期不同的形势制定与时俱进的政策措施。西部地区的经济社会发展当前表现在西部大开发战略的转型升级上，突出表现在借由新型城镇化建设这个新的发展因子而培育西部地区新的发展内生动力，以期实现国民经济更加协调、更加健康、更长时期、更可持续的发展。相较于东部沿海地区，西部地区的城镇化建设明显滞后，但西部地区城市发展的历史并不短暂。新中国成立后西部地区城市建设也与日俱进，在不同时期有不同的发展特征和建设成就。西部地区的城市发展可以分为三个阶段：

1. 新中国成立到 1978 年的城市建设

西部地区城市发展历史悠久，但在新中国成立之前主要是作为行政、军事和商业贸易中心。1949 年新中国成立后，百废待兴，为了尽快恢复国民经济，建设社会主义，中央政府采取种种措施促进城市经济的发展，规定凡是人口在 5 万以上的城镇就可以设立市，在这一政策的驱动下，到 1949 年底，全国共有城市 136 个，其中西部地区 23 个市，占全国的 16.9%，西部地区城市数量和人口规模都远远低于东部地区。1950—1957 年间，西部地区在国家重视枢纽城市建设的基础上，又新增 23 个城市，至此，占全国比例提升为 23.1%。1958—1976 年间，在初期的"大跃进"时期，进而调整经济，再进而"三线建设"、"文化大革命"、"上山下乡"等经济社会建设措施的实施下，西部地区的城镇化建设处于涨落起伏之中。截至 1978 年底，西部地区共有城市 51 个，占全国的 26.4%，在将近 20 年的时间中，仅仅提高了 3.3 个百分点。这一时期西部地区城市设置主要是适应西部资源开发的需要，依托矿区和加工区兴建的一些工矿城市。① 总的来看，改革开放前，同全国一样，西部地区城市建设受到工业化水平和生产力发展限制，发展缓慢，特别是政治因素和政策对于西部地区城市发展具有较大影响。同时，西部地区无论是城市的绝对数量还是人口规模，都远远落后于东部地区，在全国的地位和影响有限。

2. 1979—2000 年的城市建设

1978 年，随着"以经济建设为中心"思想路线的确立，改革开放成为时代的主旋律，城市建设与规划开始步入快速发展的轨道，西部区的城镇化建设也步入新的发展时期。数据显示，在 20 世纪 80 年代中期，西部地区设市数量增加较快，国家新设置的城市主要集中于中西部地区。1985 年全国城市数量达至324 个，西部地区就有 105 个，相较于 1978 年底的 51 个，增加了 54 个，成为四大地带中城市数量增加最多的地区。随后，中国市镇设立标准有 1986 年、1993年两次较大的调整。东部地区新设城市数量明显增多，西部地区相对较少。到2000 年底，全国共设 663 个市，西部地区为 160 个，占 24.1%，基本回落到1978 年的份额。从这一时期城市发展的规律来看，西部地区受制于经济和区位的影响，发展的速度和水平低于东部地区，与东部地区发展差距明显拉大。这一事实证明，城镇化速度和水平受制于工业化和区域经济发展的影响，城镇化不能盲目求快，必须从本地实际出发，量力而行，加快工业化和农业现代化，是促进西部地区城镇化的重要依托。

3. 2000 年以后西部城市的发展

党和政府高度重视西部地区经济社会发展，想方设法缩小西部地区同东部的发展差距，作出了诸多促进西部发展的重大战略决策。特别是 1999 年提出的"西部大开发"这一重大战略部署，为推动西部经济社会发展和城市建设提供了新的发展机遇与动力。截至 2010 年全国共有城市 657 个，其中西部地区有 168个，占全国的 25.6%。2013 年 9 月 7 日，中国国家主席习近平出访哈萨克斯坦提出新丝绸之路经济带"这一重大经济战略，为升级版的西部大开发的发展提供难得机遇。"新丝绸之路经济带"牵涉到国家整体发展布局，涉及西部的陕西、甘肃、青海、宁夏、新疆、重庆、四川、云南、广西九个省（市、自治区），西部连接欧洲经济圈，东部连接亚太经济圈，这两个经济圈是世界最具发展活力和创新动力的地区。"新丝绸之路经济带"的提出与发展，必将为西部地

① 申兵. 西部地区发展实证研究［M］. 北京：中国市场出版社，2012：110～112.

区的城市发展和建设注入了新的活力。

（二）西部地区城镇化的发展现状

西部大开发以来，西部地区的城市建设和城市发展取得巨大成就。但是，特殊的自然地理条件和经济社会发展基础使得西部地区城镇化具有不同于其他地区的特点，从整体上来看，西部地区的城镇化发展水平滞后，区域发展不平衡，各省（市、自治区）的城镇化水平差异较大，呈现出复杂性、多样化的态势。

1. 城镇化发展相对滞后，加速趋势初现，总体蕴含巨大后发潜力

西部地区城镇化的发展成就巨大，但是整体上滞后于中、东部地区，且发展不平衡。西部地区在城镇化发展水平与东部、中部地区存在明显差距，而且也滞后于自身的经济发展水平。截至 2013 年末，全国城镇常住人口为 73111 万人，城镇化率为 53.73%。2013 年西部地区城镇化率跑赢全国的仅有内蒙古和重庆，其余省、自治区的城镇化率均低于全国平均水平。

2. 从区域发展来看，西部地区城镇化率差异较大

西部地区因其地理位置、资源能源、历史发展等的不同，12 省（市、自治区）之间的城镇化水平有着明显的差距。2013 年内蒙古城镇化率最高，达到 58.7%，最低的是西藏，为 23.71%，二者相差近 35 个百分点，差距巨大。西部地区城镇化水平层次不齐，城镇化率超过 50% 的有四个省市，位于第一梯队：内蒙古（58.7%）、重庆（58.34%）、宁夏（52.01%）、陕西（51.31%）。城镇化率介于 40%—50% 之间的省份有六个，青海（48.5%）、四川（44.9%）；广西（44.81%）、新疆（44.5%）、云南（40.48%）、甘肃（40.13%），属于第二梯队；城镇化率低于 40% 的属于第三梯队：贵州（37.8%）和西藏。据《中国西部经济发展报告（2013）》统计数据显示，西部 12 个省（市、自治区）中只有重庆、宁夏、陕西和四川四个省（市、区）12 年间的城市化率提升速度快于全国平均水平，年均提升分别为 1.99、1.52、1.50 和 1.40 个百分点。提升最慢的三个省份是西藏、新疆和贵州，年均提升分别为 0.34、0.85 和 1.04 个百分点。造成西部区域内城镇化差别的原因比较复杂，有历史基础原因，如位于城镇化第一梯队的内蒙古、重庆、陕西等自古以来就是区域发展的中心，工业发达，人口聚集。西部其余省份受制于恶劣的自然环境与地理位置，农村人口居住分散，宽阔平整的土地较少，不利于人口聚集和城镇发展。部分边疆地区与民族地区的文化习俗差别大，工业基础落后，也不利于城镇化水平的提高。

城市化问题研究专家，美国学者诺瑟姆（Ray. M. Northam）在对城市问题的研究中，将城市化过程划分为三个渐进的阶段：（1）初级阶段，基本依据是城市化水平小于30%；（2）中期阶段，基本依据是城市化水平介于30%—70%；（3）后期阶段，基本依据是城市化水平大于70%。① 2013年，西部地区城镇化率仅有内蒙古和重庆的城镇化率高于全国平均水平。所以，西部地区的城镇化建设还有巨大的空间提升，在"十二五"乃至未来的经济社会发展中，其城镇化建设将成为有力拉动西部地区经济社会全面发展的有力引擎。

3. 城镇化水平北高南低，速度南快北慢

西部地区城镇化水平的南北差异明显，整体上呈现出北高南低的总态势。北部经济并不太发达的宁夏和青海的城镇化水平并不低，2013年分别达到52.01%和48.5%。内蒙古城镇化水平以58.7%位居西部之首，高于全国平均水平近5个百分点。"从2012年的数据来看，西北地区城镇化率为48%，比西南地区高5个百分点，新中国成立以来的历史数据也表明了这些地区城镇化水平略高于其经济发展水平。但是，2000年后西南地区城镇化速度总体略快于西北地区，2000—2012年西南地区的城镇化率提高了16.4个百分点，高于西北地区15.1个百分点的水平，这也使得西部地区南北之间的城镇化率差距有所下降。"②

（三）西部地区城镇化建设面临的主要问题

西部地区的城镇化建设既有全国普遍的共性，受到工业化的主导推动外，还具有明显的个性特色，表现出很大的区域性，特别是国家政策以及重大工程建设，都极大地促进了西部的城镇化进程。但是，西部地区的城镇化建设也面临者巨大的困难与挑战：

1. 农业转移人口庞大数量与城镇就业吸纳能力较弱的矛盾

西部地区大部分省（市、自治区）是以农业和畜牧业为主，农业剩余人口绝对数量大，而工业多以资源开发和加工型行业为主，且发展水平偏低，吸纳就业的能力有限，再加上经济发展水平相对落后，城镇的辐射力不强，农业剩余人口转移的压力较大。

---

① 周一星. 城市地理学［M］. 北京：商务印书馆，1997：88.
② 申兵. 加快西部地区新型城镇化发展的路径［N］. 中国经济时报，2014—1—8.

2. 城镇化建设用地量大与供地不足的矛盾

西部地区地貌多样，地势复杂，坡度大，耕地不多，人均占有量低于全国平均水平。城镇化需要大量建设用地，受制于国家土地用途的管制，西部地区城市的发展空间有限，城市扩张面临土地不足的矛盾，严重制约了西部的城镇化建设。受制于地势地形，西部中小城镇大多沿着公路与河流而建，进一步扩张和发展有限，不能满足大规模的农业转移人口市民化的需求。同时，根据国家主体功能区规划，西部地区很多地方是国家限制开发区，生态环境脆弱，自然灾害和人为灾害频繁，草原、高山、沙漠分布广，且坡度大，不仅加剧了人多耕地少的矛盾，也严重制约了城镇化的发展。

3. 城镇化建设所需大量资金与西部经济发展程度不高的矛盾

西部地区近些年经济增速位于全国前列，但是，总量小、基础差、贫困人口多，需要财政支出的地方多。城镇化不是西部某一领域的重要变革，而是社会整体转型与变革，不仅需要加大对美丽乡村建设的投入，还需要加大对农村基础设施、基本公共服务、社会保障等的投入力度，单靠国家或者地方的财政支出，对于城镇化庞大的资金需求来说，难免捉襟见肘。据中国社会科学院发布的 2013《城市蓝皮书》指出，农民工市民化的人均公共成本全国平均约为 13 万元，不包括生活支出成本 1.8 万元/年以及 30 万元的购房成本。这些成本不仅超越了转户农民的承受限度，也超出了地方政府财政的承受能力，因此，新型城镇化建设资金不足的矛盾将长期存在。

二、以人为核心的新型城镇化道路

在人类发展历程中，城市的形成、发展是与人类的文明进步具有紧密的联系。城市的形成和发展是人类在物质文明与精神文明上同步共进的表征，而对于人类的现代文明来讲，城市建设的不断变迁更加彰显了这两大文明对人本身所置身其中的客观条件的改造与创制，这深刻表明人类理性变革世界的力量。在这种意义上，现代社会城市的建构与发展是现代文明的一个缩影，是衡量一个国家文明进步的显著因素。

在新中国 60 多年的建设历程中，西部的城市建设取得了举世瞩目的成就，在积极建构社会现代化这一宏大历史任务的征途中，城市建设中也出现了一些偏离科学发展的现象，其中最主要的就是当今一些地区的城镇化过于追求城市面积的扩张，而忽视城镇化内涵性"质"的建构和充实，从而濒临在"土地城镇化"、"房地产城镇化"的边缘，甚至出现"空城"、"鬼城"、"睡城"，即城市含纳的居民相当有限，造成城市化的经济社会发展效应严重"边际递减"的实相。作为城镇化相对滞后的西部地区，在未来城镇化建设中存在着种种挑战，但也有明显的"后发优势"，可以汲取现有城镇化建设中的种种经验教训、成败得失，走以经济社会的发展为支撑、"以人为核心"的新型城镇化道路。

（一）新型城镇化道路是西部城镇化的必然抉择

所谓新型城镇化是与传统城镇化相比较而言的，之所以强调"新"，关键在于传统城镇化片面追求城市的城区扩张、空间与规模扩大的土地城镇化，传统城镇化与科学发展不相适应，与以人为本的核心理念相背离，因此，必须加以修正。选择以人为本的新型城镇化道路具有客观的历史必然性。

1. 新型城镇化是人类生存方式变革的必然要求

城镇化是人类生存方式系统性、客观性的变迁，是历史发展的自然结果。追溯城镇之初，其成形进而发展更多的是以商业为中心的"消费性城市"而非"生产性城市"。直至工业文明的到来，这种系统性的变迁速度提升，并转换为以工业化所产生的以几何级数质变的经济增长为兴盛的根基。工业化是人类物质生产方式的一次裂变，它释放出了前所未有的改造力量和人类建制现代文明的物质技术基础，同时引发的是以农业人口市民化为主要特征的人类生存空间和生活方式的根本革新与普遍转型，城镇化的快速兴盛和扩张发展与之共生，工业化成为现代社会城镇化建设的物质基础和巨大引擎。如果没有工业化的发展，城镇化建设就不存在应有的物质支撑和社会发展平台，如果不顾这一基础和前提而违背人类经济社会发展、生活方式变迁的规律，"人为造城"则只能有城镇化建设之"形"而未有其"实"的虚假繁荣，直接结果就是城镇化发展的内生动力缺失，不能实现持续发展并造成资源能源等的巨大浪费。

2. 新型城镇化是加快经济发展方式转变的必然要求

发展方式转变，是西部乃至全国经济转型升级的战略要求。改革开放以来，西部地区经济持续增长，随着现代化建设的深入推进，支撑经济增长的要素条件开始发生变化，迫切要求加快发展方式转变和经济结构调整。一是能源资源约束。西部地区较之东部尽管具有丰富的能源资源要素，但是，传统的低效率、高消耗的发展方式难以维持，西部地区有些资源面临枯竭的危险，早期那些依靠资源能源开发的城市，大都面临发展方式转型升级的严峻挑战。二是投资出口对经济带动性减弱，消费和创新的动力不足。长期以来，西部地区维持投资、出口对经济的带动作用，2008 年金融危机以来，国际出口的锐减，内需的不足，对西部经济发展造成一定影响。因此，新型城镇化建设要通过创新驱动，坚持以人为核心，不断增加城乡居民收入，增强内需消费的动力，减少对出口和投资依赖，是西部发展方式转型的必然要求。三是走新型城镇化是西部经济转型升级的唯一选择。由于受制于资源、环境制约，西部地区经济社会发展不能走先污染后治理的老路，必须从观念认识、制度创新、发展方式选择等方面，走生态经济发展道路，发挥欠发达地区的后发优势，才可能在新一轮的产业布局和结构转型升级中占有优势，从而在未来区域经济激烈竞争中立于不败之地。同时，西部地区的城镇化已经初步具备新型城镇化道路的经济基础和基本的工业内生动力，走新型城镇化道路是西部地区经济社会动态发展的自然历史结果。

3. 新型城镇化是改善民生、保护环境的必然要求

改革开放 30 多年来，西部地区的经济社会发展成就巨大，但问题与挑战也不容忽视，主要表现在：一是民生问题凸显。民生问题是西部地区统筹城乡发展面临的主要问题，特别是城乡在教育、住房、基本公共服务和社会保障方面的巨大差距，迫切要求通过新型城镇化加以解决。新型城镇化建设不是要去"农村化"，更不是简单的人口聚集和建高楼工程。二是西部生态环境脆弱，生态文明建设势在必行。西部地区是我国水源保护区和生态涵养区，是国家的生态保护屏障，但是，由于自然因素与人为因素，水土流失严重，植被遭到破坏，自然灾害频发。新型城镇化建设不能变成"造城"运动，不能破坏生态环境，要树立人与自然和谐相处、共生共荣的文明发展观。三是西部贫困人口绝对数量大，脱贫致富压力较大。因此，推动新型城镇化建设不能盲目跟风，急于求成，大轰大鸣运动式的推进，要把新型城镇化建设同民生改善、资源环境保护结合，走持续发展道路。

（二）新型城镇化建设须坚持"以人为核心"

以人为核心是新型城镇化"新"的关键所在，这种"新"不仅注重城镇人口比例增加和城镇面积扩大，最主要的是强调城乡之间生产方式、生活习惯、社会心理等城乡发展的同质化，是发展层次和文明水平的提升。"细究起来，以人为核心包括两方面含义：一是转移人，促进农业转移人口市民化；二是提升人，使人的能力素质与现代城市文明相适应。"[①] 从价值诉求来看，新型城镇化

---

① 马宏伟. 城镇化：怎样做到以人为核心 [N]. 人民日报, 2013 - 6 - 13.

道路在价值观上更加注重"人"的因素，是以人为核心，围绕人们对生活向好的维度逐层展开的，而不仅仅只注重后者的"城镇"建设这一实体性事物。人作为新型城镇化的核心价值标的，既是经济建设由粗放型向集约型根本转化的内涵式增长方式的要求，也是城镇化进程的阶段性、动力性机制演进规律的必然，更是中国社会文明进步的根本要求。

1. 人是西部地区城镇化发展内生性动力的唯一主体

人是生产力中最具活力和创造性的因素，处于生产力的核心位置，劳动工具和劳动对象都必须依靠劳动者才能创造出物质财富和精神财富。人既是创造者，也是成果的占有者和享受者。然而，在长期的生产实践中，人却被物化和异化为自我的对立物，成为自我创造物的奴隶，甚至在拜金主义中迷失本性。这种异化在城镇化中突出地表现在城镇化就是"去农村化"或者缩小版的城市化，城镇化就是农村圈地、改户籍、建高楼、宽柏油路等，城镇化就是土地城镇化，城乡一体化就是城乡同质化。事实上，在发展经济学中，新古典经济增长理论与新增长理论尽管其逻辑前提和推论结果以及实现经济增长的方式不同，但是都强调对于一个国家或地区经济处于落后阶段，加大资本投入可以有效推动经济增长。但是，当经济发展到一定程度，单靠资本投入的边际效应就会下降，这时就需要转换经济增长促进方式，转向人力资本的投入阶段，依靠人力资本的积累，最终实现规模报酬递增的经济社会发展预期。资源的优势是西部地区最大的资本，但若无人力资本的积累及其规模效应的生成，西部地区的发展进而中国整体的发展都会受到一定程度的影响，尤其是在工业化、信息化、机械化时代，科学技术成为第一生产力而人才成为第一资源。面对当前城镇化的历史阶段，西部地区经济社会的发展尤其需要人力资本的开发和积聚。

2. 西部地区城镇化发展的主要对象是人的城镇化

西部地区城镇化的主要对象是人，新型城镇化不仅要转移农民，更重要的是提升农民，特别注重对农民的思维观念、人文素质、生活习惯等的教育提升，提供更多的发展机会，创造公平的发展环境，增强西部人的自我发展能力。截至 2013 年底，西部 12 省（市、自治区）农业户口所占比例超过 50% 的有 8 个省份，其中西藏（76.29%）、贵州（62.2%）、甘肃（59.87%）、云南（59.52%）、广西（55.19%）、新疆（55.5%）、四川（55.1%）、青海（51.5%）。仅有四个省份的农业人口低于 50%，陕西（48.69%）、宁夏（47.99%）、重庆（41.66%）、内蒙古（41.3%）。这表明，西部地区农业人口数量的缩减依然有限，以工业化、农业现代化和信息化为支撑的城镇化水平也依然较低。所以，西部地区要谋求依托城镇化发展路径实现本地区经济社会持续稳定的发展就需要在实现农业就业人口一定幅度缩减基础上，实现农村人口城镇化率的提升。

农村剩余劳动力大量向珠三角、长三角等沿海地区流动是改革开放以来中国经济社会发展的重要现象之一，西部地区作为以农业为主的地区向沿海地区流入了大量的农村剩余劳动力。如今在这个领域中出现的一个新趋势是西部地区对农民工吸纳力在逐步增强。根据《2013 年中国农民工监测调查报告》分析显示，流向西部地区的农民工增长高于东部地区，2013 年和 2012 年的统计数据均证明了这一判断。农民工进城生活客观上要求解决好他们的住宿、饮食、卫生等问题。同时，也要解决好城镇人口总量扩大所带来的社会治理等问题，这些问题构成城镇化建设中重大而愈益突出的问题。

3. 西部地区城镇化建设的根本目的是人的全面发展

人的全面发展是社会历史变迁和文明进步的主题与发展脉线。人的全面发展是中国社会主义建设的最高价值诉求，中国所有经济社会发展的方针政策无论是宏观整体的还是微观局部的都应立足于并围绕着这个最高价值而制定和展开。没有人的全面发展的真正实现，经济社会的发展不仅毫无意义，也根本不会实现，更不会实现可持续的发展。一个国家的真正崛起和文明进步最为根本是人本身的文明进步。西部地区的城镇化发展也只有坚持人的全面发展这个最终的根本目的和价值诉求，才可能实现本地区的长足发展和真正进步。

（三）以人为核心的新型城镇化建设的基本制度支撑

任何一种层面的社会建设都基于相应的设计和规划，而其规划和设计则决定于所面对的客体本身所内在蕴含的构成要素的多少、性质以及由它们之间的互生互动关系所形成的系统性的强度及其复杂程度。愈是强度和复杂性在高水位的社会建设就愈是需要更加全方位、多层面的制度设计。毋庸置疑，西部地区的新型城镇化建设正是一个包含诸多相关项的复杂系统，所以，要顺利推进以人为核心的新型城镇化就需要特定基本制度的建构和设置。

1. 城乡一元的户籍制度

新型城镇化建设的一个关键就是农民工这支人数众多的劳动大军在生存和发展这一根本问题上实现市民化，实现其职业转换与身份转换的协同，从而增强其对于城镇的归属感，进而真正实现其"安居乐业"。唯如此，西部地区城镇化建设的生力军才能生成并且具有持续性、连贯性和聚集性，才能源源不断地涌现出创造社会财富的源泉。

要增进农民工对于承载其新的就业、生活的城镇化的认同感与归属感，就需要从关涉其生产生活的方方面面着手，建构能够充分激发和保障其在城镇安居乐业的希望和信心的基本保障制度。首要的就是城乡一元性户籍制度的建构。现行的二元户籍制度依据城乡不同的二元户口性质提供不同的社会福利和社会保障，这样的户籍制度造成了农民工与城市居民在生活生产许多问题上的对立，孳生了农民工对城市的异质感和疏离感，成为阻碍农民工市民化的制度性障碍。

西部地区城乡居民收入差距依然在逐年拉大，这种状况既与公平正义的社会主义建设的性质相悖，也不利于城镇化在新时期以更加健康的方式向前推进。因而，对于西部地区来说，推进城乡二元户籍制的改革，建构城乡一元、平等的户籍制度，是实现本地区城乡人口自由流动和人力资源高效配置的基本制度支撑，是实现以人为核心的新型城镇化建设的制度支撑前提之一。

2. 更加自由的土地流转制度

土地问题是新型城镇化建设的主干部分，而对于城镇化所涉及的人的这一部分来说，土地对于农民工有着基础而重要的现实意义和无可替代的价值。当前，农民工中的绝大多数依然选择回归本土，而城市对于他们而言，只是暂时的工作、挣钱的地方而已。但是基于农业生产所产生的经济效益相较于外出务工所产生的经济效益的巨大落差，土地在一定程度上成为他们生存和发展依存的鸡肋。一方面，土地对于农民工而言是最基本的生计保障，他们往往并不愿意将自己的土地彻底出让给他人；另一方面，如果自己继续耕种则必然既会降低外出务工所产生的经济效益，同时也因为精力财力以及耕作力的分散致使土地生产效能的降低。因而，如何既保障农民工对于他们最基本的生产资料的权利，又能保证他们所使用的土地资源效能的不被浪费，兼及他们无后顾之忧地从事非农产业的生产成为西部地区以人为本的新型城镇化建设不可回避的重大问题之一。

其解决的路径就是进行土地制度的改革，构建农民工退出农业、农村的新机制。深化农村土地产权制度改革，继续推进农民承包地、宅基地的确权工作，明确土地资源的资产价值。建构以依法、自愿、有偿为原则的更加自由的土地流转制度，实现土地经营权市场化的运行机制等。

3. 均等化的公共服务制度

基本公共服务均等化是指基本公共服务的价值取向和结果状态，主要涵盖教育、卫生、科技、公共安全、环保等社会发展的多个领域，从其涉及的社会生活方面来看，每一项都直接影响着农民工以及由此而演化的新生城镇居民的生活水平和生活质量。所以，在新型城镇化建设的道路上，西部地区应当把发展基本公共服务作为重要的发展点，为建构并实现公平均衡的公共服务提供坚实的物质基础和经济社会保障。

此外，西部地区是一个民族众多、城乡公共服务差距极为明显的地域，在新时期推进以人为本的新型城镇化建设，就必须建构并有效实施公平均等的公共服务和社会保障制度，保障城乡居民普遍平等获得和分享城镇化建设成就的权利，提高人口素质及其生活质量，有序实现常住人口的市民化，实现本地区包容性内涵式的健康发展。

三、西部新型城镇化建设的机制建构

制度与机制是不同层次的建制，其中，前者带有普遍性、长期性、全局性和前瞻性，而后者则是基于实现前者所确定的价值预期而设置的针对不同方面不同问题的实际运行方式，具体性、针对性、现实性和时效性是其特征。西部地区新型城镇化建设作为一个系统的社会建制工程，既需要有整体的宏观制度架构，也需要真正能够在具体事务上有现实成效的相关机制的确立。

（一）改革驱动机制

改革是当代中国与西部地区发展进步的动力之源。改革是所有社会寻求自身不断向前发展的唯一道路，没有不断的创新性改革的社会就会如同一潭死水一样丧失生命的活力与健全的自我净化的机能。中国的经济社会在改革开放后所创造的举世瞩目的成绩就是其现实而深刻的明证。改革开放 30 多年来，中国人民在党的领导下，开辟了"中国道路"，创造了"中国奇迹"，抒写了"中国故事"，正是我们不断进行改革的结果，西部地区经济社会发展所取得的巨大成就也来源于改革。36 年后的今天，西部地区的经济社会发展在取得巨大成就的同时，面临的问题与挑战也前所未有。十八届三中全会站在新的历史起点上，以改革、发展、制度创新为主线，全面系统部署深化经济社会发展的各种制度改革，科学规划了中国特色社会主义改革的方向与目标，回应了人们对"怎么改"、"改什么"的热切期盼，进一步深化了关于中国特色社会主义的理论创新

与制度创新。长期以来，西部地区因为种种原因造成改革对于本地区经济社会的推动作用不如东部地区，尽管在增速上近些年有较快的成绩，但在绝对数量上则相对落后。

西部大开发战略实施以来，西部地区人均国民生产总值逐年增加，但和东部地区相比依然存在着巨大的鸿沟。一方面说明，西部地区近年的发展得益于大开发的改革促生战略，另一方面也启示，西部地区的继续发展仍然需要以改革来驱动。西部地区的巨大发展变化证明，如果继续谋求西部地区经济社会的持续快速稳健的发展就必须不断深化改革、创新发展。当前，在新的历史时期新的客观条件下，西部地区响应国家改革发展的城镇化战略，贯彻以人为核心的新型城镇化建设道路，正是当前以改革驱动本地区经济社会前行的时代性抉择。

（二）国家政策驱动机制

人类文明早已昭示，任何一个独立存在的事物在更宽广的视域中都和外界有着不可分割的相互作用，从而形成一个开放、动态的不断发生着信息和能量转换的有机系统。在这个有机系统中，任何一个部分都需要来自其他部分以及来自整体的信息和能量的交互传递，并因此而获得自身的存在和发展的生命力，对于人类社会建制的物质性存在来说更是如此。

西部地区的新型城镇化建设具有相对独立性，需要西部地区自身采取诸多具有相互关联性的措施有力建构，但就中国整个社会的发展而言，西部地区又只是作为一个要素、一个部分而存在的，它的发展离开国家的支持是不可想象的。1949 年以来西部地区的巨大发展变化，有力证明了西部地区的经济社会的发展需要国家的推动。同样，在城镇化建设事业中，没有国家政策驱动和支持，西部地区的城镇化建设也不会达到今天的水平。西部大开发就是基于国家整体发展作出的一项重大战略决策，对于西部地区发展起到巨大的政策推动作用。2014 年，国家继续加大对西部大开发的支持力度，陕西西咸新区、贵州贵安新区、成都天府新区先后被批准为国家级新区，全国 11 个国家级新区中，西部地区占据五个。这些重大战略决策，体现出党和政府对于西部地区发展的高度重视，为西部大开发升级转型注入新的活力，也必将推动西部城镇化的快速健康发展。

《国家新型城镇化规划（2014—2020 年）》明确提出了要培育发展西部城市群的目标规划以及"两纵三横"城镇化战略格局，为西部推进新型城镇化建设提供了又一次政策驱动机遇。2012 年，国务院批复的《西部大开发"十二五"规划》中，提出西部地区十一个重点发展经济区，为西部城市群的发展提供了难得的机遇。在某种程度上可以说，没有国家宏观政策的支持，就不会有成渝城市群、关中城市群的快速形成和发展。国家不断加大对西部地区基础设施建设的资金和政策扶持力度，优先安排政策、项目、资金投向西部，比如青藏铁路、宁西铁路以及昆明、拉撒等干线机场的和北海、大理等支线机场的改扩建等。2014 年博鳌亚洲论坛年会上，国务院总理李克强在开幕式的演讲中明确表示，中国将投资 6300 亿元着力推进整个中、西部地区的铁路、公路等交通设施建设，构成对促进西部城镇化发展以及升级版西部大开发的重大政策支持。

当然，依靠国家的支持与推动发展西部地区的城镇化建设应当具有全面性、整体性，而不仅仅局限在某个领域，因为西部地区的新型城镇化建设本身就是一个关涉多领域的社会系统工程。因此，西部地区在谋求规划本地区城镇化建设课题上，在对国家政策的依托和破题上也应当力求有更宽的领域，比如国家重大经济项目、国防项目等的倾斜和投资，从而力求为本地区新型城镇化建设创造和营建一个坚实有力的支点。

（三）产业发展支撑机制

人类社会发展的决定性力量是物质生产方式，它包含生产力与生产关系这两个有内在联系不可分割关系的要素，并且随着人类精神文明与物质文明的不断积累和创新而在总体上呈现动态的上升趋势。生产力是人们变革客观外在的生存条件的能力和水平，主要的标志就是生产工具的革新与机械化、自动化、信息化。从而在现实的意义上实现人类生产产品在数量上日益庞大、在品类上日益丰富、在质量上日益提升，并直接带来人们生活方式、思想观念等各个生命内涵变量的不断更替与演进，进而引发在具体的生产过程中所形成的人与人之间的生产关系不断沿着现代文明的方向变革与递升，在人类社会的实际运行过程中客观地外化并呈现为人类历史的进步与发展。这一客观的历史过程启示人们，西部地区的城镇化建设也需要基于生产力的提升为基础和依托。

人类文明演进到当代社会，最具活力最先进的生产力代表就是工业化、机械化、自动化和信息化。处于这一历史阶段的西部地区在建构新型城镇化这一重大社会课题上，毫无疑问也应当汲取这种先进的生产力。当然，在整体上生产力虽然具有客观性，但同时又缺乏独立自在的实体性，它必须渗透在它的相关要素（劳动者、劳动对象等）中才能真正获得自身的存在和现实价值。社会生产的三大产业正是衔接和贯通生产各个要素的介质，没有产业作为载体的支撑就不会有生产力的真正解决；而没有现代化的三大产业的发展就不会有先进生产力的创制和生成，也就没有经济社会的发展与进步。所以，西部地区要实现通过提高生产力水平而为新型城镇化建设夯实基础的发展预期，就需要实现三大产业在现代化条件下的更大发展、更多积累。西部地区农牧产品加工业和食品工业产值总量低于全国平均水平，第一产业在总量上相对落后，第二、三产业在全国范围的四大地带的产值总量中也都不在前列。产业发展的现状客观上表明该地区存在着巨大的发展空间，也表明亟待实现产业的现代化的发展，从根本上实现该地区的全面进步。所以，西部地区要谋求经济社会的发展，三大产业的增加值应当有新的增长，并且还要形成与时代发展相适应的产业结构，形成科学的产业布局，扩大增长内涵，更好地实现集约型增长。

（四）城市群辐射带动机制

随着人类物质生产方式、生活方式的变革，城镇渐致成型并不断发展。当一个国家或地区的经济社会发展到一定阶段，原有的城镇在不断的经济文化积淀中就会成为中心城市，并随着其辐射和扩散作用的不断增强带动周边城镇的兴起和发展，在现代化的交通通信以及高效的运输网络的便捷连接下，最终形成以中心城市为核心的城市群，产生巨大的"集聚效应"，并成为生产活动、市场经济和人口聚居的载体，进而推动经济社会的持续稳健地向前发展。也由此，中心城市的带动作用和影响力凸显，成为现代化城镇建设的一种客观必然的路径选择。

西部地区城市群的经济实力与发展速度同东部相比仍有不小差距。由上海交通大学城市科学研究院与社会科学文献出版社共同举办的《城市群蓝皮书：中国城市群发展指数报告（2013）》报告显示，长三角、珠三角和京津冀城市群是亚太区最具活力、竞争力和创新力的世界级城市群。与京津冀、长三角和珠三角城市群相比，西部地区城市群在人口数量、经济规模、综合竞争力和影响力等方面都相对较低。据中国科学院地理科学与资源研究所 2012 年 4 月发布的《2010 中国城市群发展报告》显示，截至 2012 年，中国城市群增至 23 个，西部地区占据有 10 个，但是达标城市群中，西部仅有成渝、关中、天山北坡三个城市群达标，8 个非达标城市群全部位于西部。从 11 个国家新区来看，西部地区国家级新区的经济规模总量远远低于东部地区。2013 年，滨海新区 GDP 总量达到 8020.4 亿元，而贵安新区仅有 35 亿元，二者相差高达 229 倍。西部地区关中和成渝城市群具有较明显的优势。关中城市群已成为陕西省经济最为发达的地区，成渝城市群发展更为快速，辖区内人口容量和生产总值已达两省、市的88.6%和89.6%，分别占西南五省（市、自治区）（重庆、四川、贵州、云南、广西）总量的54.6%、55.6%。

可见，在西部地区的发展中，城市群的带动作用是十分显著的。所以，在国家深化改革推动经济社会向前发展的新时期，西部地区以城市群的建设进而依托新型城镇化道路实现本地发展，是一项大有可为、前景广阔的路径。西部地区除西藏、青海两省城镇密度过小，客观上暂不具备培育城市群的条件外，其他省（市、自治区）围绕各省会城市和自治区首府已经初步形成一定密度的城镇区域，在未来具有形成城市群的发展潜力。比如，呼包鄂地区已经发展成为创造内蒙古自治区一半以上工业产值、超过2/3的生产总值以及3/4的商品流通额的城镇密集区。当然在这些地区进行城市群的培育仍需谨慎并紧紧以产业的足够成长发育为依据，适时地有步骤、有计划、有层次地加以推进。

（五）资源与边境城市创生机制

现代社会是一个十分注重和强调发展优势的时代。任何一个国家和地区要在全球化的进程中，搭乘全球化的经济发展快车，一个重要的通道就是寻求自身的发展优势，这包括天然的资源优势和地缘优势。而对于一个国家内部的特定地区而言，也同样需要寻找自身的优势，以便在市场经济中实现自身的经济竞争与经济发展优势。

西部地区是我国能源和矿产等资源十分集中的地区，2010年出台的《全国主体功能区规划》中，西南、鄂尔多斯和新疆等西部地区构成中国"五片一带"能源开发布局中的三大片；而在中国"十二五"时期煤炭生产新开工规模中、西部地区已占71.7%。在其发展历史中，依靠资源建市立镇推进西部地区的发展是实现西部地区经济社会振兴的重要举措。到目前为止，中国共计有118个资源型城市，其中西部12省（市、自治区）共有33座，占中国资源型城市总量的28%，随着"西电东送"、"西气东输"等国家战略资源的调配格局的建立，西部地区一批新的资源型城市正在发展壮大。但是，就资源本身而言，任何一种资源在一定时期内都是有限的。因此，西部地区老的资源型城市因为存在历史较长，故而有些资源型城市的资源优势已经弱化，经济效益增长空间已趋向饱和，"资源陷阱效应"在一些城市已经有所表现。在今后的发展中，这些城市的发展增长点应当转移，特别要注重科技的创新来创生新的资源发展点，如深加工。再者，当人们的基本生活得到很好的满足后，进而会产生更多精神上的需求，西部地区是一个自然景观、社会人文景观旅游资源都很丰厚的地区，近些年旅游业发展迅猛。旅游业的发展不仅可以带动一系列诸如交通、饮食、住宿、小商品等相关产业的发展，而且还可以提供更多的就业岗位、吸纳更多的城镇化就业人口。

西部地区的城镇化发展道路还可以充分发挥其边境口岸的地缘优势。西部地区的边境线长度接近全国边境线总长的90%，随着地区间经济贸易往来的增强和扩大，依托跨境区域合作和次区域合作促进西部地区经济社会的发展是一条现实而可取的选择。当前西部地区已经开展了以大湄公河次区域为代表的多个跨境区域和次区域的合作途径和合作机制，西部沿边的多个省份也已经成为中国跨境合作和次区域合作的重要发展地域和发展载体。在构建开放新机制、以开放促改革的新的发展背景下，西部地区的城镇化建设还可以与"新丝绸之路经济带"的建设等相结合，通过打造西部地区国际经济合作圈、形成全方位的开放新格局，以加快本地区经济发展进而推动城镇化建设，建设向西、向北开放的城市走廊。

（六）生态环境保护和再生机制

理论层面上，生态环境是人类生存的基础，是现代社会人们十分关注的基本生存问题，生态环境的破坏就是对人类生存基础的破坏，是对现代社会人们生活质量的根本解构。生态环境具有脆弱性，很容易被人类的现代化的生产方式打破其内在平衡和自我循环、补偿的内生机制。同时，良性生态环境的生成又具有长期性，任何一个范围的生态环境的形成都需要较长的时间，这也决定了一旦生态环境的自组织机制被破坏，其补偿的实效也就相应地需要较长的自我愈合时间。更为重要的是，构成一个具备了自组织机制的生态环境系统的某些要素是不可再生的，一旦被破坏就会影响到整个生态环境的自我更新和自我平衡及其续存。所以，生态文明已经成为现代文明不可或缺的一大内涵。

现实层面上，西部地区工业化的程度相对较低，但是，作为进入发展加速期的西部随着经济社会的继续发展，生态环境有加速恶化的趋势，甚至在一定程度上影响到全国的生态安全，以人为本的城镇化建设过程中生态环境的保护就成为一个必须被充分考虑并审慎对待的重要方面。

值得指出的是，生态环境的保护和再生建设，也并不仅仅是一个单向消耗社会财富的过程，对生态环境的保护和培育具有形成新的社会发展增长点的现实可能性,如生态科技、绿色旅游等。而从更长远的视域看,对生态环境的保护和培育具有长远效益且其效应也是难以估量的,它关系着人民的福祉和民族的未来。所以,西部地区以人为核心的新型城镇化要走遵循自然规律的可持续发展道路,构建资源节约型、环境友好型社会。

第十三章

西部美丽乡村建设

从人的公平权利来看，每一个自然人都应该是平等的，都应该享受到社会发展所带来的平等的成果惠普，社会应当提供所有的公平机会给每个公民，包括起点公平、过程公平和结果公平。推动美丽乡村建设，实质是赋予农民同城市居民平等、公正的发展权，是统筹城乡发展的重要途径。统筹城乡发展的关键在于解决"三农"问题，而"三农"的突破口在于推动美丽乡村建设，要把美丽乡村建设上升到国家战略的高度，和新型城镇化一起，构筑未来中国经济社会持续健康发展的动力源泉。对于西部地区来讲，推动美丽乡村建设，有助于深化升级版西部大开发，是解决"三农"问题的重要发展战略，是西部地区实现科学发展、可持续发展、包容性发展的必由之路。

一、美丽乡村的提出及其重要意义

美丽乡村建设的提出及其践行，是社会主义新农村建设的理论继承，是生产力发展到一定阶段，适应新时期新阶段新变化新挑战的战略抉择，是中国共产党执政理念的重大升华，也是对中国特色社会主义建设理论的丰富与完善。美丽乡村构成美丽中国的重要内容，推动美丽乡村建设，对于西部地区加快解决"三农"问题、统筹城乡发展具有重要意义，事关全面建成小康社会的成败。

（一）美丽乡村的提出

美丽乡村作为一种发展和执政的理念，是党对中国特色社会主义建设规律认识不断深化的结果，是社会主义新农村建设的理论继承。从 20 世纪 50 年代提出社会主义新农村这一概念，到 80 年代提出的"小康社会"，再到 2005 年党的十六届五中全会正式将推动社会主义新农村建设作为重大战略提出，标志着社会主义新农村建设开始从理论走向实践。党的十七大将统筹城乡发展作为一项重要战略任务,党的十八大提出"美丽中国"奋斗目标,美丽乡村建设是不可或缺的重要部分。2013 年中央一号文件,正式提出"美丽乡村"的概念。

"美丽乡村"尽管是出现在推进农村生态文明建设这一章节,但是,其内涵绝不仅仅限于农村的生态文明建设。"美丽乡村"理应成为社会主义新农村建设的新理念、新目标,成为统领农村农业农民工作的新纲领,理应上升为与新型城镇化建设同等重要的战略高度,二者共同构成统筹城乡发展的"一体两翼",这对于加速推进社会转型、缩小城乡发展差距、全面深化改革具有重要意义。

美丽乡村的提出,是中国特色社会主义发展到一定阶段,党对"三大规律"认识不断深化的结果,是发展理念和发展实践的重大创新。从实践来看,由于对美丽乡村认识上存在的差别,全国各地包括西部地区对于美丽乡村建设主要是强调基础硬件设施等物质性要素,甚至表现出强烈的"去农村化"的冲动。这些问题的出现,一方面是推动新农村建设的经验不足,另一方面也暴露出缺乏对美丽乡村内涵的科学认识和准确把握。美丽乡村建设不是搞所谓的"去农村化",也不是城乡同质化,而是达到农村和城市和谐一体,各具特色,相互辉映,相互补充的空间布局形态,实质是升级版的社会主义新农村。

美丽乡村建设是一个农村经济、政治、文化、社会以及农民现代转型的全面发展和城乡互动的系统工程,既要通过发展经济,不断地解放和发展农村生产力,又要通过丰富和完善农村的生产关系,实现生产力的解放和全面发展;既要注重农村生产、生活、生态环境的改善,又要注重制度、习俗、精神文化的现代变迁,推动农民的现代转型。

(二)美丽乡村建设的重要意义

美丽乡村作为升级版的社会主义新农村,是一种发展理念和发展实践的重大创新,是统筹城乡发展的重点工作,其地位、意义和重要性丝毫不亚于新型城镇化建设,必须把建设美丽乡村提升到党和政府执政兴国的高度,提升到关系"两个百年"奋斗目标和民族伟大复兴中国梦的高度。因此,要充分认识建设美丽乡村的紧迫性与必要性,按照党的十八大、十八届三中全会精神要求,落实好中央一号文件精神,加快推动美丽乡村建设,推动农村的现代转型和社会全面进步。

美丽乡村建设是解决"三农"问题,避免陷入"中等收入陷阱"的重要举措。"三农"问题是农业文明向工业文明过渡进程中的必然产物,是世界各国现代化进程中遇到的必然课题,也是困扰中国经济社会健康持续发展的一个重要问题。中国的"三农"问题更加复杂、突出、严峻，解决的难度更大，解决"三农"问题是现代化建设诸多问题中的重要任务。对于"三农"问题，党和政府高度重视，从资金、政策、人力资源等各个方面大力支持，但是，从这些年的实践来看，"三农"问题并没有得到根本性的扭转。"三农"问题的真正解决的关键在于找到一个突破口，这个突破口就是美丽乡村建设。这是由于：从世界各国的历史经验来看，当经济社会发展到一定阶段，出现城乡发展差距拉大、经济增速放缓、内需不足等社会转型期问题，普遍的经验是推动"新村运动"，重视解决"三农"问题，从而顺利实现社会转型。从早期英国、美国、德国到后来的日本和韩国，这些国家的成功经验之一，就是社会发展到一定阶段，高度重视并采取切实有效的措施成功解决了"三农"问题。反观亚洲、拉丁美洲、非洲一些发展中国家，却陷入"中等发展国家陷阱"。其中的原因很多，但对"三农"问题重视不够或者措施不力是一个重要原因。2013 年我国人均国内生产总值达到 5414 美元，在已公布的 181 个国家中，位于第 89 位。中国如何避免陷入"中等收入陷阱"，关键在于找到发展方式的转变和发展的动力，解决城乡发展差距问题。其路径就是大力推动美丽乡村建设，把美丽乡村建设与新型城镇化并重提升到国家执政理念的高度，这是避免陷入"中等收入陷阱"、成功推动社会转型的根本举措。

美丽乡村建设是促进社会转型，全面建成小康社会的必由之路。社会转型是社会的经济结构、文化形态和价值观念的深刻变动，是从传统社会向现代社会的历史变迁。社会转型与社会现代化紧密联系在一起，社会现代化要求工业化、城镇化、信息化以及农民、农村和农业的现代化。30 多年来的改革开放，中国的工业化和城镇化取得了巨大成就，据国际货币基金组织公布的各国工业产值排名，截至 2013 年，我国工业产值位居世界榜首，城镇化率已经达到 53.7%。但是，与工业化和城镇化相比，我国的农业和农村发展仍然滞后于工业和城镇，城乡差距、工农差距明显。从党的十六届四中全会到党的十八大、十八届三中全会、四中全会，都对城乡发展进行战略部署，提出建立以工促农、以城带乡的长效机制，构建城乡新型关系。党和政府这些重大决策对于统筹城乡发展，建设美丽乡村，具有重要的指导意义。

美丽乡村建设是拉动内需，保持经济快速发展的持久动力。改革开放以来，中国经济社会取得巨大成就，增速居世界前列，成为全球第二大经济实体，中国的发展道路、发展战略、发展模式成为世界热议的重要话题。中国 30 多年来经济高速发展的动力主要是人口红利、资源支撑、投资与出口的驱动。但是，随着人口老龄化的到来，劳动力成本在上升，劳动力优势逐渐削弱。全国各地近年来出现的雾霾天气，严重影响着人民群众的身心健康和国家的国际形象。同时，粗放式的发展方式，使得我国资源浪费严重、科技水平不高、创新不足，处于国际分工链的低端，发展方式的转变以及创新驱动发展的问题开始凸显。推动美丽乡村建设，一方面，通过对农村基础设施投资拉动经济增长；另一方面，又可以通过开拓农村市场，刺激内需。中国当前接近一半的人口在农村，农村人的消费低于城镇人口，其主要原因在于农民增收缓慢，农村基本公共服务和社会保障服务不足，农民只得把钱存入银行。农民的支出主要体现在住房、教育、医疗上面，通过美丽乡村建设，实施城乡一体化发展，特别是养老、医疗、社会保障等的一体化，解决农民的后顾之忧，不断增加农民收入，开拓农村市场，刺激农村的消费，同新型城镇化建设一道，为我国经济再保持30多年高速增长提供持久动力。

美丽乡村建设是全面建成小康社会、实现"两个百年"奋斗目标和民族伟大复兴中国梦的根本保障。这是因为，全面建成小康社会是实现社会主义现代化的阶段性目标，全面建成小康社会关键在于农村发展，特别是西部地区农村发展占有重要地位。如果不能从根本上扭转城乡发展差距，就会陷入"中等收入陷阱"，就不能很好地实现国家富强、民族振兴、人民幸福的中国梦。推动美丽乡村建设就是要通过制度创新与变革，不断增强西部地区农村的自我发展能力，真正让农业成为有尊严的体面职业。同时，通过推动美丽乡村建设，赋予农民同城镇人口同等的发展权利与机会。

美丽乡村建设是践行党的宗旨，巩固党的执政地位的必然要求。在新民主主义革命时期，共产党人抓住了当时社会的主要矛盾，获得了广大人民群众特别是农民的支持。党的宗旨必然要随着社会发展而不断赋予新的内容，民生问题是目前人们群众反映强烈的社会问题，执政党理应也必须直面和解决这些问题，特别是农村的民生问题更加突出。西部地区民生问题的解决，牵涉到农村经济、政治、文化、生态、社会以及生产生活等农村社会的方方面面，是农村全面变革和农民的现代转型。美丽乡村建设就是为了实现农村全面变革和农民现代转型提出的一项重大战略，是解决目前"三农"问题的根本抓手。

二、"五个乡村"建设：西部美丽乡村的新愿景

一个祥和、美丽、自由、平等的社会是古今中外仁人志士孜孜不倦的追求目标。从西方柏拉图的《理想国》、莫尔的《乌托邦》到中国古代儒家的公平公正的社会观以及近代的"等贵贱、均贫富"、康有为的"大同世界"以及孙中山的"天下为公"的思想，表达和反映出人们探索理想社会的勇气与信心，体现出人们对美好幸福生活的向往，折射出人类共同的理想旨趣和价值追求。古今中外的思想家和探索者，由于生产力发展的限制和人类认识的阶段性，对农村自由幸福平等社会的追求，大都陷入"空想"的性质，但是，他们的探索推动了历史的进步，为人们实现理想社会提供了宝贵的精神财富。鉴于美丽乡村建设对于西部地区的重要性与迫切性，笔者通过大量调研，结合西部实际，提出美丽乡村要从宜居、富裕、文明、和谐、平安五个方面予以推进，这五个方面基本涵盖了社会主义新农村建设的全部内容，作为一种规划愿景，对于推动西部地区社会主义新农村建设提出了建设性意见。

（一）宜居乡村

宜居乡村主要针对美丽乡村中人的居住环境和生活空间的基本描述，指乡村的交通便利、服务齐全、环境优美、人际关系和谐，人们的舒适度和满意度都很高的生活空间。宜居乡村是美丽乡村的重要内容，主要强调的是村容村貌和生态建设，农民舒适的人文居住环境，实现人与自然和谐相处，共荣共生。宜居乡村与宜居城市一样，是西部统筹城乡发展的重要内容，也是当前全面深化改革、推动社会主义新农村建设的重要组成部分。

对美好幸福生活的向往，自古以来就是中国人的理想追求目标。古代的田园诗派主要以田园景色和田园生活为题材，描述了大量的美丽乡村风景，如陶渊明的《桃花源记》、辛弃疾的《西江月》、孟浩然的《过故人庄》等田园诗歌所描绘出的是一个村容整洁、民风淳朴、生态良好、人民安居乐业的理想幸福生活图景。因此，推动美丽乡村建设不是凭空而来，而是具有深厚的文化基础与文化传统。这一理想在当代的中国，无论从经济实力、社会制度还是大众心理，基本具备了实现的条件。

宜居乡村的目标构想。西部地区宜居乡村的建设，要在充分了解和把握地势地貌和民族文化传统的基础上加以推进，主要由以下方面构成：1. 生产、生活、居住空间错落有致，相互映衬，民族特色明显，集居住、生产、观赏旅游

于一体的现代农业和现代农村。首先，宜居乡村的生产、生活、生态空间分布的错落有致。统筹城乡发展要重视农村规划，政府为农民设计各种住房供农民选择，住房的设计要体现民风民俗和农村实际，一定要把乡土文化及地域民族特色体现在住房和村容村貌上。住房不一定高，更不是要整齐划一，要把住房同周围环境、耕地、森林、草场等和谐相映。其次，宜居乡村要交通便利，政府合理规划和实施包括公路、铁路、水运、航运等在内的各种基础设施建设，以镇或县城为交通枢纽中心，距离每个自然村一个小时以内的车程，解决西部地区出行难问题。2. 宜居乡村基本公共服务设施齐全，农民生活便利。宜居乡村分为居住区、农业工业区、农产品贸易区、耕地或牧场以及中间绿化地带区五个部分。水、电、气、网等基础设施齐全，各个区功能清晰，各司其职。居住区主要是服务农民生活，农业工业区服务于农村发展和农民富裕，农产品贸易区主要是交易市场，耕地或牧场是主要农业活动场所。住宅区生活设施便利，购物、就医、教育、银行、文化活动中心等基本公共服务便捷。3. 在宜居乡村中，人与自然和谐共生。宜居乡村按照自然美与艺术美相结合的要求，实现生产、生活空间的相互映衬、和谐共生。

（二）富裕乡村

富裕乡村是对美丽乡村的物质性状况的描述，指乡村的生产发展、生活富裕、农民安居乐业的一种高度发达的状态。富裕乡村是"两个百年"奋斗目标以及实现现代化和民族伟大复兴中国梦的重要内容。西部地区到 2020 年能否全面建成小康社会，关系到"两个百年"奋斗目标的实现。共同富裕是社会主义应坚持的基本原则，在某种程度上可以说，没有农村的富裕，共同富裕就难以实现。因此，富裕乡村是美丽乡村的重要内容，是统筹城乡发展的关键环节，是社会主义新农村建设的基本着力点。

富裕乡村的目标构想。1. 农业的现代化。富裕乡村的生产发展主要体现在农业的现代化上，种植业、畜牧业、养殖业和林下经济广泛运用现代科技，采用规模化、集约化、标准化的现代耕种、养殖、农产品加工方式。同时，西部美丽乡村实行区域差别化发展模式，依据区域特色，差别化发展现代粮食作物、优质蔬菜水果种植、农产品食品加工业、畜牧业和乳制品加工业，成为全国粮食、水果、蔬菜、乳制品、肉类的安全、绿色菜篮子提供基地。2. 现代式的农村生活。在富裕乡村，农民的物质生活水平很高，家家都有汽车、电脑等现代家居，农民享有同城镇人口同等的基本公共服务、社会保障、就业工作机会、政治权利、文化生活，城乡生活高度融合，农民是一种体面职业。3. 富裕乡村的基本公共服务和社会保障体系发达完善。在富裕乡村，人们完全享受同城市一样的教育、医疗卫生、住房、养老保险和社会保障，住房是由集体组织统一建设，村民自行选择，从幼儿园到高中完全免费的同质化教育，尊重知识、敬畏知识、热爱知识成为一种基本社会风尚。发达的医疗卫生系统解决了农民生病之忧，大病和先天性疾病一律由集体和社会承担。人人都能享受到均等的养老保险等社会保障，农民到了 65 周岁，统一进入集体养老院，快乐自由地安享晚年。

（三）文明乡村

文明乡村是对美丽乡村的精神性状态的描述，指乡村的教育发达、乡风文明、民风淳朴、幸福满意度高的一种自由全面发展状态。物质贫乏不是美丽乡村，精神贫乏也不是美丽乡村，美丽乡村作为一项系统工程，更要注重精神文明建设，不断提高农民的文化素质和精神境界。物质的丰富代替不了人们对文化精神的需求。西部地区的贫穷落后不仅体现在生产力和经济落后等物质性方面，还体现在西部农村地区教育滞后、开拓创新意识不强，甚至某些贫困地区的人们，等靠要思想严重，从而阻碍了西部农民的自我发展能力。没有农民的现代化和现代转型，就没有农村的现代化。韩国的新村运动重视提高农民文化素质，大力繁荣农村文化的做法值得借鉴。西部农村地区长期封闭落后。文明乡村要学习借鉴古人关于规范人的行为与举止的有益文化传统，结合时代精神，弘扬创新。文明乡村建设要在物质生活富裕的基础上，加强对农民精神境界的提升，注重培养农民积极向上、健康的生活方式和消费习惯，整体上提升农民的文化素质和精神追求。

文明乡村的目标构想。1. 文明乡村具有发达的教育体系，终身学习成为村民的常态。在文明乡村里，不再有上学难、上学贵的烦恼，所有学龄儿童，都可以享受到均等化的幼儿、小学和初高中免费义务教育。城乡之间教育资源均衡发展，没有重点班和非重点办的区别，学校依据孩子兴趣、爱好，注重从小就培养孩子良好的习惯、是非对错的判断、真理正义的追求以及对孩子的个性培养。在这里，学习不再是一种负担和责任，也不再是一种谋生手段，完全是一种爱好、习惯，成为人们自由自觉的行为。2. 乡风文明。美丽乡村中人与人之间和谐淳朴，人们的是非观、道德观明确，法治思维是必备的基本素质，村民自觉把社会公德、职业道德与家庭美德作为行为的规范，充分发挥道德对人们关系的规范调节作用。3. 文明乡村的文化生活丰富多彩，人的个性自由全面发展。在文明乡村里，完全是现代农业，机械化、科学化、标准化程度很高，村民支配的自由时间充裕，劳动不再是谋生的手段，而是一种爱好和兴趣，村民自由发挥自己的才能，每个人都有用武之地，人尽其才，才尽其用。

（四）和谐乡村

和谐乡村是对美丽乡村民主政治和村民自治的描述，指乡村政治民主的一种现代政治文明。和谐乡村继承发展了中国传统文化的"和谐"的理念，提倡人与自然和谐共生，追求人与人之间的宽和处世，保持身心的平和、恬淡，正确处理情与欲的关系。和谐不是没有矛盾，而是求同存异，把握共性，最大限度地实现美丽乡村集体利益的最大化。和谐乡村是美丽乡村建设的重要内容，是反映美丽乡村人际关系和社会治理的重要载体。

和谐乡村的目标构想。1. 人与人的关系和谐。在和谐乡村，村民之间的关系主要不是基于血缘和地缘，而是基于组织共同体的核心价值观，村民普遍具有很强的社会责任感，他们懂得作为个体应该对国家和社会所承担的责任与义务，热情、无私，自觉将个人的成长与共同体的发展紧密结合起来。2. 农村集体组织是村民互助组织。和谐乡村实行集体制，实施集体化种粮养殖，互帮互助式生产关系。这种集体农业是一种互助式组织。其主要职责是为农业、农村和农民提供帮助和服务，这个组织秉承正义，没有特权，完全根据事件本身的是非曲直做出裁定，具有很高的权威性和可信度。3. 村民自治。和谐乡村实行集体制领导下的村民自治制度，村里重大事情由全体村民协商解决，事关村里的重大决策，必须由全体村民集体讨论通过。村里成立村民自治委员会、村民财政委员会、村民监督委员会三个构成机构，这三个机构人员不得兼任，各自有 3—5 名成员组成，所有成员均有全体村民选举产生，对村民大会负责，受到村民大会监督，随时可以召开村委会予以调整成员。村委会成员实行 5 年任期制，以任职期内的工作情况作为离职后惩罚奖励的依据。三个结构相互独立，各自具有不同职责和功能，自治委员会负责村民日常生活工作的各项事务，比如美丽乡村发展、科技推广、基本公共服务、社会综合治安等，财政委员会负责全村的财政收支的管理、运用、审查和监督。监督委员会负责对以上两个机构和事关全村的重大事项进行监督。村委会人事权和重大事项决策权、财产权、监督权分离，人事权属于村委会，财产权属于财政委员会，每一项重大支出或者是重大事项决策，由村民自治委员会提出，提请全体村民大会讨论决定，征得大多数村民同意后，提请财政委员会批准，在监督委员会监督下实施，村民大会具有最终和最高的权力。

（五）平安乡村

平安乡村是对美丽乡村治理方式的描述，指乡村社会治理的一种现代文明状态。美丽乡村治安秩序良好，矛盾纠纷和利益协调机制健全，公共安全风险可控。平安乡村在美丽乡村中占有重要地位，是美丽乡村的重要保障。西部农村地区幅员辽阔，民族众多，情况复杂，推进平安乡村建设，不仅是维护农村社会秩序、满足农民对安全需求的需要，更是化解社会矛盾、维护边疆稳定、打击"三股势力"的需要，是构建平安中国的重要内容。推动平安乡村建设，将诸多矛盾化解在基层，发动群众，群防群治，及早发现风险，及时处置风险，对于平安西部和平安中国都具有不可替代的意义。

平安乡村的目标构想。1. 平安乡村的社会治安井然有序。在平安乡村里，村民道德觉悟极高，没有坑蒙拐骗和偷盗行为，村民对这些行为零容忍，一旦发生，处罚力度比较大。村民反对唯利是图、盲目攀比、金钱至上的价值观，反对奢侈浪费的土豪金行为。平安乡村成立村民自治小组，全体村民都有维护社会治安的责任，每个村民都掌握一定的处置突发事件的能力和技巧，平安乡村实行群控群治，社会秩序井然有序。2. 矛盾纠纷和利益协调机制健全。平安乡村里，村民自治委员会设置矛盾纠纷和利益协调机制，村民对此可以发表意见、提出建议乃至批评，又可以就自己的问题自由畅谈自己的想法，表达自己的心声，提出利益的诉求。村民自治委员会高度重视矛盾纠纷或村民利益诉求，在规定的时间内找到合理解决的办法，最大限度地达到当事人的满意，村民在经济社会事务中完全当家做主。3. 建立完善的公共安全风险可控机制。在平安乡村，人们的安全意识很强，人们高度重视生产安全、食品安全、公共卫生安全以及信息安全，有健全完善的应对突发性事件、群体性事件的应急机制，群防群控，井然有序。平安乡村信仰自由，但是绝对不容许借宗教或信仰之名传播凶杀、仇恨、淫秽物品，更不允许邪教存在。

三、美丽乡村建设的路径机制

美丽乡村建设是一项系统工程，反映出人们群众对美好生活的期盼。美丽乡村建设要坚持以人为本，以人为核心的美丽乡村要根据宜居乡村、富裕乡村、文明乡村、和谐乡村与平安乡村的要求，推动美丽乡村建设的理论创新、制度创新与实践创新，最大限度地解放农业生产力，释放农村发展活力，激发农民创造能力，从根本上解决"三农"问题，让美丽乡村同新型城镇化一样，成为中国经济持久发展的不竭动力。

（一）美丽乡村建设的路径选择

自20世纪80年代提出"小康"社会以来，社会主义现代化关于农村建设的理论与实践不断深入，全国各地开始了对美丽乡村建设的实践和探索，一些成功的案例和经验值得借鉴。笔者围绕"三农"问题，多次到社会主义新农村建设较为成功的地方调研，重庆南川大观镇的金龙村、成都三圣乡的"五朵金花"、贵州凯里市南花村、河南鄢陵的明义社区等印象深刻。美丽乡村建设牵涉到土地流转、宅基地置换住房、户籍改革、农民就业等涉及农民利益、关系社会稳定的重大问题。笔者的调研发现，在美丽乡村建设中，一些地方急于求成、暗箱操作、农民权益得不到保障的现象时有发生，盲目冒进、好大喜功、强征强拆、过度圈地、赔偿过低、农民就业没有保障等引发的隐患令人担忧。课题组通过调研，在总结美丽乡村实践经验的基础上，针对一些普遍性的问题，提出美丽乡村建设思路，包括"五个乡村"的构想，都是源于现实中美丽乡村建设的种种问题而引发的思考。课题组认为，西部美丽乡村建设要不断与时俱进、开拓创新，建设符合中国国情、具有西部民族特色、传承历史文化、承载现代精神的社会主义新农村。美丽乡村建设是一项系统工程，不可能一蹴而就，要分阶段逐步实施，要从开始的行政推动转变为西部农民的自觉运动，要把顶层设计与农民的主体地位相结合，不搞运动式的建设。美丽乡村建设着重从以下方面入手：

1. 美丽乡村的科学规划

美丽乡村的建设，离不开科学合理的规划。科学规划对于西部美丽乡村建设具有优先作用，规划的内容主要包括：

（1）美丽乡村建设的总体目标及其实现方案。美丽乡村建设要非常重视规划，从长远性和战略性对整个美丽乡村建设进行整体规划，主要包括美丽乡村建设的愿景目标、实施路径、方式方法、资金来源、动力以及重点难点等，在整体规划的基础上，要给出实现规划的整体方案和具体的操作思路。美丽乡村规划具有绝对的权威性，不因村领导或上级领导的看法转移而随意更改。

（2）美丽乡村的区域功能规划。居住生活区、农业工业区、农产品市场贸易区、耕地或牧场区以及中间绿化地带，要根据不同功能科学合理设计，特别要注重和农民生产、生活实践相结合，比如村庄布局的调整、房屋结构、外观的设计、公共基础设施建设的规划、各个功能区布局的关系等。

（3）美丽乡村建设的主体和主导力量规定。规划应当明确美丽乡村建设中农民的主体地位和政府的主导力量，特别是要重视制度安排确保主体地位和主导力量的实现。

（4）美丽乡村建设的阶段以及目标。美丽乡村建设需要经历几个阶段，每个阶段的重点和目标是什么等要有明确的规定，如何确保实现这些阶段性目标也要给出具体规定。

（5）其他和美丽乡村有关的方向性、整体性的规划设计。

2. 美丽乡村的机构设置

作为一项牵涉范围广、涉及群体多的战略性、系统性的民生工程，美丽乡村建设的推动实施离不开强有力的领导组织力量。世界各国的经验表明，对乡村改造与建设一般都由政府主导和发起，然后通过科学、合理、严密的执行机构加以实施。应学习借鉴韩国的"新村运动"的经验，从中央到地方成立专门的领导小组，以省为单位，从省、市、县、乡到村成立专门的工作小组，明确不同层级的职责，建立科学完备的奖惩机制。美丽乡村以自然行政村为单位，农民是主体，成立完全由农民组成的建设指导小组，负责美丽乡村建设的各项具体工作。

3. 重视基础设施建设

加大对基础设施建设的投入力度，改善农村生产生活的条件，是推动美丽乡村建设的共同经验。西部城乡发展的差距，跟农村基础设施建设滞后分不开，因此，要把改善农村基础设施放在美丽乡村建设的优先位置。首先要加大改善农村交通基础设施建设的投入力度，构建水、电、路、气立体基础服务网络系统，方便人们生活和出行。建设农村污水垃圾处理设施系统，搞好居住环境的绿化。二是改善农业生产基础设施。针对西部农村高山多、坡度陡的地理特征，积极培育耐旱粮食作物，推广科学种田、养殖、放牧，发展现代农业、生态旅游农业，积极推动林下经济发展，不断增强农业内生发展能力。

4. 千方百计增加农民收入

农民增收是西部统筹城乡发展的重要课题，也是美丽乡村建设所面临的重要问题。与全国相比，西部地区的脱贫致富压力依然较大。目前，西部地区农民收入主要由三部分组成：一是农业本身的收入，包括农产品销售；二是从事贸易和市场活动的收入；三是打工收入，打工甚至成为部分家庭的主要收入来源。农民家庭的主要支出：住房、教育、医疗。从农民的主要收入和支出来分析，增加农民收入要从以下方面入手：第一，要推广科技种田养殖，提高农业的效益，增加农业收入。第二，积极推动西部农村的土地制度改革。要在国家相关政策的范围内，积极推动耕地、宅基地、林地、集体建设用地的流转、抵押、担保，建立土地增值分配的长效机制。积极发展新型农业经营体系，不断探索创新多种形式的农村发展合作经济，要把农户、公司或企业、市场结合起来，不断增加农民财产性收入。第三，积极发展农产品加工业。利用西部地区特有的农业资源与优势，大力发展农产品贸易和农产品加工业，将西部建成全国蔬菜、水果、牛奶等安全、放心农产品供应基地。第四，建立农民工培训基地，加大对农民工的技能和文化知识的培训，提高农民打工的收入。第五，建立完善的农村社会保障体系，减少农民在养老、住房、医疗、教育等方面的家庭支出。

5. 旧村改造与新村建设

美丽乡村建设要实施旧村改造和新村建设同步进行，二者都是为了改善农民的生活环境与条件。旧村改造不是大规模地拆迁并村，不是把农村简单地社区化，而是在尊重农民意愿的基础上，通过改变房屋结构等改善农民的居住环境。新村建设不只是建大楼、修宽路，住房不是越高越漂亮越好，路也不是越宽越亮越好，而是以方便农民生产生活和实用为标准。

6. 把教育作为首要工程

西部地区要从根本上改变落后的面貌，需要重视，重视人才，不断增强自我发展能力。农村教育在美丽乡村建设中具有基础性、先导性、全局性作用。一是要继续完善农村义务教育发展保障机制，增加农村教育投入。特别是在巩固普及义务教育、减少文盲的基础上，不断提高教育质量，加大对农村资金、教育设施、人才的投资力度，均衡配置城乡教育资源。对于贫困家庭和生活困难群体的子女教育，要建立完善相应的帮扶机制。二是要关心留守儿童的教育和身心健康。近年来，留守儿童辍学、打架斗殴甚至违法犯罪现象增多应引起重视，要成立关爱农村留守儿童的爱心教育志愿组织，关注留守儿童身心健康，促进留守儿童健康快乐成长。三是加强对农村劳动力的职业技能培训，提高农民就业能力。

7. 缩小农村在基本公共服务方面同城市的差距

西部城乡之间在基本公共服务方面的差距，实质上是对农村在发展权利与发展机会上的不公。因此，加大资金、政策对于农村基本公共服务的支持力度，缩小城乡之间的差距，推动城乡基本公共服务一体化和均等化发展是西部美丽乡村建设的重要内容。

8. 发展繁荣农村文化，提高农民素质，推动农民的现代转型

西部美丽乡村建设应当坚持物质文明与精神文明建设同步，要特别重视农民的精神需求，注重推动农村文化发展繁荣，从而不断提高农民素质，推动农民的现代转型，推动法治农村建设。一是要大力普及科学文化知识。要经常性地开展农村科学文化知识的教育活动，反对愚昧和迷信，反对传统陋俗，在农村要让主流舆论占主导地位，引导农民树立健康、积极、向上的生活方式和良好的生活习惯。二是要开展多种形式的文化活动，繁荣农民生活。要尊重农民意愿，经常性地开展丰富多彩的文化娱乐活动。三是促进农民的现代转型。人是美丽乡村最有价值的存在，也是美丽乡村建设的出发点和最终归宿。美丽乡村要坚持以人为本，实现农民的自由全面发展，从农民现代转型与主体能动性视角建设美丽乡村，对于推动西部地区的现代化和社会转型具有重要意义。

（二）美丽乡村建设的实现方式

科学合理的方法与路径选择是把战略意图或愿景目标转化为现实的中间纽带和桥梁。理论能够作用于实践，除了理论自身的科学合理、符合事物发展的规律外，也必须借助一定的方式才能得以实现。美丽乡村建设作为一项系统复杂的民生工程，是关于农村全面发展和社会现代转型的一个过程，是一项长期艰巨的任务，贯彻全面建成小康社会的始终。因此，采取科学合理的方式路径对于实现美丽乡村的愿景目标十分重要。

1. 以"四化"带"三农"，推进美丽乡村建设

工业化、城镇化、农业现代化、信息化是我国社会主义现代化建设的战略任务，也是实现我国经济升级与社会转型的重要动力。从全国统筹城乡的实践来看，以"四化"带动"三农"发展是各地的普遍做法和基本经验，也是美丽乡村建设的基本路径选择。美丽乡村建设面临的主要问题是农业剩余劳动力转移、农业现代化和农民增收。通过工业化发展，吸引农业劳动力转移到非农产业，从而增加农民收入；通过加快推进以人为核心的城镇化建设，转移农业剩余劳动力，实现农业转移人口的市民化；通过农业产业化带动农业经济效益增

长，提高农业生产力的效率；通过信息化的运用加快农业的现代转型，提升农业的机械化水平，把农民从体力劳动中解放出来，从而提升城镇化水平与质量。"四化"在美丽乡村建设中是相互促进，共同发展。坚持工业化和新型城镇化为主导，解决庞大的农村剩余人口，不断增加农民收入，这是促进整个社会快速发展的巨大动力，工业化和城镇化也是推动社会转型的关键。城镇化是工业化和信息化进一步扩张的载体，可以通过城镇的要素聚集促进工业化和信息化的发展。农业现代化有利于农村土地集中和农业效益提高，是城镇化和工业化的前提和基础。

推动农村土地制度改革，解决农村出现的新问题，是推动农业现代化的关键。新时期新阶段下，农村生产力的发展遇到新的问题：谁来种田、留守儿童和空巢老人以及社会治安等方面的问题，这些问题既影响到农业发展，又影响到农村稳定。农村的新变化迫切要求变革生产关系，积极推动和发展多种新型农业经营体系，推动农业经营方式创新，可以采用"企业＋基地＋农户"、"专业协会＋农户"、"集体组织＋公司＋农户"等多种模式。美丽乡村要下大力气培育农业龙头企业，坚持以市场为导向，构建便捷的物流信息网络，及时将市场的需求同农业和农产品种植联系起来，防止"一窝蜂"导致丰产不丰收，甚至贱卖伤农的情况。建立健全农产品信息市场和便捷的物流运输市场，对于农民增收和美丽乡村建设具有重要的基础性作用。

2. 以政府为主导，农民为主体，市场撬动和社会参与的方式推进美丽乡村建设

美丽乡村建设牵涉到农村的全面发展与进步，需要积极发挥政府、农民、市场和社会四个方面的积极作用，动员和鼓励更多的力量参与到美丽乡村的建设中来，使美丽乡村建设成为撬动经济发展和社会转型的持久动力。在美丽乡村建设中，政府、农民、市场和社会的作用不同，政府起主导作用，政府的主导作用不是政府的大包大揽，而是在整体规划、宣传推动、资金政策支持、技术指导、监督和服务等方面发挥主导作用。纵观世界各国的经验，农村的改造和提升都离不开政府的主导和支持，特别是在起步阶段，政府必须规划好、宣传好、动员好、配备好各种力量，引导农民形成共识。可以先行试点，做好总结进行推广。政府应严格遵循农民意愿，不能搞行政命令，农民若达不成共识，可以放一放、等一等，决不能一窝蜂，大轰大鸣式的群众运动来建设美丽乡村。

农民是美丽乡村建设的主体，建什么、怎么建，都应当由农民说了算。成

立由农民主导的美丽乡村建设小组，负责美丽乡村的建设工作，所有重大事项决策，都应当经过全体村民讨论决定。对于农民出现的争议问题，先行搁置，优先解决那些村民达成共识的问题。发挥农民的主体作用，绝不是不要政府，更不是否定政府的主导作用，而是强调美丽乡村建设要符合农村实际，尊重农民意愿，不能好大喜功，大轰大鸣，要兼顾农业生产和农民生活。

美丽乡村建设要发挥市场的撬动力量。市场对于资源配置具有导向作用，要建立完善农产品信息交易市场、劳动力资源市场、中介服务组织、运输物流市场，推动城乡在资源配置、人员流动、土地入市等方面资源共享、平等竞争、一体化的发展。利用市场吸引建设美丽乡村的资金，也可以通过市场运作，引进企业和资本进入农村建设。利用市场建设美丽乡村不是要完全市场化，要注重保护农民利益，维护国家粮食安全，坚决反对利用市场变相搞"圈地"，防止改变土地所有权和用途，从制度法律上保障农民的根本权益。

社会参与是美丽乡村建设必不可少的环节。美丽乡村建设是一项重大工程，离不开社会的关心、支撑和参与。社会参与要形式多样，鼓励社会的资本、产业、人员等各种要素积极投入到美丽乡村建设中来，从政策和制度上保障社会参与的的经济效益，引导更多的企业、资金、人才投入农村，动员社会的各种力量投资农村，从而形成强大合力，共同推动美丽乡村建设。

3. 统筹城乡产业布局，引导企业和资金入乡驻村推动美丽乡村建设

缺乏产业支撑，是城乡发展差距拉大、农民增收缓慢的主要原因。农业本身的效益很低，单靠农业发展难以解决农村面临的诸多问题。美丽乡村建设要从统筹城乡发展的角度，合理布局产业分布，加大对农村和乡镇的产业布点，同时，引导企业向农村倾斜。建设美丽乡村，既需要产业的支撑，也需要资金政策的支撑。要从规模化、科学化、标准化角度推动现代农业发展。同时，以市场为导向，大力发展种植产品加工、畜牧业产品加工、水果等现代加工业，增加农产品附加值。同时，又要鼓励和引导城市企业、社会资金包括国外资金投资农村和农业，主要是交通基础设施等基本公共服务，从政策上保障其稳定收益，解决美丽乡村建设的资金不足问题。

4. 全面深化改革作为动力机制推进美丽乡村建设

全面深化改革是当前和今后一段时期我国经济社会发展的重大战略思想，全面深化农村改革是美丽乡村建设的根本动力。家庭联产承包责任制实施以来，我国农业生产力得到了极大发展，农村活力得到极大释放，有力支撑了中国改

革开放 30 多年来的发展。但是，应当看到，随着社会转型与制度变迁，农村社会变迁与社会转型中呈现出的新变化和新特征，对于农村的发展提出新要求，必须通过全面深化改革，适应农村出现的新变化，以促进生产力的发展。首先，推动农村的土地制度改革，充分发挥市场对资源配置的决定性作用，建立规范、科学的农村产权流转交易市场。其次，深化农村的治理体制改革，推进农村治理现代化。农村的社会治理改革主要是村委会，要重视村委会组织的建设工作，选举群众公认、有头脑、能致富的农村能人进班子，要严格选举程序，严厉惩罚拉选票、贿选等不正当行为。再次，要建立农村互帮互助的新组织。必须把农民组织起来，成立新的组织，帮助留守儿童和生活困难群众的生产生活，解决老人种地的生产困难，这是当前农村急需解决的一个重要问题。最后，加强科学和文化普及，改变农村盲目攀比、打麻将赌博等不文明现象，树立农民健康向上的生活方式，改变农村的陋习，不断提升农民自身的素质。

结　语

本书立足西部12省（市、自治区）的基本现状，紧紧抓住影响西部到2020年全面建成小康社会的主要制约因素——城乡发展差距这一主题，从哲学的高度进行整体性研究，用马克思主义哲学分析西部城乡发展的历史、现状和未来的发展愿景，提出"以人为本"、"美丽乡村建设"等的致思进路。制度创新作为主线贯穿西部地区统筹城乡发展的始终，把以人为核心的城镇化同美丽乡村建设作为统筹城乡发展的"一体两翼"，成果特别强调美丽乡村建设无论对于缩小城乡发展差距，还是避免"中等收入陷阱"以及提供国家经济社会持久发展的动力的重要意义。本书突破了传统单一的研究方法和思路，以期为西部地区的统筹城乡发展提供新思路、新方法，缩小东部地区和西部地区的发展差距，推动西部地区经济社会转型升级，实现西部地区的科学发展、可持续发展、包容性发展。本书提出关于西部统筹城乡发展、制度创新、发展范式的若干观点和政策建议：

第一，生产力发展的不平衡原理是城乡从分离对立到融合一体化发展的基本规律的观点。只要生产力的发展还不足以满足消灭分工和私有制，只要劳动还是谋生的手段，自然必然性与经济必然性对城乡融合的束缚就会客观存在。因此，人类社会从城乡分离向城乡融合的转变，首先是由于生产力的发展而创造出现实的前提，人类在物质生产的高级阶段上获得来自经济关系的自由和全面性，然后在新的生产力水平上真实地解放自己。

第二，制度创新与人的现代化是西部统筹城乡发展的重要抓手的观点。西部城乡统筹发展既受到体制机制影响，又受到西部人的现代转型制约，我们在推动制度创新的同时，更应该以哲学的反思精神去进行文化创新，实现西部人的现代转型，增强西部地区自身的发展能力。

第三，发展哲学意义上的统筹城乡内涵定格的观点。城乡从二元分离到有机融合，并非单向度的城镇化或人口的转移，还包括管理、土地、资金、技术等社会物质性要素和文化、制度、习俗、心理等社会精神性要素的统筹配置与双向融合。发展哲学意义上的城乡统筹实质上就是社会主体在城乡客体发展失衡的二元结构基础上依据发展的价值追求和人的内在本性通过制度的变革与创新而进行的新一轮价值建构和模式选择。

第四，城乡发展一体化是物质性等显性的制度创新与精神性等文化创新的共同作用的结果的观点。城乡发展一体化不仅是物质性外在化的东西，是城乡居民平等待遇与机会均等的真正体验。城乡居民在户籍、就业、教育、医疗、社会保障等方面显性的制度排斥可以通过制度创新与制度安排很快解决的话，那么农业转移人口在思想观念、社会认同、幸福体验等方面隐性的心理排斥则是一个长期漫长和艰难的转化过程。

第五，西部地区农业转移人口市民化就是要通过制度"化"农业转移人口为市民的观点。"化"的过程不仅是农业转移人口生产、生活、职业、空间地域的转换过程，还是农业转移人口市民价值观念形成、生活方式与行为习惯转变、权利义务同城镇居民对等，真正融入城市生活，完全城市化的过程。

第六，农业人口转移要通过行业部门转移和地域空间转移同步推进的观点。一方面，不断增强西部农业、农村、农民的自我发展能力，实现农业转移人口就地就近的行业部门转移；另一方面通过工业化、城镇化、信息化推动实现农业人口的地域空间转移。

第七，户籍制度改革对于解放农村生产力有积极意义的观点。户籍制度改革重点是逐步剥离户籍制度的分配与经济功能，复归户籍登记的本质功能，抢占人才，储备人才，把各方面创新型人才留在西部，以人才推动创新，以创新驱动发展，以发展缩小差距，是西部地区户籍制度改革联动的必由之路。

第八，农业的预期升值和农民市民化配套制度改革滞后是农民不愿意放弃承包地和宅基地的主要原因的观点。多数农民工不愿意放弃承包地和宅基地，一方面，由于土地在升值，国家对农业补助的力度不断加大，农业预期收益比较大；另一方面，也凸显出农民市民化相关配套制度改革的滞后，特别是基本公共服务和社会保障的配套制度改革最为关键，"养儿防老，土地养老"是普遍的社会心理。

第九，解决城镇化和户籍制度改革的根本出路是给予农村和城市同等的发展权利与机会的观点。推动户籍制度改革，不在于限制大城市规模与提高大城市的入户门槛，从根本上看，要从制度上保障农村和城市同等的发展权利与机会，要大力发展中小城市和农村的基础设施、基本公共服务与社会保障。城乡在基本公共服务和社会保障实现均等化之前的相当长的一段时间内，城乡的二元结构与对立不但不会减少，相反还会加剧，这是市场规律所决定，不以户籍制度改革为转移。

第十，全面深化改革的阻力，表面上看是社会利益多元化追求的结果，实质是社会公平正义的缺失以及发展权利与机会不公的观点。要想形成社会各阶层一致的意见和看法，就必须对社会利益分配和政治权力进行改革，破除利益固化的樊篱。加大对贫困地区、革命老区、民族地区、边疆地区的基本公共服务的投入力度，尽快提高这些地区的基本公共服务的提供能力，促进资源均衡配置，劳动者却不是享受者，劳动和劳动成果的异化成为社会成员之间最大的不公平。

第十一，生态文明制度矩阵是建设美丽西部的必由之路的观点。生态文明制度矩阵构成了一个完整的制度体系，即建立政府—市场—公众参与三方协同的多元治理机制，为西部地区生态文明制度建设提供了指引和方向。

第十二，城乡文化习俗和社会心理的认同是一个长期过程的观点。城乡居民基于户籍身份的无形歧视留给农民长期无法摆脱的"痛"，也是摆在城乡之间短期难以逾越的"鸿沟"，城乡之间物质上、基础设施以及基本公共服务等硬件方面的差距可以通过制度变革很快得以弥补，城乡文化和社会心理的认同却是一个长期的过程。

第十三，新型城镇化要在其内涵性的"质"上不断建构和充实，防止城镇化"异化"的观点。当今一些地区的城镇化过于追求城市面积的扩张，而忽视城镇化内涵性"质"的建构和充实，从而濒临在"土地城镇化"、"房地产城镇化"的边缘，甚至出现"空城"、"鬼城"、"睡城"，即城市含纳的居民相当有限，从而城市化的经济社会发展效应严重"边际递减"的实相。

第十四，新型城镇化要坚持"以人为中心"的观点。以人为核心的城镇化不仅是城镇人口比例增加和城镇面积扩大，更重要的是生产方式、生活状态、行为习惯等由"乡"到"城"的转变，是发展层次和文明水平的提升。人作为新型城镇化的核心价值标的，既是经济建设由粗放型向集约型根本转化的内涵式增长方式的要求，也是城镇化进程的阶段性、动力性机制演进规律的必然。

第十五，关于西部地区统筹城乡发展的若干政策建议。要做好顶层规划注重系统性、整体性、协同性；统筹城乡综合配套改革要始终把改善民生放在首位；体制机制的改革创新是西部统筹城乡发展的根本；要把美丽乡村建设上升到国家战略的高度；要把农业转移人口市民化、户籍制度、土地制度、基本公共服务、社会保障、生态文明、社会治理七个方面的制度创新作为西部统筹城乡发展的重点；要把推动农村改造、生态移民搬迁和适当的撤村并村结合起来推动美丽乡村建设，注重地域性、文化性、民族性；要完善发展农村的基础设施和基本公共服务建设；要把农村现代化、农民现代化同农业现代化"三化"并重作为统筹城乡发展的重要目标；农村全面深化改革中的户籍制度、土地制度、基本公共服务和社会保障制度改革具有优先性；要充分发挥市场和政府的双重作用推动统筹城乡发展；坚持以人为中心是统筹城乡发展的基本价值原则，重视西部人的现代转型；要大力推广科技种田养殖，增强西部农民自我发展能力；西部地区农业人口转移要"两条腿走路"，一方面通过农业机械化、现代化，增强农业内生发展能力，实现就近就地转移，另一方面通过城镇化、工业化推动实现农业人口的地域空间转移；西部地区要大力实施错位战略和差异化发展模式，提高农业机械化水平，把更多人口从种植业中解放出来；要把城乡基本公共服务、社会保障制度衔接转续作为重点；要把新型城镇化建设同西部地区民生改善和资源环境保护结合，注重生态保护和生态安全；美丽乡村与新型城镇化是西部地区统筹城乡发展的"两翼"，是城乡经济社会发展的主要动力，是实现农村生产力的解放的内在要求，必须协调推进，同时并重。

尽管本书把哲学思维、哲学辩证法以及哲学价值观贯穿到整个成果中，但是笔者还是感受到了一些不足与欠缺，本书哲学研究的学术厚度与逻辑力量还不那么丰满，这也是难点所在，笔者在这个方面做了许多努力，但这种努力还不够。由于受制于学界对于西部研究的限制，再加上事物本质的凸显需要时间和过程，特别是转型时期西部经济社会的快速发展与巨大变化，成果的反映往往滞后于实践发展。在本书成书后，还有一些问题需要深入研究，比如：西部地区统筹城乡发展具有普遍性与共性，但是其特殊的地理位置、文化习俗、民族特色对城乡发展的影响作用需要进一步深化研究；西部城乡经济社会发展的动力不足，动力机制和发展模式的研究需要进一步深化；西部农村、农业、农民的新变化对于生产力发展的新要求需要进一步深化研究；农业、农村和农民的现代化是西部地区美丽乡村建设的重要内容，但是，对于农村和农民的现代化研究需要进一步深入；新型城镇化如何做到"以人为中心"需要进一步深入研究；由于实践提供的材料还不充分不全面，涉及的问题和相关的制度创新需要进一步深入研究。

参考文献

[1] 马克思恩格斯选集（1—4卷）[M].北京：人民出版社，1995.

[2] 马克思恩格斯全集 第3卷 [M].北京：人民出版社，2002.

[3] 马克思恩格斯全集 第46卷（上）[M].北京：人民出版社，1979.

[4] 列宁选集（1—4卷）[M].北京：人民出版社，1995.

[5] 列宁全集 第2卷 [M].北京：人民出版社，1998.

[6] 列宁全集 第31卷 [M].北京：人民出版社，1985.

[7] 毛泽东选集（1—4卷）[M].北京：人民出版社，1991.

[8] 斯大林选集（上下卷）[M].北京：人民出版社，1991.

[9] 毛泽东文集（1—8卷）[M].北京：人民出版社，1999.

[10] 邓小平文选（1—2卷）[M].北京：人民出版社，1994.

[11] 邓小平文选（3卷）[M].北京：人民出版社，1993.

[12] [美]西奥多·舒尔茨.经济增长与农业 [M].北京：北京经济学院出版社，1991.

[13] [美]康芒斯.制度经济学（上下）[M].北京：商务印书馆，1962.

[14] [美]道格拉斯·C.诺思.制度、制度变迁与经济绩效 [M].杭行译，上海：格致出版社、上海三联书店、上海人民出版社，2008.

[15] [美]科斯等.财产权利与制度变迁 [M].上海：上海三联书店，1994.

[16] [英]亚当·斯密.国民财富的性质和原因的研究 [M].郭大力等译，北京：商务印书馆，1972.

[17] [美]刘易斯·芒福德.城市发展史——起源、演变和前景 [M].宋俊岭、倪文彦译，北京：中国建筑工业出版社，2005.

[18] [美]西奥多·W.舒尔茨.改造传统农业（第2版）[M].梁小民译，北京：商务印书馆，2006.

[19] [美]阿瑟·刘易斯.二元经济论 [M].施炜等译，北京：北京经济学院出版

社，1989.

[20]［美］波金斯等．发展经济学（第五版）［M］．北京：中国人民大学出版社，2005.

[21]［英］埃比尼泽·霍华德．明日的田园城市［M］．金经元译，北京：商务印书馆，2010.

[22]［德］马克斯·韦伯．经济与社会（上下）［M］．北京：商务印书馆，1997.

[23]［美］约翰·罗尔斯．正义论［M］．何怀宏、何包钢、廖申白译，北京：中国社会科学出版社，1988.

[24]［英］弗里德利希·冯·哈耶克．自由秩序原理（上下）［M］．邓正来译，北京：生活·读书·新知三联书店，1997.

[25]［印］阿马蒂亚·森．以自由看待发展［M］．任赜等译，北京：中国人民大学出版社，2002.

[26]［法］亚历克西·德·托克维尔．旧制度与大革命（第1版）［M］．冯棠译，北京：商务印书馆，1992.

[27] 程志强，潘晨光．城乡统筹蓝皮书——中国城乡统筹发展报告（2012）．社会科学文献出版社2012年版；

[28] 姚慧琴，徐璋勇．西部蓝皮书：中国西部发展报告（2013）—新形势下的西部地区小康社会建设［M］．北京：社会科学文献出版社，2013.

[29] 汝信，付崇兰．中国城乡一体化发展报告2013［M］．北京：中国社会科学文献出版社，2013.

[30] 白永秀，周江燕等．中国省域城乡发展一体化水平评价报告（2013）［M］．北京：中国经济出版社，2013.

[31] 姚慧琴，徐璋勇．中国西部经济发展报告（2013）［M］．北京：中国人民大学出版社，2013.

[32] 蔡昉，都阳，王美艳．劳动力流动的政治经济学［M］．上海：上海人民出版社，2004.

[33] 迟福林．进入21世纪的中国农村土地制度改革［M］．北京：中国经济出版社，2000.

[34] 统筹城乡发展报告（2012）：长三角城乡一体化进程［M］．北京：经济科学出版社，2013.

[35] 付崇兰．城乡统筹发展研究［M］．北京：新华出版社，2005.

[36] 陆学艺．"三农论"——当代中国农业、农村、农民研究［M］．北京：社会科学文献出版社，2003.

[37] 郑功成．社会保障学——理念、制度与思辨［M］．北京：商务印书馆，2000.

[38] 周琳琅.统筹城乡发展理论与实践 [M].北京:中国经济出版社,2005.

[39] 陆益龙.户籍制度——控制与社会差别 [M].北京:商务印书馆,2004.

[40] 孙加秀.统筹城乡经济社会一体化发展研究 [M].成都:电子科技大学出版社,2008.

[41] 铁明太.中国特色统筹城乡发展研究 [M].长沙:湖南人民出版社,2009.

[42] 汪丁丁.经济发展与制度创新 [M].上海:上海人民出版社,1995.

[43] 吴振磊.西部地区城乡经济社会一体化支持体系研究 [M].北京:中国经济出版社,2011.

[44] 张小林.城乡统筹:挑战与抉择 [M].南京:南京师范大学出版社,2009.

[45] 林毅夫.制度、技术与中国农业发展 [M].上海:格致出版社、上海人民出版社,2008.

[46] 徐同文.城乡一体化体制对策研究 [M].北京:人民出版社,2011.

[47] 杨庆育.统筹城乡理论与实践——重庆案例 [M].重庆:重庆大学出版社,2012.

[48] 周一星.城市地理学 [M].北京:商务印书馆,1997.

[49] 申兵.西部地区发展实证研究 [M].北京:中国市场出版社,2012.

[50] 科学发展观丛书编委会编.统筹城乡发展 [M].北京:党建读物出版社,2012.

[51] 胡鞍钢,王绍光,周建明主编.第二次转型:国家制度建设 [M].北京:清华大学出版社,2003.

[52] 费孝通.乡土中国——生育制度 [M].北京:北京大学出版社,1998.

[53] 罗荣渠.现代化新论续编——东亚与中国的现代化进程 [M].北京:北京大学出版社,1997.

[54] 常修泽.人本体制论:中国人的发展及体制安排研究 [M].北京:中国经济出版社,2008.

[55] 黄季焜.制度变迁和可持续发展:30年中国农业与农村 [M].上海:格致出版社、上海人民出版社,2008.

[56] 李建建,陈少晖等.统筹城乡发展:历史考察与现实选择——以福建为例 [M].北京:经济科学出版社,2008.

[57] 周淑莲等.中国城乡经济及社会协调发展研究 [M].经济管理出版社,1996.

[58] 林毅夫,蔡昉,李周.中国的奇迹:发展战略与经济改革(增订版)[M].上海:三联书店,1999.

[59] 刘艳菊,牟岱.城乡统筹哲学问题研究 [M].沈阳:东北大学出版社,2010.

[60] 蔡昉等.制度、趋同与人文发展:区域发展和西部开发战略思考 [M].北京:

中国人民大学出版社，2002.

[61] 党双忍. 制度并轨与城乡统筹 [M]. 北京：中国环境科学出版社，2011.

[62] 王伟光. 中国城乡一体化 [M]. 北京：社会科学文献出版社，2010.

[63] 任宏等. 新思路、新探索、新模式——重庆统筹城乡发展实践 [M]. 重庆：重庆大学出版社，2011.

[64] 叶裕民，焦永利. 中国统筹城乡发展的系统架构与实施路径——来自成都实践的观察与思考 [M]. 北京：中国建筑工业出版社，2013.

[65] 伍长南. 统筹城乡发展研究 [M]. 北京：社会科学文献出版社，2013.

[66] 李高芬. 基于统筹城乡发展的农村剩余劳动力转移培训体系研究——以重庆为例 [M]. 成都：西南交通大学出版社，2014.

[67] 张占斌. 统筹城乡经济发展 [M]. 北京：国家行政学院出版社，2011.

[68] 王敬华，陈田. 城乡统筹发展途径研究 [M]. 北京：中国农业科学技术出版社，2009.

[69] 吴宝华，张雅光. 马克思主义城乡融合理论与农业转移人口市民化 [J]. 思想理论教育导刊，2014 (7).

[70] 徐东辉. "三规合一" 的市域城乡总体规划 [J]. 城市发展研究，2014 (8).

[71] 徐黎丽，杨丽云. 中国西北陆疆民族地区城乡发展一体化思路和途径探讨 [J]. 西北师大学报（社会科学版），2014 (4).

[72] 张波. 以新型城镇化推进城乡发展一体化 [J]. 河北学刊，2014 (4).

[73] 蔡之兵，周俭初，祖强. 中国城乡统筹发展模式研究——以江浙两省城乡为例 [J]. 江苏社会科学，2014 (3).

[74] 黎苑楚等. 统筹城乡发展的新内涵 [J]. 科技进步与对策，2010 (10).

[75] 温铁军. 发展中国家的发展问题：比较发展研究——在 "中国统筹城乡发展论坛" 上的发言 [J]. 湛江师范学院学报，2008 (2).

[76] 胡进祥. 统筹城乡发展的科学内涵 [J]. 学术交流，2004 (2).

[77] 傅崇兰. 城乡一体化是我国城镇化发展的新阶段 [J]. 中国房地信息，2010 (9).

[78] 刘志澄. 统筹城乡发展，壮大县域经济 [J]. 农业经济问题，2004 (2).

[79] 秦庆武. 统筹城乡发展的内涵与重点 [J]. 山东农业大学学报（社会科学版），2005 (1).

[80] 陆学艺. 中国 "三农" 问题的由来和发展 [J]. 当代中国史研究，2004 (3).

[81] 马晓河. 统筹城乡发展要解决的五大失衡问题 [J]. 宏观经济研究，2004 (4).

[82] 韩长赋. 科学把握农业农村发展新形势 [J]. 求是，2013 (7).

[83] 迟福林. 城乡发展失衡的主要症结所在 [J]. 人民论坛, 2010 (19).

[84] 郭书田. 促进城乡资源均衡配置——学习中央一号文件体会 [J]. 农村工作通讯, 2010 (4).

[85] 白永秀. 城乡二元结构的中国视角: 形成、拓展、路径 [J]. 学术月刊, 2012 (5).

[86] 章国荣, 盛来运. 城乡居民收入差距扩大化及对策 [J]. 中国统计, 2003 (8).

[87] 韩劲. 从收入差距看我国统筹城乡发展 [J]. 中国软科学, 2009 (2).

[88] 韩长斌. 正确处理工农城乡关系的几个问题 [J]. 农村工作通讯, 2012 (16).

[89] 任保平, 梁炜. 西部地区统筹城乡发展: 态势、模式和路径选择 [J]. 财经科学》, 2008 (10).

[90] 石磊. 西部地区统筹城乡发展存在的问题与对策研究 [J]. 商业研究, 2009 (3).

[91] 许鲜苗, 宋福忠. 西部地区统筹城乡发展的模式选择 [J]. 中央民族大学学报》(哲学社会科学版), 2010 (1).

[92] 陈映芳. 传统中国再认识: 乡土中国、城镇中国及城乡关系 [J]. 开放时代, 2007 (6).

[93] 陈炜. 近代中国城乡关系的二重性: 对立与统一 [J]. 宁夏大学学报》(人文社会科学版), 2008 (1).

[94] 武力. 1949—2006 年城乡关系演变的历史分析 [J]. 中国经济史研究, 2007 (1).

[95] 王国敏, 周庆元, 卢婷婷. 西部农业现代化发展水平的定量测评与实证分析 [J]. 四川大学学报 (哲学社会科学版), 2011 (6).

[96] 陈厚义. 拉美城镇化陷阱及其对贵州城镇化带动战略的借鉴 [J]. 学术探索, 2011 (12).

[97] 白永秀, 王颂吉, 吴振磊. 城乡经济社会一体化发展研究文献书评 [J]. 经济纵横, 2010 (10).

[98] 宋宇, 任保平. 西部城乡一体化体制机制建设的四轮驱动模式 [J]. 开发研究, 2011 (1).

[88] 宋宇. 后改革时代西部城乡经济社会一体化的实现条件与战略转型 [J]. 西北大学学报 (哲学社会科学版), 2010 (5).

[100] 王美艳, 蔡昉. 户籍制度改革的历程与展望 [J]. 广东社会科学, 2008 (6).

[101] 夏锋. "以人为核心" 推进户籍制度公平化改革 [N]. 上海证卷报, 2013—12—18.

[102] 郑功成. 社会保障普惠性并不等于公平性 [N]. 北京日报, 2014—3—24.

[103] 马宏伟. 城镇化：怎样做到以人为核心 [N]. 人民日报, 2013—6—13.

[104] Friedmann, J. R. Regional Development Policy: A Case Study of Venezuela. Cambridge: The MIT press, 1966.

[105] Myrdal, G. Economic Theory and Underdevelopment Regions. Place: Duchworth, 1958.

[106] Inge Kaul and Ronald U. Mendoza, Providing Global Public Goods, Oxford University Press, 2003.

后　记

　　推动城乡一体化发展、构建新型城乡关系是中国特色社会主义的重要内容，是"四个全面"战略布局问题导向的重要内容。党的十八届五中全会提出创新、协调、绿色、开放、共享发展五大发展理念，为深化城乡一体化发展提供理论指导和实践指南。《中共中央关于制定国民经济和社会发展第十三个五年规划的建议》明确提出：坚持工业反哺农业、城市支持农村，健全城乡发展一体化体制机制，推动城乡要素平等交换、合理配置和基本公共服务均等化。经过改革开放30多年的发展，中国特色社会主义取得的成就前所未有，中国奇迹、中国模式、中国案例、中国经验、中国主张，无不彰显出中国在经济发展、社会进步、自由民主、政治制度和人权等方面有能力通过自己成功的实践来科学定义现代性与价值观，也能成为世界发展道路新模式、新制度和新标准的创新者和引领者。但是，我们也要清醒地认识到：改革发展稳定任务之重前所未有，矛盾风险挑战之多前所未有，对我们党治国理政的考验之大前所未有。其中，重要的一个挑战就是能否跨越"中等收入陷阱"，这关系到"两个百年"奋斗目标以及民族伟大复兴中国梦能否实现。纵观人类社会历史特别是发达国家的经验，在经济社会发展进入新常态，面对区域、城乡发展失衡、发展动力转换、经济结构调整的关键期，重要的经验之一就是在坚持推动城镇化进程中更加重视农业、农村和农民问题，特别是韩国的新村运动，对于西部地区统筹城乡发展如有重要启示意义。反观一些转型中的国家，大多是在没有健全的社会保障和充分就业、住房等基本公共服务下，片面追求城镇化率，最终陷入"中等收入陷阱"。以人为核心的城镇化和美丽乡村建设如同"鸟之两翼"、"车之两轮"，共同推动城乡一体化发展。

　　西部地区是在全国战略布局中处于重要地位。西部地区依据区域发展实际，推动区域经济科学发展，不断缩小城乡发展差距，促进经济社会转型升级，体现出一种自觉的主体意识和责任意识。但是，在推动城乡一体化发展的实践中，也暴露出一些问题，特别是一些理论认识的误区。本书试图从哲学的层次反思城乡发展实践中出现的新问题，夯实城乡一体化发展理论框架的哲学根基，为十三五时期西部地区构建城乡一体化发展理论提供更加明确的致思进路。

本书从被国家社科立项到课题的结项，是多个专家成员的集体智慧和艰苦劳动的结果。重庆三峡学院公共管理学院的司春霞老师参加了课题的设计、申报和讨论工作，参加了写作提纲的设计、资料收集和调研工作，负责本书的第三章、第九章，第十一章的撰写。信阳师范学院的徐化影副教授参加课题的讨论和设计以及资料收集，负责撰写本书的第十二章。湖南省委党校的毛明芳教授、中央民族大学的田志亮副教授、北京建筑大学的尹保红副教授、解放军后勤工程学院腾超老师参加课题的设计和讨论，大量的资料收集和调研工作。冶英豪负责本书的排版等技术帮助。其余各章均由张志勇完成。

本书的出版得到中共重庆市委党校的领导和同志们的帮助和支持，特别是重庆市委党校哲学教研部的全体同事，给予本书很多关心和支持，在此表示感谢！人民日报出版社的曹腾、高亮等老师为本书的出版付出了艰辛劳动，在此表示衷心感谢！

张志勇　司春霞
2016 年 4 月于中共重庆市委党校